Opportunity and challenge of Metro Design: A 30-Year Journey

人民交通出版社
北京

内 容 提 要

本书以广州地铁设计研究院辉煌三十载为脉络，采用纪实手法回顾了设计团队不畏艰难、锐意进取的非凡征程。从初涉地铁设计领域，匠心独运打造首个地铁车站，到总揽多项大型项目总体设计与总承包重任，广州地铁设计研究院不仅实现了从本土深耕到全国布局的跨越，更见证了从零到一的创业奇迹。

书中详尽记录了每个关键时期的技术创新与突破，从默默无闻到掌握多项国内顶尖、国际领先的轨道交通设计技术，这些成就不仅是广州地铁设计研究院老一辈与中青年设计师智慧与汗水的结晶，更是"传帮带"精神代代相传的生动体现。

广州地铁设计研究院的这三十年，是筚路蓝缕、勇攀高峰的三十年，也是中国轨道交通行业从"跟跑"到"并跑"乃至部分领域"领跑"的三十年。它不仅是广州地铁设计研究院自身发展的缩影，更是中国轨道交通事业追求卓越、超越自我的时代见证。

本书可供轨道交通行业的从业者、科技爱好者、相关专业学生以及历史研究人员参考借鉴。

图书在版编目（CIP）数据

际遇 · 地铁设计 30 年 / 祝萍著 .　北京 : 人民交通出版社股份有限公司 , 2024.10

ISBN 978-7-114-19017-9

I. ①际 …　II. ①祝 …　III. ①地下铁道 — 铁路工程 — 设计 — 广州 — 文集　IV. ① U23153

中国国家版本馆 CIP 数据核字（2023）第 183722 号

Jiyu · Ditie Sheji 30 Nian

书　　名：际遇 · 地铁设计 30 年
著 作 者：祝　萍
责任编辑：刘彩云　高鸿剑
责任校对：赵媛媛　卢　弦
责任印制：刘高彤
出版发行：人民交通出版社
地　　址：（100011）北京市朝阳区安定门外外馆斜街 3 号
网　　址：http://www.ccpcl.com.cn
销售电话：（010）85285857
总 经 销：人民交通出版社发行部
经　　销：各地新华书店
印　　刷：北京印匠彩色印刷有限公司
开　　本：787×1092　1/16
印　　张：26.375
插　　页：1
字　　数：340 千
版　　次：2024 年 10 月　第 1 版
印　　次：2024 年 10 月　第 1 次印刷
书　　号：ISBN 978-7-114-19017-9
定　　价：198.00 元

序
言

筚路行歌30载

历史的长河浩浩荡荡，承载昨天，冲刷今天，奔向明天。

1993年6月—2023年6月，这是属于广州地铁设计研究院股份有限公司（简称“广州地铁设计研究院”，股票名称：地铁设计）筚路行歌的30年——既见证了昨天的跋涉、今天的丰收，更紧追明天的万象更新。30年，轻似江雾之无物，散如浪花之须臾。然而，30年又是整整一代人的青春壮年，足以激荡雄心，铸就伟业。

在这短短的30年间，广州地铁设计研究院在广州地铁集团有限公司一体化经营理念的引导下，不断进行技术创新，不仅在广州地铁市场站稳了脚跟，而且还将广州地铁的品牌推向全国。

纵观广州地铁设计研究院的发展历程，其功也卓，其径也岖。自1993年6月成立之日起，其责任谓之重大、意义谓之深远。早在1963年，时任广东省省长陈郁就提出了建设广州地铁的设想：“一个城市，没有地铁就没有现代化！”而在广州地铁建设“六上五下”的筹建历程中，设计和勘察这两项工作一直没有停止过。因为，对于地铁建设这样一项浩大的事业，设计是龙头，是抓手，是蓝图。

地铁事业的发展与国家城市的发展休戚与共。1992年，邓小平发表南方谈话，城市建设提上日程，广州紧紧抓住这一重大历史发展机遇，于1992年11月21日宣告成立广州市地下铁道总公司（简称“广州地铁总公司”，2015年6月30日更名为“广州地铁集团有限公司”）。广州地铁总公司在万众瞩目下，以惊人的速度、超高的质量迎来一次又一次的建设高潮，收获一波又一波的赞誉，用实际行动回答了“广州能否建成地铁”这一问题。

广州地铁 1 号线的修建得到了广州地铁总公司领导们的异常重视，邵云平、陈韶章等第一代领导高瞻远瞩，邀请国内顶级专家施仲衡院士、王振信总工、张弥教授、王策民教授等为 1 号线提供强大的设计及建设咨询服务，并引进日本的盾构施工队伍，采用当时国际最先进的机电设备。最终，1 号线的设计达到了当时的国际水平。

广州地铁设计研究院地处改革开放的前沿地区，获得国家政策支持，又受益于广州地铁总公司的大力支持，发展迅速。在第一任院长任佩珠的带领下，广州地铁设计研究院当时无设备、无人才、无资金，从 1 号线起步，以技术创新与奋斗为双驱力，通过“三站两区间”的工点设计实现飞速成长。这是一个从无到有、不断学习和实践的过程。

广州地铁 2 号线的修建意义重大。以广州地铁总公司卢光霖为总经理的领导班子，充分发挥广州地铁设计研究院“朝气、才气、正气、和气”的作风，把“地铁国产化”作为一项重大战略推动。广州地铁设计研究院在第二任院长冉申德、第三任院长孙钟权的带领下，组成了以丁建隆为设计总体的超强联合总体组，在“地铁国产化”战略的推动下，顺利完成 2 号线的建设任务。广州地铁 2 号线获得 2006 年度国家科学技术进步奖二等奖，成为国内轨道交通建设的范例。广州地铁之所以能够铸就辉煌，得益于多方面的支持和帮助，这背后是广州地铁人秉持的谦逊态度，以及勇于向学、不懈创新和敢于领跑的精神风貌，也正是他们取得成功的秘诀所在。

2003—2013 年，国家推行城镇化建设，不断加快城市化进程，城市基础设施建设全面展开。地铁作为城市交通的动脉，在全国大中城市快速发展。广州地铁设计研究院得益于这次机遇，发展愈加迅猛，广州地铁 3 号线、4 号线、5 号线总体设计相继展开，在 2010 年第 16 届广州亚运会开幕式前，8 条线路先后开通。

筚路蓝缕，以启山林，昨天的情景历历在目。

任何的设计，都服务于需求。广州地铁设计研究院在第四任院长徐明杰、第五任院长刘智成的带领下，在以丁建隆总经理为代表的广州地铁总公司新一届领导班子的支持下，一边深耕广州地铁市场，一边将发展的目光投向全国。广州地铁设计研究院走出广州，在成都、武汉、南宁、长沙、西安、深圳、南京、苏州等省外城市次第开花，业绩不断做大，“地铁设计”的品牌也日渐响亮。

2013 年至今，在“一带一路”倡议和交通强国建设背景下，广州地铁设计研究院党委书记、董事长农兴中，院长王迪军带领设计研究院实现了历史性的跨越。从广州地铁 14 号线快慢车组合运营制式创新，到 18 号线、22 号线国内首批实现地铁服务水平 160km/h 的全地下市域快线，广州地铁设计研究院实现了城市轨道交通领域从“跟跑”到“领跑”的跨越。

如今，广州地铁设计研究院多板块协同发展，轨道交通、房建、市政“三驾马车”同时发力，意欲成为实力强劲的设计院。这是弹指一挥的 30 年，也是穰穰满家的 30 年。2020 年，广州地铁设计研究院成功上市，股票代码“003013”，成为国内首家上市的地铁设计院。

自责之外，无胜人之术；自强之外，无上人之术。广州地铁设计研究院 30 年的奋斗历程，离不开国家的大力支持，离不开广州地铁集团有限公司的科学指导，离不开一代代地铁人的接力奉献，所有这些共同谱写了其昂扬奋进的新篇章。

从跟跑到领跑，从开拓到引领，广州地铁设计研究院的今天硕果累累。

今天的成果，是托举广州地铁设计研究院再一次腾飞的巨手。在深入推进粤港澳大湾区建设，加快打造“轨道上的大湾区”的重大历史机遇期，广州地铁设计研究院迎来了新的使命与考验。“一张网、一张票、一串城”的网络化轨道交通运营格局正在形成。时代的发展令人振奋，市场也随之风起云涌。逐渐激烈的竞争环境，日新月异的信息技术，都在向广州地铁设计研究院发出警示：世殊时异，不进则退。

在这个高速发展的时代，唯有以后天的视角思考明天的格局，以明天的格局做出今天的决策，才能不悲观、不迷茫。广州地铁设计研究院立足国家政策与公司实际发展需求，秉承科技创新的理念，提出“12433”发展战略，以迎接未来设计事业的新变化。

做优“1”核心，即以广州轨道交通业务为中心，立足粤港澳大湾区，辐射全国，做优做强轨道交通设计核心业务；拓展“2”业务，即拓展轨道交通上盖开发（TOD，以公共交通为导向的发展模式，即“交通引导发展”）、市政基础设施及地下空间设计业务；培育“4”技术，即培育以 BIM（建筑信息模型）为基础的工程数字科技、基于 5G（第五代移动通信技术）应用 / 大数据 / 人工智能的智慧地铁科技、轨道交通节能环保科技、轨道交通智慧建造技术（预制装配式等）；打造“3”实力，即打造前期规划研究、总体总包管理和投资控制竞争实力；提升“3”能力，即提升创新研发、技术融合和投资并购能力。作为含义丰富、高瞻远瞩的战略规划，“12433”战略提出了未来数个业务新增长点。

智慧地铁、低碳节能，广州地铁设计研究院的明天重任在肩。

思想凝聚今日的力量，旗帜指引未来的方向。下个 5 年，下下个 5 年，轨道交通发展的前景依然广阔，战略意义依然重大。

设计是龙头，规划也同样重要。2014 年，习近平总书记在北京考察时提出：“考察一个城市首先看规划，规划科学是最大的效益，规划失误是最大的浪费，规划折腾是最大的忌讳”[①]。

---

① 《习近平北京考察工作：在建设首善之区上不断取得新成绩》，《人民日报》2014 年 12 月 27 日。

广州地铁设计研究院，正是从工点设计到总体总包设计，再到多元化业务发展；从广州辐射华南，走向全国，一步步走向国际更大的业务市场。

回望过去的30年，广州地铁设计研究院的发展是中华民族伟大复兴历史长河下的浪花。它虽只是全国各行各业奋斗史册上的一个小小缩影，却又如此凝重、伟大。正是这些奋斗在祖国每一个角落的平凡、普通建设者，铸就了翻天覆地的伟业，肩负起中华民族伟大复兴的使命。

广州地铁设计研究院依靠技术创新、管理创新、制度创新、文化创新，通过一条又一条地铁线路的精心设计，形成了自己独特的核心竞争力。广州地铁设计研究院得以快速发展的“DNA”是什么？那就是奋斗进取、持续创新、品质至上、合作共赢。

没有创新精神，就不可能有核心竞争力。现在，广州地铁设计研究院多学科交叉，开始了跨界融合之旅。

在这项伟大的事业中，广州地铁设计研究院留下的是一个又一个辉煌节点。每一次千载难逢的机遇，每个豹变跃进的时刻，都成为广州地铁设计研究院30年历史中醒目的道标、这一时期的代表。

这是昨天的回音，是今天的故事，也是明天的展望。

祝　萍

2024年8月

目录

昨天的艰创

第一章

破冰

004

伴随广州地铁1号线的开工建设，“广州地铁一定要有自己的设计队伍”这一设想成为现实。在无人才、无设备、无资金的“三无”窘境中，广州地铁设计研究院借时代的春风，破冰扬帆，开始了从无到有、从小到大的征航。

第二章

初露锋芒铸标杆

026

能够引领全国技术风向的，才是真正的创新！广州地铁2号线正是这样一条创新线路。这是广州地铁设计研究院第一次联合总体总包的一条线路，这是获得国家科学技术进步奖二等奖的一条线路，这是填补国内轨道交通诸多技术空白的一条线路。

第三章

用速度赋能

052

广州地铁3号线是我国首条速度达120km/h的地铁快线，拥有Y线运营设计、综合监控系统、移动闭塞制式等诸多技术创新，这也是广州地铁设计研究院第一条单独总体总包的线路。其后，广州地铁设计研究院快马急鞭走出一条独立快速发展之路。

第四章

谁持彩练当空舞

068

广州地铁4号线采用全世界首个中大运量的直线电机运载系统，国际上首次应用直流1500V第三轨供电技术。直线电机运载系统的创新应用以及高架区间和高架车站与周边景观的协调设计，为4号线最大的特色。

第五章
价值在于连城
082
从广州地铁 5 号线开始，广州地铁设计研究院从城市轨道交通的战略方面出发，更加注重每一条线路的匹配度。面对横穿广州东西的 5 号线，面对建设过程中“先隧后站”、盾构第一次穿越溶洞群、极小的转弯半径等一系列难点，他们经受住了考验。

第六章
72 小时里的分分秒秒
096
将精心策划、胸有成竹的拆解计划精准落地，72 小时的高效作业成为项目最为关键且具有决定性的一步。广州地铁 2/8 号线的成功拆解，是国内对大客流运营线路仅停运 3 天，即完成线路拆解调试并实现两条线路独立运营的首次成功实践，技术管理水平国际领先。

第七章
一条特别制式的线路
108
由广州地铁设计研究院进行勘察设计总承包、自主设计的全国第一条无人驾驶的广州地铁 APM（Automatic People Mover，旅客自动输送系统）线，填补了我国在轨道交通制式应用上的空白，在广州乃至全国轨道交通工程中创造了多个第一。

第八章
国内第一条全地下城际线
118
作为国内第一条全地下城际线，广佛线是广州地铁线网中能耗最低的线路。为实现真正的、深层次的节能目标，广佛线从线路规划到车辆选型，再到系统集成的每一个细节，都进行了精心策划与深度融合。短短两年半建成的广佛线，将广佛两城紧密相连，让“广佛同城”的宏伟蓝图从梦想照进了现实。

今天的奋起

第九章

地层深处的超然跨越

136

这里有广州地铁埋深最深的车站，他们如何保证如意坊站、海珠广场站等深埋车站的安全施工及运营？聚焦被称为“一条穿越老城区建筑丛林的地铁线”的广州地铁 6 号线，看建设者们如何破解征拆及深埋等巨大难题！

第十章

储能式有轨电车的惊艳亮相

152

海珠新型有轨电车试验段在储能式有轨电车关键技术集成方面，达到了国际领先水平，在世界有轨电车项目中具有里程碑式的意义。

第十一章

“走出去”战略的巨擘蓝图

168

“走出去”战略，是广州地铁设计研究院未来发展的关键一步。广州地铁设计研究院在积极推广广州地铁建设经验，助推轨道交通事业蓬勃发展的同时，也为自身的可持续发展增添了强劲的动力与活力。

第十二章

外拓市场历史性的一步

184

南宁地铁 1 号线、2 号线总体总包项目的成功实施，标志着广州地铁设计研究院在产业外拓方面迈出了历史性一步。随后，南宁地铁 3 号线、6 号线以及长沙地铁 6 条总包线路的相继推进，南昌、武汉等分院的正式成立，共同谱写了广州地铁设计研究院在中南区域发展的辉煌篇章。

第十三章

深圳 6.47 亿元的历史机遇

202

深圳地铁 9 号线是全国最大的勘察设计总承包项目，也是广州地铁设计研究院在深圳承担的第一条勘察设计总承包线路，它的成功建设，并非偶然。其背后是广州地铁设计研究院举全院之力编写的 1760 页标书，以及在面对区域地质条件极其恶劣时所展现的决心和勇气。

第十四章

三大世界性难题之下的涅槃

216

广州地铁设计研究院在西安地铁市场的拓展从参与工点标项目起步，逐步深耕，最终成功中标西安地铁 4 号线总体总包项目，使西安成为设计院在西部获得总体总包项目的首个城市。此后，设计院又相继承揽郑州地铁 6 号线、西安地铁 15 号线总体总包项目，以及西户铁路改造勘察设计总包项目，这些成就进一步丰富了西部分院的发展画卷，使其更加绚烂多彩。

第十五章

叩响华东之门

230

南京地铁机场线是广州地铁设计研究院在外地总体总包项目中第一条通车的线路，其后，宁波地铁 3 号线，苏州地铁 5 号线、6 号线、8 号线等总体线路的多项国内首创技术，使广州地铁设计研究院的品牌影响力深入华东。

第十六章

深耕东南市场

262

武夷竞秀，闽江争流。从寥寥数人的斥候先遣，到大军开拔，从占据一席之地，到深耕东南，东南分院秉承“技术、服务”的制胜秘诀，在东南片区地铁建设中大展身手，成为全院总体总包市场占有率的佼佼者。

第十七章

快慢线上的飞驰

274

广州地铁 14 号线，是我国第一条全天候按照快慢车组合运营模式运行的市域快线，由广州地铁设计研究院设计总承包。快慢车组合运营模式满足了“多站点广覆盖与长运距快通达”的差异化需求，实现了“30 分钟品质通勤，60 分钟高效出行”的时空目标，为广州地铁设计研究院技术创新写下了精彩的一笔。

第十八章

为广州插上腾飞的翅膀

286

不建设一条崭新的“落后的地铁”。广州地铁 18 号线、22 号线正是在这样的理念下突破创新，成为国内首批实现地铁服务水平 160km/h 的全地下市域快线，推动大湾区一体化和“四网融合”的加快形成。

第十九章

敲响明天的钟声

302

人才是广州地铁设计研究院最宝贵的财富。工程设计综合甲级、工程勘察综合甲级两项资质的成功申报，标志着设计院已跻身顶尖设计团队行列。成功登陆 A 股市场，则为设计院的持续健康发展注入新的动能。

明天的求索

第二十章

轨道是城市的生长方向

328

建地铁就是建城市。将 TOD 理念深入融入地铁建设之中，不仅构筑了交通脉络，更全面提升了城市品质。广州地铁设计研究院，以城市规划与建筑设计的宏阔视野，结合丰富的 TOD 与轨道交通设计经验，引领城市步入轨道上的新纪元，共赴 TOD 时代的蓬勃发展。

第二十一章

“碳”寻未来

344

低碳节能，一个刻不容缓的时代使命。广州地铁设计研究院聚焦“源、输、储、用”四个关键环节，创新推动节能技术应用，践行国策，不懈努力。

第二十二章

智慧引领

364

“安全、可靠、便捷、精准、融合、协同、绿色、持续”这 8 个词深刻诠释了新时代背景下地铁的历史使命与责任担当。广州地铁白皮书的发布，全线网智慧地铁的应用，彰显着智慧地铁引领未来城市交通变革的无限可能。

第二十三章

初心不改向未来

380

提升城市品质，设计美好未来。品质至上、持续创新、奋斗进取、合作共赢，这就是广州地铁设计研究院得以快速发展的“DNA”，也是引领广州地铁设计研究院一路前行的明灯，照亮其成为城市建设和轨道交通技术服务的领跑者。

附录

附录 1
广州地铁设计研究院已开通总体线路
（依时间为序）
398

附录 2
历任院领导合影
402

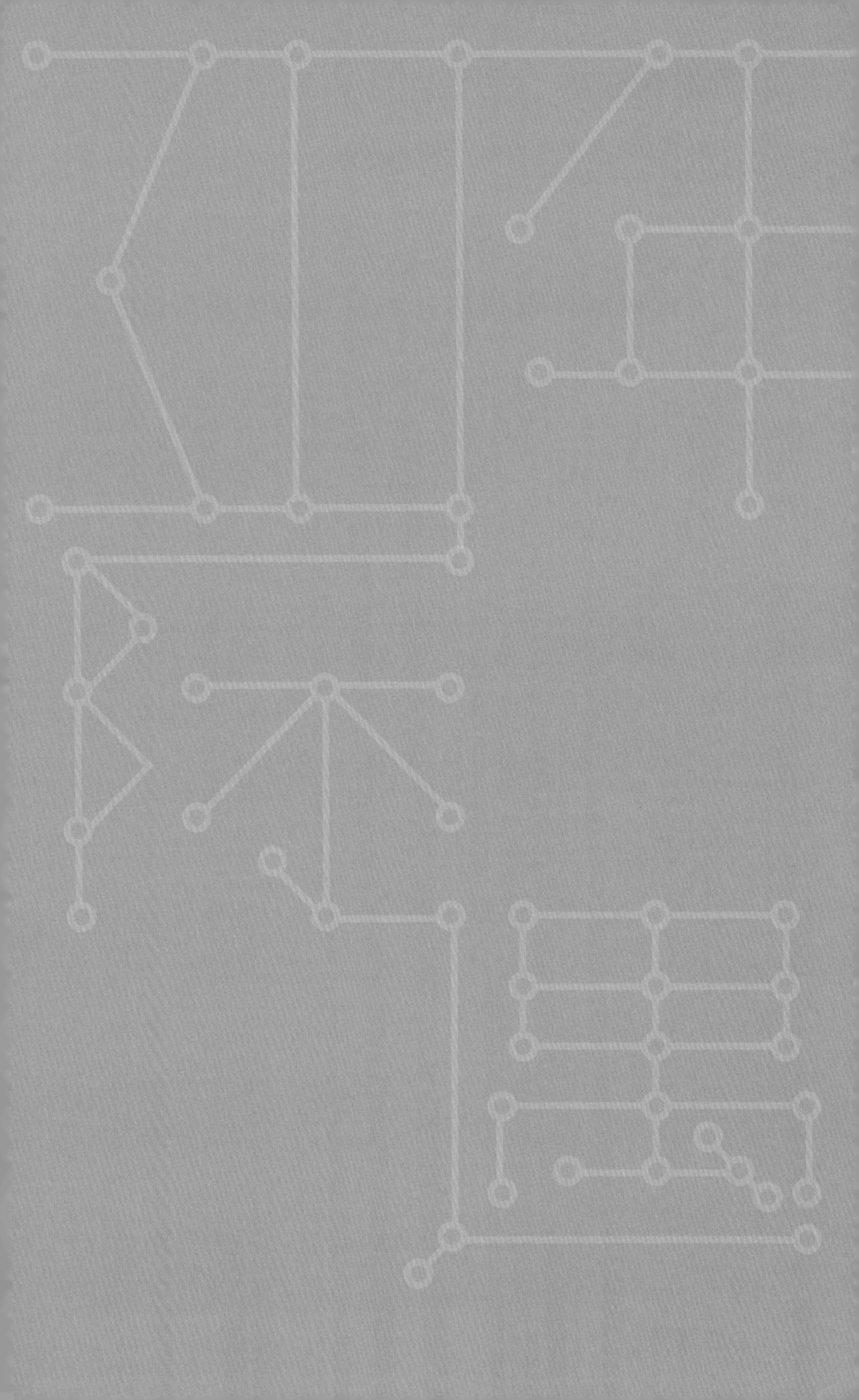

昨天的艰创

昨天，是启航，是突破，是开拓，是从无到有的艰苦创业。广州地铁设计研究院从广州地铁1号线“三站两区间”破冰启航，到作为广州地铁2号线联合总体的牵头单位；从广州地铁3号线速度120km/h的设计，到广州地铁4号线首次采用中大运量的直线电机运载系统；从国内首次对运营地铁线路仅停运3天就成功拆解，到自主设计全国第一条无人驾驶的APM线……广州地铁设计研究院行稳踏实，短短十数年间，以卓越的设计，为未来的城市画卷铺上深厚的底色，为百年地铁设计的梦想筑牢了坚实的根基。

第一章

破冰

伴随广州地铁1号线的开工建设，“广州地铁一定要有自己的设计队伍”这一设想成为现实。在无人才、无设备、无资金的“三无”窘境中，广州地铁设计研究院借时代的春风，破冰扬帆，开始了从无到有、从小到大的征航。

三十载岁月鎏金，同行者风雨兼程。

2023年，广州地铁设计研究院成立30周年。在这个关键的历史节点，我们致敬过往，续写未来。三十春秋，征程如虹。历史会记载我们来时的路，也会昭示我们向何方前行。但无论过去、现在还是未来，我们都将不忘初心，不改其志，鲜衣怒马，灼其芳华。

三十载奋楫笃行，三十载驰而不息。

如同历经风雨、波澜起伏的广州地铁发展史一样，广州地铁设计研究院的历史又何止这30年。要追溯广州地铁设计研究院的起源、摸索广州地铁设计研究院的成长脉络，故事便从半个世纪前的1965年讲起。

早在1965年上半年，广州地铁发轫。老一辈无产阶级革命家广东省省长陈郁主持地铁筹建工作。地铁是地下的工程，“地下”二字共有九画，故该工程定名为“9号工程”，并成立了“9号工程”指挥部。与指挥部一同成立的，还有由省长陈郁过问并组建的设计班子，这是广州地铁最初的设计力量。

彼时，我国铁路与公路隧道建设尚处于起步阶段，富有经验的专业设计人员稀缺，相较而言，反倒是煤炭部门和水电部门对地下工程更为内行。因此，这个设计班子——广州地铁设计研究院的前身，就以广东省煤炭设计院为主，联合广东省水电设计院和广州设计院共同组成。那时的中国，工艺、技术与人才力量全面落后，“自主设计”看上去是一个遥不可及的奢梦。但自这个指挥部成立的第一天起，省长陈郁主抓的第一件事，就是“设计”。

极具战略远见的老一辈领导人深知，“设计”必然是广州地铁的龙头。规划、选线、工法、系统选择……这些都是设计必须解决的问题，也是后期地铁建设的基础。紧循这个思路，即使之后的几十年，地铁的筹建与发展之路常多坎坷、时遭磨难，但广州市与后来成立的广州地铁集团有限公司（简称“广州地铁集团”）也一直紧执“设计”

这个龙头，从未放弃。

“9 号工程”的设计班子虽然弱小，但却是星星之火，为后来的广州地铁设计研究院积蓄了腾飞的势能。陈韶章，时任广州地铁总公司副总经理，也是广州地铁总公司的第一任总工，正是“9 号工程”指挥部设计组的一位设计师。在最初设计班子组建刚过半年之时，他加入了这个团队，从此便与广州地铁风雨同行 60 载，为广州地铁的事业倾尽心血，奉献了一生。

广州地铁总公司原副总经理、总工陈韶章

陈韶章一生扎根于广州地铁事业，怀揣不变的初心和信仰，见证了广州地铁的改变和发展。他致知力行，踵事增华，是不可多得的专家型复合人才。厚德坚韧，求是笃行，是他这 60 年的真实写照。这么一位有能力、有资历的老工程师，还很平易近人，经常深入一线，与年轻人打成一片。他像一位引路人，以桃李之心，为年轻人指引着前进的方向。得遇良师，春风化雨。很多年轻人正是在他的培养教育下，茁壮成长为广州地铁集团的栋梁之材。

地铁设计需要陈韶章这样的复合人才，因为地铁设计不是孤零零的学科，成功的设计一定是诸多专业与技术合力的成果。在深埋地下的隧道工程中，地质勘探是避不开的关键环节，要进行设计规划，就必须对地质条件了如指掌。地质勘探，也就成了省长陈郁提出要主抓的第二件事。省领导深刻认识到地质条件的重要性，把地质勘探任务交给广东省地质局水文工程地质二大队，广州地铁第一份地质勘查报告由此出炉。

此后，时局的风云变幻、历史的机遇起伏，使得广州地铁项目经历了数次搁置与启动，但由老领导郑重提出的两件大事——对设计与勘探的探索，却从未停止。

1974 年，广州地铁项目第四次启动。省长陈郁再次强调，一定要组建好一个属于广州地铁自己的设计班子。此时，这个“设计班子”，还仅仅是隶属于“9 号工程”指挥部这个局级单位的设计科，显然离领导人规划的模样还相差甚远。

为了更好地打造属于广州地铁自己的设计力量，省长陈郁请省委组织部开“绿灯”，以优厚的待遇，从全国各地选调人才，以充实广州地铁的设计队伍，这也成为当时广州地铁筹建处的重点工作。年轻的陈韶章随贾泽明、欧文洲等领导多次考察北京地铁，很多人响应这次声势浩大的动员，来到了广州。广州市特意在如今桐舍酒店所在的位置盖了一栋 3 层的小楼作为设计班子的办公地。遗憾的是，地铁项目的尝试，再次因外力戛然而止，但这支艰难组建的设计队伍并没有散，而是归入了人防办设计科，随着地铁之梦的暂停而蛰伏。

1984 年，冬末的寒风吹来春的讯息。广州地铁再一次出发，以设计科为核心力量，组织成立地铁筹建处，该筹建处归广州市建委管理。设计科承担双重角色，一套人马，两块招牌：地铁筹建处、广州市建委下属的第三设计室。此时的陈韶章作为地铁筹建处的副主任兼管设计，组织人员开始过珠江隧道的设计工作，并继续推进地铁规划的前期研究。他们牢记领导们的嘱托，紧抓地铁工作的两个重点——设计与勘探，等待春来破冰远航的时机。

终于，改革开放的东风为地铁修建带来了新的机遇。广州，作为改革开放的前沿城市，在千载难逢的历史发展浪潮中，再次将地铁建设提上日程。1991 年 5 月，“广州地铁工程建设指挥部”成立，时任广州市市长黎子流任总指挥。1992 年 6 月，广州地铁 1 号线工程可行性（简称“工可”）研究报告通过了国家级评估，同年 10 月，广州地铁 1 号线黄沙试验段开始动工。

这是一次破釜沉舟的再出发。广州地铁 1 号线的诞生，经历了艰难的决策过程。当时，广州能够动用的财政仅仅 60 多亿元，却要建设一条投资达 138 亿元的地铁线。但与历代广东省与广州市领导人一样，时任市长黎子流极具前瞻意识，准确把握发展浪潮中广州的时势。他深知：经济的发展离不开高效的交通，道路是城市的血管，保证血管畅通，是城市快速发展的前提，因此必须要提早布局、超前谋划。为践行广州市经济发展战略，改变广州市容市貌，方便市民出行，广州地铁必须建。正是这种敢于作为的气魄，让广州地铁迎来了最关键的历史节点。

1992 年 11 月 21 日，广州地铁总公司宣告成立，邵云平被任命为总经理。经历了数十年的辗转与停滞，广州地铁建设终于迎来了破冰一刻，而蛰伏积蓄数十年的设计团队，早已摩拳擦掌，发轫扬帆。

广州地铁总公司第一任总经理邵云平（前右二）

广州地铁 1 号线的选线与广州旧城改造同步进行。市长黎子流亲自确定 1 号线的功能定位：解决广州城市中心区的交通问题，引导中心城区人口向东、西方向的天河区、芳村区疏散，并与旧城改造相结合，达到调整城市功能的目的。可见，1 号线是此时旧城改造的重要武器。

为了更好地打磨这把武器，广州市建委对 1 号线的建设提出了原则性要求：1 号线的总体设计，必须由有实力、有资质的设计单位来负责。此时，那如星星之火般留存数年、不曾熄灭的广州地铁设计力量，即隶属于广州市建委、只有丙级资质的地铁筹建处，难以承担广州市建委所寄予的厚望。本着对启之不易的 1 号线项目负责的态度，在经过一系列多方对比考察后，1 号线的总体设计任务交给了老牌的设计单位——原铁道部第二勘察设计院[①]。

领导层审慎负责的态度是地铁建设之幸，却也在广州地铁总公司内部引起了一些波澜。许多人在考虑，既然把 1 号线的总体任务交给铁二院，那设计力量薄弱的地铁筹建处，还有没有存在的必要？广州地铁是否还要成立自己的设计院？一时间，领导班子间产生了很大的分歧，总经理邵云平和总工陈韶章则竭力主张保留这个设计单位。

他们都有相同且笃定的信念：广州地铁必须要有自己的设计单位。无论广州地铁的建设经历多少次暂停与重启，这种信念和相应决策都未曾动摇。坚持保留自己的设计力量，不仅仅是一种自强自立的意念传承，还是一代又一代高瞻远瞩的领导人为广州地铁谋定的战略布局。

总经理邵云平和总工陈韶章据理力争，一个城市的线网需要放眼长远的总体规划，这个规划也必须要由足够熟悉并对这个城市负责的设计班子担纲领衔。他们非常清楚广州作为中国南方门户的省会，未

① 现中铁二院工程集团有限责任公司，简称“铁二院”。

来会有怎样的发展潜力。可以预见，为了回应交通的需求，广州地铁未来必定会织联成一张庞大的地下线网，成为城市最重要的输血管道。这将是一个巨量的市场，足以支撑广州地铁设计研究院的成长。而要更好地服务这个市场，广州地铁一定要有自己的设计院与这座城市同呼吸、共命运，它能够最快、最直接回应广州地铁与城市规划的需求，更好服务地铁建设。地铁建设并非一日之功，完成建设只是第一步，沉淀建设中的技术与经验，培养广州地铁的专业人才，为广州地铁总公司的人才库源源不断地引入“活水”，更好地支持广州地铁的建设、运维工作，才是筹建设计院的真正意义。

经过他们的努力争取、耐心说服，异见的声音渐消，思想得以统一，组建广州地铁自己的设计班子一事已再无异议。广州市建委决定成立广州地铁设计研究院，由广州市建委下属的广州城建科技开发研究中心设计室的人员与地铁筹建处的部分人员合并组成。

落在书页上的短短数字轻松宣告了设计院的成立，但其背后却经历了复杂的调度，人员、物资、技术、资历……一系列问题尚待梳理解决，而找到能够主持这些复杂工作的牵头人，则是首要之务。

广州地铁设计研究院第一任院长任佩珠

1993 年初，春寒尚且料峭，万物亟待复苏，广州地铁设计研究院也等待着自己的春天。此时，地铁筹建处主任任孝思已经调到工程处，经过深思熟虑，总经理邵云平找到时任广州城建科技开发研究中心副主任的任佩珠，希望由她牵头，开展广州地铁设计研究院的筹建工作。

一开始，任佩珠是拒绝的。她深知广州地铁建设的不易，明白其中沉甸甸的责任。她自觉身体状况欠佳，怕有负上级对自己的信任。

总经理邵云平没有因她的拒绝而气馁，转而耐心地与她交流，分析成立广州自己的地铁设计院的缘由、迫切性与当前面临的困难。广州地铁设计研究院与广州地铁总公司是有机一体的，从宏观角度考虑，由广州地铁设计研究院承担关键的地铁设计任务，延展了广州地铁总公司对地铁建设全流程的控制力，便于其从线网规划、建设规划等宏观层面提前布局、一体设计；从微观层面出发，广州地铁总公司可以提高相关线路设计管理的效率，减少沟通环节，节省时间、节约成本。

渐渐地，任佩珠深刻感受到组建地铁设计院对广州地铁未来发展的重大意义，也意识到相比自我的谦让，发挥一技之长，勇于担当、敢于作为，才是对党、对组织、对国家和人民负责。有组织的培养和信任，困难又算什么？任佩珠毅然领命，挑起了筹建广州地铁设计研究院的大梁。

环市西路“204 大院”——广州地铁集团及广州地铁设计研究院的发源地

1993 年 6 月 29 日，广州地铁设计研究院正式成立。任佩珠担任院长，谢湘凤、孙钟权担任副院长，韩广禄担任总工。邓剑荣、罗文静等广州城建科技开发研究中心人员也被划拨到广州地铁设计研究院。办公地点设在环市西路 204 号广州城建科技开发研究中心大楼，这里见证了广州地铁设计研究院从无到有、从小到大的艰苦创业历程。

广州地铁总公司刚成立一年便有了自己的地铁设计院，这种情况在当时的国内也仅广州地铁一家。广州地铁设计研究院的成立，是承上启下的关键历史节点。它继承了自 1965 年以来的探索与梦想，也以超前的发展思路开启了崭新的历史征途。在这条征途上，潜伏着无数艰巨的任务和挑战，广州地铁设计研究院需要一一去克服。

成立之初的广州地铁设计研究院及第一任领导班子的首要任务，是在三年内拿下设计甲级资质。而要取得这个设计甲级资质，就必须从人员配置、设备和业绩三方面一齐发力。

广州地铁设计研究院挂牌成立不过是万里长征的第一步，此时研究院不过寥寥数十位员工，面临着人才不足、技术薄弱、经验缺失的多重困境。取得设计甲级资质，既是对设计院能力的资格认证，也是参与地铁市场竞争的入门券，还是设计院对标打磨、提升实力的依据。作为组建力量之一的广州城建科技开发研究中心，原本负责地面建筑设计，拥有相关乙级资质。

要拿到设计甲级资质，首先要解决人员的配置问题。甲级资质对相关职称和人数都有要求，必须配齐一定数量的具有高级职称和中级职称的员工。广州地铁 1 号线建设时，国家才刚刚启动新一轮的地铁建设，放眼全国，行业规范与技术尚处于起步的摸索阶段，此时设计院不可能一下子招齐众多专业的工程师。为了解决人才问题，广州地铁设计研究院领导班子决定从“老、中、青”三代入手，既解燃眉之急，又可以借机打造一支可以持续发展的人才队伍。

广州地铁设计研究院领导班子首先决定返聘一些退休专家，这些专业经验丰富的退休专家具备高级职称，也拥有丰富的理论和实践经验。广州地铁总公司领导对此全力支持。于是，线路专业的刘锦克、结构专业的杨治兴、建筑专业的唐迦音、计算机专业的元彪等退休专家纷纷前来坐镇，他们以极高的责任感，助力广州地铁设计研究院破冰启航。

为了让这些老专家能够全心全意地投入工作，广州地铁设计研究院实施了多项人性化关怀措施。在薪酬方面，无论专家们在原单位拿多少退休金，来了以后都享受同工同酬的待遇。在解决专家们住宿及家庭团聚问题方面，设计院努力为每位受聘专家提供适宜的住宿条件，并尽可能同时聘请夫妻双方。即使两夫妻难以同时返聘，设计院也希望家属能随行到广州安家，一切的措施，都只为解决返聘专家的后顾之忧。

广州地铁设计研究院关于人员配置的第二项措施，是从其他单位挖掘调动一批技术骨干。这些技术骨干经验丰富，原单位并不会轻易放手，广州地铁总公司为此出台了引进人才的政策：到广州地铁设计研究院的技术骨干可以新建人事档案，设计院对标原有职称给予同样的待遇。这项政策解决了许多人才的顾虑，丁建隆、徐明杰、农兴中、史海欧、刘忠诚、赵德刚、靳守杰、欧阳长城……各个专业拔尖的青年技术骨干相继来到广州地铁设计研究院。日后，他们都成长为推动广州地铁设计研究院甚至广州地铁建设事业腾飞的关键力量。

年轻的生力军也必不可少。为此，设计院专门前往同济大学、西南交通大学、兰州铁道学院（今兰州交通大学）等国内重点高校招收优秀毕业生。刘智成、王迪军、贺利工、吴梦等一批有生力量因此与广州地铁结缘，在返聘专家“传帮带”的培养下快速成长。

广州地铁设计研究院从“老、中、青”三个层面发力，不到两年的时间人员配置基本齐全，以老带新的人才队伍初具规模。

在紧锣密鼓培养队伍的同时，广州地铁设计研究院也开始着手设备的配置工作。20 世纪 90 年代，科技日新月异，电脑绘图逐渐取代传统的手工绘图，大型图纸设计测绘等工作都开始依赖电脑，设计不再是靠一支铅笔摹写世界了。而设计甲级资质，对电脑设备的普及率也有具体的规定和要求。

20 世纪 90 年代的广州地铁设计研究院办公区

设备配置看似简单，似乎只要出钱就能解决，但此时资金问题正是一只拦路虎。广州地铁设计研究院是广州地铁总公司唯一自负盈亏的单位，组建时资金本就不够充足，如今要批量购入价格不菲的电脑等设备，实在有些捉襟见肘。进退维谷之际，广州地铁总公司又一次给予了最有力的帮助，经总经理邵云平批准，广州地铁总公司出借 60 万元给设计院购买必要设备。这些先进设备一到位，电脑设计方面的老专家立刻发挥了作用，迅速搭建起计算机中心。同时，也展开全员轮训，仅历时一年，设计院的设计图便全部由电脑设计、电脑出图，广州地铁总公司的助力让设计院完成了从手工绘图到电脑绘图的跨越性转变。

阻碍广州地铁设计研究院起步的“三座大山”已攻克两座，那业绩从哪里来？人员和设备是基础，业绩才是实实在在的目的。设计院必须想方设法，努力争取各种类型的地铁设计项目以积累业绩和经验。

其实，广州地铁设计研究院的前身已完成了一个重要设计任务——珠江隧道。珠江隧道的顺利完工，打响了广州地铁建设的第一枪。

1985 年，隔着珠江的芳村成为广州的一个行政区，为支撑芳村区的发展，广州市政府决定修建一条穿过珠江的隧道。这个艰巨任务，交给了广州地铁设计研究院的前身之一——地铁筹建处，项目的负责人正是陈韶章。

珠江隧道

设计组在考虑隧道方案时，决定采用公轨合建的方式：内设四孔，两孔供机动车过江，一孔安放过江管线，最大的一孔则留给了地铁。要设计这样一条过江隧道，必须同时具备公路设计技术和轨道交通设计技术。

此时的地铁筹建处，虽然只是丙级资质，但多年来从未放弃地铁筹建的准备工作，他们坚持对地铁相关前沿信息的追踪学习。在修建珠江隧道时，技术人员已经提前研判了广州地铁修建后的车辆选型，对标香港大容量的 A 型车作为隧道规模建设的依据，保证转弯半径不小于 300m，在线路上预留好接轨的条件。对于地铁过江、通风、防灾和车站的衔接等总体要求，也一一做了设计衔接。

1994 年初，珠江隧道建成通车。这条公路、地铁、管线共用的隧道，是广州地铁 1 号线的第一段隧道，也是中国第一条采用沉管法施工的大型过江隧道。能够通行地铁 A 型车是地铁筹建处最大的贡献，极具先见之明。珠江隧道对广州地铁设计研究院而言，犹如里程碑式的存在：珠江隧道的建成，为广州地铁设计研究院的成立储备了设计技术人才和业绩，也为争取 1 号线的工点设计打下了基础。

珠江隧道的成功是一次伟大的尝试，但广州地铁设计研究院还需要更多的项目去厉兵秣马。1 号线这条广州市自主探索建设的第一条也是日后最繁忙的一条地铁线路，为设计院提供了一个不可多得的宝贵机会。

广州地铁 1 号线，从西塱站到广州东站总长度 18.48km，共有 16 座车站。然而，刚成立不久的广州地铁设计研究院，一开始只承担西塱站、坑口站两个地面站和黄沙—芳村、体育中心—广州东站两个区间的设计任务。原因很简单，广州地铁总公司对缺乏地铁设计经验的广州地铁设计研究院是否能做好地下站的设计任务有所怀疑，上级领导亦充满顾虑。1 号线是“六上五下”、蛰伏数十年的广州第一条地铁线路，只能成功，不能失败。

广州地铁设计研究院知道 1 号线沉重的分量，但大家更清楚，如果设计院无法争取到地下站的设计任务，地下工程技术的设计经验就无从谈起。设计院也无法从地铁的地下工程建设中发展壮大，无法成为广州地铁总公司的左膀右臂，为广州地铁未来的线网做好的规划，错失一步，将落后千里。

机会必须自己争取！1994 年 5 月，广州地铁设计研究院向广州地铁总公司上报了“关于地铁设计研究院基本组建完成，要求承担 1 号线设计任务的请示”。院长任佩珠与班子成员多次找到广州地铁总公司领导，阐明地下设计任务对设计院生存与发展的重要意义，进一步表明设计院的决心。

“我们将组织全院力量，尽最大努力完成任务。如果做不好，领导撤我的职。”任佩珠甚至立下了军令状。

设计人员精心研究设计方案

为最终敲定任务分配方案，广州地铁总公司技术处召集全国各地的多家设计院参加会议。任佩珠在会上力陈设计院的种种努力，分析了在当前全国地铁市场局势下，年轻的广州地铁设计研究院必须多拿项目的理由：此时全国地铁市场还处在萌芽阶段，各设计院的水平其实是处在同一平台上，差距不会太大。任佩珠相信，广州地铁设计研究院有能力、有信心完成地下站的设计任务。会后，任佩珠与孙钟权、谢湘凤两位副院长在政府大楼外苦候了三个多小时，终于从邵云平总经理口中听到了期盼已久的好消息："烈士陵园站交给你们了！"

期待已久的结果终于揭晓，欢欣鼓舞之余，广州地铁设计研究院迅速调整状态，以饱满的精神和严谨的态度，投身于浩渺无垠的具体工作之中。由于没有参与过地铁设计，这将是一场从零起步、一直延绵向未来的远征。白纸初落笔，做好充分准备的设计院，等待这一刻已经太久太久。

在那段日子里，全院员工铆足了劲，心往一处想，集中精力拼命做好设计，为同一个目标——高质量完成 1 号线的设计任务而奋斗。大家不分昼夜，加班加点，同时也非常团结，互相帮助。院长任佩珠统筹管理，副院长孙钟权管技术，副院长谢湘凤管行政，重大事项大家集体商量，团结互助，攻克挑战。

体育中心站到火车东站区间，由设计院总工韩广禄和结构专业的专家杨治兴负责，该区间采用了超浅埋的矿山法设计通过密集的林和村房屋，取得了很好的效果。西塱站由刘忠诚负责，作为一名结构工程师，对于西塱站的设计任务，刘忠诚不敢怠慢分毫，兢兢业业做出设计方案后，还专门同院领导一起到安城（香港）有限公司（简称"安城公司"）研究方案的细节，确保设计质量。

而烈士陵园站，这个经院领导据理力争、由广州地铁总公司郑重交付给设计院的地下车站，意义重大，绝不允许有半点差池。因而，必须为该站点选择一位能孚众望的负责人。设计院领导经过深思熟虑，敲定丁建隆作为该项目负责人。

丁建隆，毕业于西南交通大学，是设计院隧道与地下铁道专业的技术骨干，已经在北京和上海参与过一些地下工程和隧道工程设计，有相当丰富的实践经验，因而，院领导以重任相交。当时，烈士陵园站首先要应对的考验，是如何对烈士陵园站的设计总体布局和周边的地下空间进行衔接。然而，广州的地质条件与上海、北京差异巨大，牵一发而动全身，相应计算模式与计算方式都要大变，过去许多既有经验难以派上用场。作为项目负责人，年轻的丁建隆在设计之难与嘱托之重的双重压力下，夙兴夜寐，废寝忘食。在无数个日日夜夜，设计组秉持着精益求精的工匠精神反复推敲琢磨设计方案。

广州地铁集团原党委书记、董事长丁建隆

再艰难的山路，一步步也能攀登；再轻松的捷径，不迈开双脚也无法到达。日以继夜的辛劳是有回报的，善于将经验和实际结合的丁建隆，提出了不少合理化的建议，项目组在土建和机电方面更是配合默契。当时，机电这一块由高俊霞负责，丁建隆建议将两人的办公桌放在一起面对面办公，便于高效解决土建和机电的问题。此时，丁建隆已经清楚地认识到系统至关重要，每个专业从自己的角度出发，都有自己认定的最优方案，但如果诸多方案不能有机融入系统，则可能互相掣肘，造成“1+1 ＜ 1”的窘境。

有了想法，行动便刻不容缓。丁建隆非常重视这种高度配合的一体感，时刻紧追现场施工，并由设计院全程跟进，让设计的力量贯穿建设始终。有一次，丁建隆和刘智成、罗俊成去施工单位现场检查，愕然发现墙体内的钢筋竟少了一半，他们立刻安排工人拆掉了整面墙，并按施工要求重铺钢筋。倘若这个问题没有被发现或敷衍过关，必然会酿成重大工程事故，后果不堪设想。

正是凭借这种兢兢业业、勤勉不懈的工作态度，项目组成功协调并打出了一套土建、机电等多专业的组合拳，以不破楼兰终不还的决心，不辱使命，完成了烈士陵园地下站的工点设计工作。设计院负责的烈士陵园站基本一次成型，实现了院领导对广州地铁总公司的承诺。

一位优秀的领导一定是引领型的，敢于引领创新、敢于技术升级、敢于突破自我，创造价值。丁建隆是千千万万个平凡人之一，但平凡铸就伟大，英雄出自人民，正是像他这样的平凡人，在地铁设计领域披荆斩棘、乘风破浪，才能带领团队出色地完成任务。

面对经验不足的客观条件，广州地铁设计研究院积极向各方取经，安排设计人员到上海、北京等地参观学习。同时，广州地铁总公司聘请了北京的施仲衡和张弥、上海的王振信等知名技术专家和学者，对地铁设计工作中出现的重大技术难题进行针对性指导。

而仅仅局限于内地，对求知若渴的广州地铁设计研究院来说还远远不够。与广州一水之隔的香港地区，地铁技术力量雄厚，建设运维经验丰富，是广州地铁设计研究院学习的绝佳对象。

鉴于广州地铁总公司与安城公司的合作关系，在总公司的支持下，设计院参与了安城公司车辆段上盖规划的合作。广州地铁总公司总工陈韶章和广州地铁设计研究院院长任佩珠经常到香港出差，采取“借船出海”的办法，由安城公司承担建筑设计，设计院在建筑设计的基础上，做结构和风水电设计。通过与安城公司的深度合作和不断学习，广州地铁设计研究院引进了地铁设计的新概念和思路。

由于形成了良好的合作关系，广州地铁设计研究院不断派遣员工去香港考察学习。1996 年，设计院选派农兴中等首批技术骨干赴港培训，他们对地铁车站、区间、车辆段等设计内容有了更为直观全面的认识。

1996 年，广州地铁设计研究院首批赴港培训人员结业仪式
（前排左一郑石、左二史海欧、左五王建、左六黄建华 、左七农兴中）

广州地铁设计研究院还陆续派遣年轻的设计师们到一些发达地区或国家考察学习地铁工程设计相关知识，这些设计师在实战中学习，在学习中成长。到国外学习交流，无论是查阅图纸资料还是参加培训，懂英语都非常重要。设计院高瞻远瞩，早在去高校招人之初就有所准备，要求应聘人员不仅专业学习拔尖，英语还必须达到 6 级水平且口语要好。这既是基于学习交流的需要，也是基于设计院领导班子对未来发展的宏伟构想：广州地铁设计研究院不仅要做大，还要做强；不仅要在国内打响名声，有朝一日还要走出国门，到世界的大舞台去展现中国设计的力量。

广州地铁设计研究院秉持“边学边用，学以致用”的理念，积极汲取行业先进经验与技术，并迅速将其转化为实践成果，实现学习与应用的良性互动。同时，设计院持续深入研究国家现行规范与规程，力求精准对接广州地铁建设的实际需求。在广州地铁 1 号线的建设过程中，设计院更是勇于突破传统国家标准的框架，灵活调整并优化规范应用，以更加精准高效的方式服务于项目，确保建设质量与服务品质的双重提升。

广州地铁 1 号线是广州地铁设计研究院的初舞台，坑口站和烈士陵园站被评为广州市优秀工程设计。“三站两区间”的成果，是设计院在地铁建设中的第一份荣光，证明其有信心、有能力完成上级交付的任务。

1996 年 4 月，广州地铁设计研究院获得建筑工程设计甲级资格证书，圆了建院时的梦想。1997 年 12 月，由广州地铁设计研究院设计的广州黄沙—芳村珠江水下隧道工程获得广东省科技进步奖一等奖；同月，设计院又成功获得城市快速轨道交通和市政公用工程（隧道）设计甲级资质，一切努力都有了回报。

2023 年夏天，在江苏无锡市一个绿树环绕的小区里，当第一任院长任佩珠娓娓讲述 30 年前的创业历程时，这位银发矍铄的老太太，眼里尽是过去故事的影子。任院长不止一次提到广州地铁总公司的大力支持：“如果没有总公司全方位的支持，如果没有邵云平总经理、陈韶章总工的倾力相助，设计院在初期就不可能发展得这么快，未来也不可能发展得这么好。这种一体化的发展理念，贯穿广州地铁整个建设过程和设计院未来发展。”

她不止一次说起老专家们的敬业精神：被一摞摞比人高的图纸遮住的唐迦音，用丁字尺和墨线耐心教授年轻人画图；对工程兢兢业业、乐为人师的铁科院（中国铁通科学研究院集团有限公司）杨治兴，让年轻人又敬又怕；总体方面专业全面的孔繁达，系统方面功不可没的王爱仪等。这些老专家通过“老、中、青”结合的方式，以“传帮带”的形式让年轻人迅速成长，使得年轻人能够在很短的时间内独当一面。条条大路通罗马，广州地铁设计研究院不在乎选择哪条路，他们在乎的是到“罗马”这个目的地。

向“罗马”进军，是一场漫长的征途。当广州地铁 1 号线进入攻坚的重要时期，广州地铁设计研究院第二任院长冉申德到任。院长冉申德首先从体制上对设计院进行变革创新，将原来一个设计室细分为多个设计室，为优秀的年轻人提供了更加广阔的发展空间和机会，在广州地铁 1 号线烈士陵园站立下汗马功劳的工点负责人丁建隆，成为设计室主任之一。为了提高员工的积极性，设计院出台了激励机制，并落实到合同上，这份激励机制不再简单以职务划定工资标准，而是以业绩来评判。实行激励机制的第一个月，助理工程师刘智成就拿到了高于院长工资的收入。设计院通过激励机制，肯定每一位员工的努力，激发他们的潜力，激励他们昂扬前行。

广州地铁设计研究院第二任院长冉申德

1997 年 6 月 28 日，是广州人民终身难忘的一天。这一天，广州地铁 1 号线西朗站（今西塱站）至黄沙站首期工程 5.4km 线路，宣告如期竣工并高起点开通，开始了试运营。为了这一天，广州人民盼星星、盼月亮，盼了 30 多年。1999 年 6 月 28 日，广州地铁 1 号线正式运营。广州地铁设计研究院通过 1 号线“三站两区间”的设计任务，在人才培育、地铁设计经验积累、资质取得等方面都达到了当初建院时的目标，圆满完成了阶段性任务。

跟随时代的步伐，广州地铁设计研究院的发展呈现出日益迅猛的态势。通过深入的机制体制改革与持续不断的人才培养战略，设计院逐步构建起一套独具特色且高效运转的管理体系。为谋求生存与发展，广州地铁设计研究院积极开拓多元业务。2000 年 8 月，设计院承接了珠江两岸环境景观工程设计任务，这是设计院承担的第一个大型市政项目，得到了广州市建委总工邹贞元的鼎力支持与悉心指导，设计院不仅高标准完成了项目，还锤炼出了一批高素质管理人才，获得了时任林树森市长的高度评价。

珠江两岸环境景观工程

广州地铁 1 号线“三站两区间”的设计任务开启了广州地铁设计研究院的破冰远航。随着地铁建设任务的日益繁重，设计院展现出高度的紧迫感与前瞻性，积极抢抓时间窗口，全力以赴做好全方位准备，以严谨的态度和坚定的决心，严阵以待，蓄势待发，只为迎来一个能够使设计院彻底腾飞的机遇。

际遇 · 地铁设计 30 年

第二章

初露锋芒铸标杆

能够引领全国技术风向的，才是真正的创新！广州地铁 2 号线正是这样一条创新线路。这是广州地铁设计研究院第一次联合总体总包的一条线路，这是获得国家科学技术进步奖二等奖的一条线路，这是填补国内轨道交通诸多技术空白的一条线路。

广州地铁 1 号线为改革开放后全国的地铁立了一个标杆，代表了 20 世纪 90 年代初国际最先进的地铁技术水平。广州地铁 1 号线的建设，是不断学习和积累的过程，是在“地质博物馆”的广州可以修建地铁的可行性证明。

20 世纪 80 年代，是地铁建设相关文献资料极为匮乏的时期。几乎一无所有的地铁筹建处，以掘地刨根式的求知精神，抓住一切机会积累宝贵的知识、技术与经验，一本黄皮资料成为最宝贵的财富。这就是地铁筹建处从原建设部拿到的香港地铁早期工可研究资料（简称“黄皮书”），这本来之不易的一手参考资料是如此珍贵，即使是全英文版，阅读有一定难度，也几乎被求知若渴的技术人员翻烂。

地铁筹建处从中得到了三个宝贵的启发，并在日后付诸实践，避免了许多弯路：一是必须重视线网规划工作。为此，地铁筹建处做了详尽的居民出行调查报告，把线路放在主要交通廊道上，奠定了第一期“十”字线网规划方案。二是明确了筹建大运量地铁系统的重要性。地铁系统必须有快速处理巨大客流的能力，场地内分设付费区与非付费区，并配置与之相适应的自动售检票系统和自动扶梯等设施设备，这些设备是防止拥堵的法宝，能在高峰时刻快速疏散大量客流。三是要因地制宜应对高温高湿地区。诸如德国、英国等地铁建设强国，多处于高纬度地区，其自然气候普遍低温干燥，在地铁设计思路上，与广州等高温高湿地区有显著不同。为了应对高温高湿带来的影响，广州地铁必须配备空调系统和完善的排烟系统。

地铁筹建处对这本黄皮书的反复钻研，只是技术人员对地铁技术全力探索的一个缩影，他们从一切知识富集的高处，吸取自己欠缺的知识与技术。这种力臻完备的永动精神，体现在广州地铁 1 号线建设的方方面面。

广州地铁 1 号线建设期间，广州地铁总公司放眼国内国外，寻求最先进的技术设备、最权威的专家外援，将很多新技术引进了中国，给整个城市建设带来了变革。由于 1 号线建设资金有一半来自政府贷款，广州地铁总公司对全世界地铁工业做了调查，为 1 号线贷款国的选择奠定了基础，其中以德国为最优选择。

当时，机电系统以德国西门子的技术为主，1 号线的车辆、信号、通信、供电等核心设备均来自德国，并选用了美国的自动售检票系统、楼宇自动化系统、防灾报警系统和冷水机组，以及英国的接触网技术和风机设备，共同构建了国际一流的机电集成体系。值得一提的是，自主采用 VVVF（变频调速系统）技术，在全球范围内尚属首次，以前瞻性的姿态，引领未来列车牵引技术的发展方向。

广州地铁总公司还敞开怀抱，以开放的姿态欢迎优秀的施工单位加入到广州地铁的建设中来。基于广州地层的复杂性和从没有使用过盾构机的现实，广州地铁总公司不仅在国内选择最优秀的施工队伍，还在全球范围内开展盾构施工招标，选用国际上最好的盾构施工技术和队伍，来应对当时中国最难的地下工程。

此外，广州市政府及广州地铁总公司的首代领航者邵云平、陈韶章等高瞻远瞩，广邀专家坐镇。其中，包括来自北京、上海的施仲衡院士、王振信总工、张弥教授、王策民教授等业界权威。他们为广州地铁 1 号线的建设提供了最为坚实的支撑。

广州地铁大胆“拿来”，不仅拿来了技术，也完成了知识的储备和人才的锻炼。而广州地铁设计研究院通过承担 1 号线“三站两区间”的设计任务，不仅锻炼了土建设计团队的专业能力，而且还在车站配套设计方面积累了宝贵经验，深化了对地铁系统设计的整体认知，为系统掌握地铁各专业设计及接口协调打下了扎实的基础。但是，这种“不惜一切代价”的学习，也为广州地铁 2 号线的命运蒙上了一丝未明的面纱。

广州地铁 1 号线大量引进国外技术和设备，借助了海外先进国家的力量，是一次价格不菲的启航。虽然这是广州地铁总公司早已预设好的发展路径——1 号线的设计建设，是学习和积累的阶段，是用市场换成长的过程，但是，大量引进国外的设备与技术，借助多方力量，却让建设成本高得令人咋舌。1 号线审批时的概算是 70 多亿元，但经决算，平均每千米造价达 6.6 亿元，严重超支。

鉴于高昂的地铁建设成本，国家发改委暂停了全国各城市地铁建设的审批，此举令准备良久的广州地铁 2 号线建设按下暂停键。但广州地铁 2 号线的相关前期准备工作并没有停止，每个人都清楚，中国不会停下飞速发展的脚步，城镇化与工业化必然会呼唤更高效便捷的交通系统。从长远来看，广州地铁的建设一定会继续，但问题在于当下的去留。国家什么时候审批广州地铁 2 号线的建设，没有人说得清，广州地铁 2 号线的未来命运，一时悬而未决。

广州地铁集团原总经理卢光霖

正在踟蹰之时，1999 年，受广州市委、市政府委托，卢光霖走马上任广州地铁总公司总经理。在此之前，卢光霖完全没有接触过地铁科技和地下工程，以一个“绝对外行”的身份，领军广州地铁这样一支专业性很强、有着 12 位享受国务院特殊津贴专家的队伍。但他极具战略眼光，早已做好充分准备，无惧现实挑战。

作为广州大型建筑集团的负责人，卢光霖虽然没有地下工程建设经验，却拥有 20 多年的建筑专业知识和极其非凡的管理经验，广州地铁总公司领导班子对 1 号线造价过高的原因心知肚明：缺乏市场竞争力！一边是急需上马的地铁建设项目，另一边是人有我无的核心技术。在改革开放后的几十年间，我国的多个行业总是这样被一些国家卡住命脉，而被牵着鼻子走。远高于国外市场的报价，傲慢的技术工程师……一切轻视乃至不平等的待遇，只因自己没有与之匹敌的竞品。

不平则鸣。未来中国还有无数的地铁线路要建，真正的技术绝不能只靠无休止地“买”，必须确保技术上的独立自主，才能改变依赖国外技术及设备的现状。广州地铁也憋着一股不服输的气，卧薪尝胆，力争先进。

在暂停地铁建设审批之后不久，国家终于下定决心，重启地铁建设项目。为了避免天价的建设费用，国家提出了一个明确量化的目标要求：实现 70% 的国产化，技术先进性不能低于广州地铁 1 号线。

广州地铁 2 号线建设的曙光就在眼前，如何实现 70% 国产化的目标成为关键问题。对当时几乎完全依赖外力修建广州地铁 1 号线的广州地铁总公司来说，要实现 70% 的国产化目标，难度好比登天。但漫漫千里行，总要迈出第一步。以总经理卢光霖为领导的广州地铁总公司领导班子敏锐地感觉到，压力即动力，这个挑战，可以是一次破茧成蝶的机会。

要超越巨人，最好的办法是站在巨人的肩膀上。广州地铁总公司认为，应用创新三个等级中，世界上最高等级是发现，第二等级是发明，第三等级就是创新。改革开放后，国家出台了外引内联、消化吸收再提高、再创新的相关政策，这些政策把大量的国外先进技术引到中国市场，这是非常好的机会。在中国生产，等于一个极好的学习过程，一是外引，二是内联，三是为我所用，四是拿到手后再研究再创新。以“外引、内联”为中心思路，经过与国家发改委半年的不断磋商，70% 国产化目标的思路逐渐明朗。

这场“国产化”战役，主要集中在盾构机制造国产化、地铁列车国产化、信号系统国产化和各种设备国产化四方面。市场需求往往最能激励新技术落地。现在，广州地铁的建设是市场需求，但缺少生产厂商。甚至从国家层面来讲，没有相关方面尤其是安全方面的技术标准，地铁作为载人系统，人命关天，怎么办？为此，广州地铁总公司相关部门走访了全国超过 100 家厂家，不断和各方交流沟通，以广州地铁的项目建设所需所求来带动市场，调动厂家的积极性。特别是在车辆国产化方面，广州地铁总公司做了大量的工作，与全国各大机车生产厂家保持密切联系，展开技术探讨，从技术标准到之后的使用标准，再反推设计标准。

经过前期的调查及摸底，广州地铁总公司对车辆设备等国产化方案有了底。在保证各项技术参数的前提下，在这些大量、烦琐却不可或缺的前置工作中，达到 70% 国产化的目标最终实现。

至此，广州地铁 2 号线的设计任务正式提上日程。广州地铁总公司很自然地把目光瞄向已经成立几年的广州地铁设计研究院。总经理卢光霖与总工陈韶章商议先成立总体组，研究建设 2 号线前期的一些具体事务，时刻做好准备以应万变。

然而，正如 1 号线建设时所经历的那样，广州地铁内部再次出现了不同的声音和异议。面对地铁建设这样一个极为复杂的系统工程，全公司上下都在不断摸索，总体不同于工点设计，让刚成立几年的设计院担负 2 号线设计总体的重任，似乎还为时尚早。广州地铁设计研究院人数不多、专业不齐全，建 1 号线时也仅负责工点标，没有过往业绩，如何服众？

自己人都瞧不起自己的设计院，总经理卢光霖看在眼里，更下定决心要把广州地铁自己的设计院扶持起来。因此，在一次开会时，卢光霖意以“朝气、才气、正气、和气”四气标榜设计院。设计院当下虽然很单薄，但是很有朝气，很有冲劲，犹如生机勃勃的乔木，注定要长成参天大树。

尽管周遭有人对此番话表示不解，议论也不绝于耳，但卢光霖非常清楚自己这话的用意：设计重如泰山，没有自己的设计单位，业主的需求难以准确表达、精准落实，广州地铁建设必然陷入被动。在总经理卢光霖主持广州地铁的 100 个月里，除了一心一意，“多、快、好、省、廉”地建地铁，另一个大目标，就是不遗余力地扶持自己的设计院。

当然，广州地铁总公司也清醒地意识到，广州地铁设计研究院虽然在 1 号线中得到历练，获得了一些经验，但要完全甩掉“洋拐杖”，单独撑起 2 号线的总体重任，恐怕力有不逮。实际上，在当时的技术背景下，单由一家单位作为线路总体也不现实。

在两难之间，广州地铁总公司转换思路，找到了新的解法。此时，全国地铁建设项目并不多，广州地铁总公司完全可以集结全国最优秀的设计队伍一起出谋划策，共建 2 号线。沿着这个思路，经过一系列的准备工作，全国最强的总体组诞生了：由广州地铁设计研究院、铁二院、中铁电气化勘测设计研究院、北京城建设计研究总院组成了联合总体组，广州地铁设计研究院为牵头单位。这个四家联合总体组，是特殊时期的产物，前无古人，后无来者。此后，由于国内城市地铁建设逐渐进入高峰期，很难有此等机会再现广州地铁 2 号线这样强大的联合总体组。这个联合总体组，直到如今都是行业内津津乐道的典范。

广州地铁 2 号线首期，全长 18.25km，全部为地下线，共设 16 个车站。这是国家发改委提出 70% 国产化目标后建设的第一条地铁线路，虽然审批过程有些曲折，2 号线依然借力于时代的东风，得到了广州市政府的全力支持。“逢山开路、遇水架桥”是改革开放的精神，广州市也提出了“谁家孩子谁家抱”的创新体制机制，承担了筹资投资、征地拆迁及管线迁改等重要而烦琐的工作，全力支持2号线的建设。市政府在征地拆迁方面推进迅速，改变了1号线大拆大建的方式，做到尽量少拆迁、少扰民。

在达到70%国产化目标的同时，技术水平不能低于1号线，这是一个非常严苛的标准。以1号线的成功经验为墨，饱蘸浓墨的广州地铁设计研究院提笔满志。

为了组建2号线总体组，广州地铁总公司与广州地铁设计研究院倾上下之力，精锐尽出。1998年开年，丁建隆，这位1号线烈士陵园站的工点负责人，时任广州地铁设计研究院副院长，挑起重担，成为设计院第一个总体总包项目的第一任总体。其后，刘忠诚、史海欧前后接力成为第二任、第三任总体。

刘智成、农兴中、贺利工、林珊、罗俊成等当年的设计中坚力量悉数出动，王迪军和靳守杰当时在穗城（香港）有限公司做设计工作，也被列入总体组名单，待年末回广州便马不停蹄地投入到总体组的工作中。2号线联合总体组正式成立后，广州地铁总公司撤销技术处，原技术处的8位员工并入总体组，广州地铁总公司其他一些处室也调拨了一部分技术骨干加入其中，这支不断充实的总体组队伍，无论在总体技术上还是在总体管理上，都严阵以待，以应对即将到来的一系列挑战。

开局关系全局，起步决定后势。设计院上下同心，全力以赴把握住这个千载难逢的机遇。作为总体的丁建隆严阵以待，丝毫不敢松懈。广州地铁总公司总工陈韶章，对丁建隆这位设计院的第一任总体更是全面支持。不驰于空想，不骛于虚声。在丁建隆做系统方案论证的过程中，陈韶章几乎每天早上6:30准时致电他，反复探讨研究2号线的设计细节。清晨，只要电话一响，连他的母亲都知道是陈韶章来电了。

无数个清晨的电话，无数个深夜的伏案，1999 年底，在联合总体组的共同努力下，初步设计方案终于出炉。与此同时，广州地铁总公司进行机构改革，成立了建设事业总部，任命丁建隆为建设事业总部总经理。

原 2 号线的设计总体变为一线建设的总指挥，丁建隆角色的变化，显然利好 2 号线的设计建设。怎么落实 2 号线工可研究及其他相关专题？初步设计的重点在哪些地方？施工图该怎么下笔？丁建隆对项目上的大小诸事，皆了然于胸。这是他引领规划、落实设计、指挥施工的基础与底气。

这个全国最优秀的联合总体组，发扬广州地铁迎难而上的传统作风，处处敢为人先。在回访 1 号线运营的基础上，与广州地铁总公司、建设事业总部、运营总部、供货商、承包商等多方对 2 号线进行了全方位的研究和论证，从土建到机电，步步为营。屏蔽门、刚性接触网、盾构施工新技术、IC 卡（集成电路卡）等一系列技术改革的成果、创新的典范乃至未来的标杆诞生。

广州地铁 2 号线总体丁建隆做方案汇报

对大部分乘客来说，地铁站台安装安全、节能又美观的屏蔽门，是一件理所当然的事情。但乘客想不到的是，这个“理所当然”安装的屏蔽门，是在一片反对声中诞生于广州地铁 2 号线的。

城市文明代表之一的地铁，过去多建设在气候偏干冷的中高纬度地区。而华南地区的气候则与之相反，每年大概有 8 个月的时间处于湿热季。设计要因气候之异而变，这是广州地铁从“黄皮书”中获得的经验。轨行区和乘客的候车区是连通的，列车的制动会产生大量的热，因而轨行区的温度很高，伴随列车运行，持续产生的额外热量毫无阻碍地侵入公共区，不仅让公共区的空气变差，还增加了车站空调的负荷，能耗极大。

如果有什么东西能够隔绝废热，岂不是能大大降低能耗？由此，总体组提出了安装屏蔽门的设想，但遭到了一些人的反对。他们指出，如果在地铁站台安装屏蔽门，则整个通风系统都要随之改变，公园前到海珠广场试验段要开工，整个隧道的通风系统应该怎么设计？总体组发现，广州地铁 2 号线并不是国内第一个提出安装屏蔽门想法的项目。上海地铁总工程师王振信在上海地铁 1 号线建设时就有安装屏蔽门的设想，但由于上海温差不大，节能效果不明显，需求并不迫切，故方案最后搁置。

因此，王振信总工一听说广州地铁 2 号线准备安装屏蔽门，欢欣之余，更是以行动全力表达了对广州地铁设计研究院的支持。总体丁建隆算了一笔账：装了屏蔽门以后，一个车站虽会增加 800 万元的费用，但地铁建成后只需运营 3 年半即可通过节能把投资收回来，从投资的角度来讲回报率是高的。但要落地实施是有风险的，仅仅是纸上推演就存在很大隐患。屏蔽门必须准确及时与信号联动，万一出现问题，比如车没来、门先开，乘客有掉落隧道的安全风险；或者车到站、门不开，车门与屏蔽门错位，则耽误乘客出行。而且，正如异见者所说的那样，安装屏蔽门后，整个通风系统、空调系统都要改变设计，这些没有设计规范，也没有经验可借鉴。

要踏出一条无人走过的新路总是疑难丛生，但广州地铁设计研究院无畏前险。行？还是不行？结果还要看方案与论证。和丁建隆共同在 1 号线奋战过的高俊霞作为环控专家，做了多种设计方案，经过详细的论证后，给了丁建隆肯定的答复：行！

站台屏蔽门

出于节能目的而设计的屏蔽门，如今的功能已经远不止于此。屏蔽门正如其名，把危险和热量通通屏蔽在外，成为守护一方的“安全门”和“节能门”。1 号线刚建成时车站并未安装屏蔽门，尽管有车站工作人员在站台不断提醒，反复巡视，但总会有乘客不小心将物品掉落轨道，个别没有安全意识的乘客还会冒险跳下轨道捡拾掉落的物品，甚至还有跳轨自杀这种极端事件发生，不仅危及乘客生命安全，还严重干扰了地铁的正常运营秩序。

现在，广州地铁日复一日承载着海量的客流，拥堵已经成为常态。在这种情况下，如果没有屏蔽门，靠前的乘客稍有不慎便极有可能被后面涌入的客流推入隧道，所以，现在的屏蔽门不仅起到节能作用，更是广州地铁的安全保障。

之后，由现任院长王迪军主导的广州地铁1号线屏蔽门加装工程，也在后续5年的夜间加紧完成。广州地铁设计研究院还提出了一系列屏蔽门设计标准、安全指标、运营概念、功能要求、系统设备选型原则及技术规格书。许多兄弟城市纷纷效仿广州地铁的屏蔽门措施，广州地铁2号线的这套技术，成为中国地铁史上创新潮流的倡导者、引领者。如今，屏蔽门已成为地铁系统不可或缺的一部分，并被广泛推广至全国，成为地铁设计的一项基本标准。

于乘客视线难以触及的轨行区内，潜藏着另一项革命性的引领技术——架空刚性接触网系统。

源源不断的高压电流为地铁提供牵引力，地铁的速度、运行的可靠性，很大程度上也依赖于牵引供电系统的稳定。提高供电系统的可靠性、可用性以及效率，一直是地铁建设的重要课题。

如何提高牵引供电系统的可靠性和可用性？第二任副总体和设计院机电方面的专家靳守杰，在这个领域进行了深度的研究。在现代铁路、地铁或有轨电车系统等电力传输系统中，服务于供电一线的接触网扮演着至关重要的角色：为移动车辆提供稳定的电源。它们主要有两种类型：柔性接触网和刚性接触网。尽管它们的作用相似，但因具有相异的物理特性，其设计、优缺点及适用的范围都大不相同。

地铁供电一开始采用的并不是接触网，而是接触轨，比如北京地铁和伦敦地铁的第一条线路。接触轨形制简单，但存在几个问题。早期的电压等级太低，只有750V，后来才突破达到1200V。接触轨维修时必须断电，为运营管理增加额外的工作与程序，于是更有优势的接触网逐渐取代了接触轨。上海地铁1号线和广州地铁1号线在北京地铁采用接触轨之后引进了德国西门子的技术，西门子提供的解决方案正是柔性接触网。除了地铁，柔性接触网也为“大铁”——国家铁路供电。

柔性接触网，顾名思义，比较柔软，可以左右晃动，这样就带有非常大的张力，张力大的优点是弓网受流特性好，两个带电流体相互接触后，反而接触得更稳定。但柔性接触网存在断线问题，柔性接触网来回摆动时，受电弓有可能钻到接触导线里，造成大的弓网事件，一旦断线，列车运营将会被迫中断。对于“大铁”，短时断线尚可接受，但对于发车频次密集的地铁而言，则弊大于利。除了断线的风险外，柔性接触网的结构比较复杂，还会造成维修难度、维护成本的加大——运营成本高是另一个不利因素。

刚性接触网则可以解决以上问题。刚性接触网将接触导线通过隧道顶的型槽固定，接触导线不能摇动，在满足规范的情况下，刚性接触网不会有断线故障，带来的好处柔性接触网无法与之相比。一次断线故障会给整条线带来极为恶劣的影响，刚性接触网的稳定性恰好能彻底消弭这个风险，长期运营成本也会慢慢降低。

刚性接触网

为了提高整个牵引供电系统的安全性和可靠性，总体组认为在地下段引进国外的刚性接触网大有可为。刚性接触网的运用在国内属于首次，但要想真正投用，仅是引进还远远不够，为了实现国家发改委下达的70%国产化的硬指标，刚性接触网必须完成国产化。此时，西门子将125m的汇流排作为礼物，送到了广州地铁总公司，供总体组和厂家共同研究。这段汇流排被总经理卢光霖一分为二，一段给了原铁道部的专业厂河北宝鸡汇流排厂，另一段给了原广东三水西南铝厂（现凤铝铝业有限公司）。刚性接触网开始了“产、学、研、用”的国产化历程。

工程师们从光谱分析开始，对汇流排的形态做了详细和精准的测绘，对力学性能和电学性能进行了系统分析，立足地铁供电安全稳定的需求，扎扎实实做足了研究，形成了大量成果：成功自主研发架空刚性悬挂接触网技术，创新性地研发出新型合金材料，有效替代了昂贵的进口材料，在关键零件领域实现了国产化突破……最终，国产化率达98%，超额完成70%国产化目标，为实现国产化作出了卓越贡献，性能达到国际同类产品水平，而且稳定性更高。

广州地铁2号线首次采用的刚性接触网列车供电新工艺，充分展现了其更安全可靠、更经济的优势，证明其技术可以广泛应用于上部受电的地铁系统。同时，2号线还打开了一个新的市场，并培育起与之相关全新的产业。就如同屏蔽门渐渐被视为“理所应当”一样，从广州地铁2号线开始，我国大部分的地下线路都采用了刚性接触网。其后，广州地铁3号线、18号线、22号线……在地铁速度屡破新高之时，刚性接触网也在持续地进化迭代，并稳定地为地铁供应源源不断的牵引电流。

岭南有漫长的“空调季”，供冷系统的重要性不言而喻，广州地铁2号线的集中供冷站又是一个亮点。

广州地铁1号线，采用的是每站分设冷源的设计方式。由于1号线所过之处皆是闹市区，冷却塔难免会对周边环境造成一定影响，如此一来，市民虽然盼望地铁站建得离自己家越近越好，却对必不可少的配置——冷却塔避之不及。这是人之常情，谁不想要一个舒适的周边环境呢?

冷却塔带来了许多投诉。而在实际运营中，总体组发现每站各设冷源的效率并不高。广州地铁 2 号线同样也要经过闹市区，需要解决噪声扰民的问题，这就要围绕 16 个站点逐一解决环保、噪声的问题，任务非常繁重。倘若换一种思路，把这种普遍存在的问题因地制宜地在线路上的某几个点集中解决，就可以集中力量采取措施全力解决噪声与能耗问题。经过一系列可行性方案的研究后，集中供冷系统设计方案出炉。

海珠广场站

广州地铁 2 号线共设置了 4 个集中冷站，有的置于车站内，有的藏身于公园中，有的则放置在区间上。集中冷站可以用比较高效的机组来制冷，输送距离虽然远了，但总体经济性更优。

在 2 号线的 4 个集中冷站中，海珠广场冷站独树一帜，其独特之处在于其地理位置紧邻珠江。设计团队巧妙借鉴自然界的水冷效应，即大型船舶常利用江河水进行冷却以提升机组制冷效率的原理，创新性地将珠江水作为天然的冷源引入冷站设计，既达到环保节能的目的，又进一步提升了冷站的效率，节能效果更佳。

集中供冷系统后来在中心城区的线路建设中应用非常多，比如广州地铁3号线体育西集中供冷站，仅在天河区设了一个冷站，这对于寸土寸金的天河区无疑是非常合理的布局。4号线穿越广州中心城区的外围区域，放置冷却塔相对方便，只在大学城设置了集中冷站，以满足该区域对环保的高要求。而5号线区庄、杨箕、猎德等设立冷站，都是为了解决核心区域冷源供应的问题。

集中供冷是从节能环保的角度出发，将冷站集中设置在环境协调性更好的位置，用于解决城市中心区大部分车站空调的冷水问题。设置冷却塔后，城市中心区站区的环境得到改善。集中供冷这项技术虽然也见于其他行业，但在地铁领域特别是国内的地铁，广州地铁2号线是第一个启用的地铁线路，而且布局地点往往立足具体情况，既有

新意特色，又恰当巧妙。

与乘客息息相关的，还有人人经手的车票。一块小小的非接触式 IC 卡，也凝结着广州地铁 2 号线的创新。

广州地铁 1 号线运营过程中，磁卡型自动售检票系统故障率很高，刚刚开通就改造了 7 个车站，在三个月内又改造了 3 个车站，总共改造了 10 个车站。客流组织、设备和车站如何匹配，是设计院要重点考虑的内容。

检票，是一道门禁。如果不能迅速识别车票让乘客通过，客流就可能形成拥堵。“黄皮书”早就表明必须有快速处理巨大客流的能力，场地内分区、配置自动售检票系统和自动扶梯等设施设备，都是为了达到这个目的。

在广州地铁 2 号线的提前规划中，对于看似不起眼却兹事体大的自动售检票系统，广州地铁总公司非常重视。1 号线与 2 号线应该实现无障碍换乘，2 号线的自动售检票系统是继续采用 1 号线的制式，还是应该有新的想法？广州地铁总公司决定组织课题组专门研究。课题组最后研究出来的成果是：无论未来建多少条线，要换乘的话，制式必须统一，而未来的发展方向一定是全 IC 卡。

1 号线的储值票是 IC 卡，而单程票则是磁卡，两种卡片都是同一个“门禁”的钥匙，但各自的车票和车票读写器却截然不同。IC 卡除了存储容量大、更加安全可靠、寿命更长外，还可以一卡多用。磁卡的读写次数一般为 600 次，IC 卡的读写次数则高达 10000 次。此外，IC 卡的读写机构比磁卡简单可靠，造价便宜，维护方便，容易推广。

1 号线单程票的磁卡使用一段时间就要对磁头进行清洗，而且当时国内制作的磁卡质量也不过关，从这两方面考量磁卡不能久用。因此，设计组决定从 2 号线开始全面采用 IC 卡系统，同时对已投入 1 号线运营使用的磁卡系统进行 IC 卡技术改造，实现了 1 号线与 2 号线之间的不检票换乘，为今后轨道交通新线之间的不检票换乘创造了基础条件。

广州地铁 2 号线在国内第一次应用的非接触式 IC 卡自动售检票（AFC）系统，也是全球第一套全程采用非接触式 IC 卡的系统。这种自动售检票系统的使用，使大客流的疏散更快速有效，提高了自动化程度，也提高了国产化水平。这个创新成果正在为全世界的同行所共享。

对于屏蔽门、刚性接触网、集中供冷、非接触式 IC 卡这几项技术，在没有先例、没有相应技术标准的情况下，第一次担任总体的广州地铁设计研究院，就大胆采用新技术、新办法，打破常规，不断摸索，并在开通运营以后持续提炼，最终将经验浓缩为国家通用标准，为后续国家地铁事业的发展打下了良好的基础，这是设计院作出的最大贡献。

广州地铁 2 号线的创新，也体现在具体施工上。这里有穿越“龙脉”江北工程的“三大战役”：海珠广场站—公园前站区间隧道战役、纪念堂站—越秀公园站区间的右线隧道攻坚战、越秀公园站—三元里站区间隧道的 14 股轨道群之战。这里也有 2 号线最难和最有特点的车站——越秀公园站。

如今已是广州地铁集团董事长的刘智成，正是越秀公园站这座当年最难车站的工点负责人。广州地铁 2 号线是南北走向，明显的特点是有一个南北的褶皱，在越秀公园站要穿越广从断裂，在纪念堂站又要穿越清泉街断裂，地质条件非常复杂。早在 1965 年，广州首次尝试建设地铁即遭遇失败的重要原因，就是被广从断裂和清泉街断裂联手拦住了去路。当时“9 号工程”的地铁不得不改线，由于站位的问题，即使把断面缩小，还是无法成功穿越位于广从断裂上的体育馆。

时隔 30 余年，2 号线再次撞上 1965 年的困难——广从断裂。今非昔比，此处周边环境非常复杂，地上地下，建筑密集。由于当时中国进出口商品交易会正在进行中，从交通方面考虑，车站不能采用明挖方式，只能做一个深埋暗挖的车站，变成两个站厅，这给设计带来极大的困难和挑战，甚至造成附近以太广场和体育馆的变形开裂，旁边的华侨楼也受到影响。此处的施工环境已经不能用“风险”来形容，而是非常“危险”。

广州地铁集团有限公司党委书记、董事长、总经理刘智成
（广州地铁设计研究院第五任院长、广州地铁 4 号线总体）

但绝境方能最大限度激发破釜沉舟的潜能。越秀公园站极大锻炼了设计院的技术力量，包括设计、施工、管理的技术力量。为了扛起新使命、谱写新篇章，年轻的骨干们在这充满挑战的舞台大展身手，刘智成牵头完成设计方案，丁建隆负责落实施工管理，他们不仅圆满完成了建设任务，还以“站厅明挖，站台暗挖”的鲜明特点，成为典范。越秀公园站是 2 号线的一个缩影，在设计建设 2 号线的过程中，广州地铁设计研究院培育了一大批未来的中流砥柱，尤其是培养出像丁建隆这样的综合管理人才和像刘智成这样的设计领军人才。如今，他们以中流击水、浪遏飞舟的气魄，为设计院掌舵前行，用奋斗书写奇迹，用奉献实现价值，以己之身奉献家国。

广州地铁设计研究院在广州地铁2号线上实现的两项重要创新：“复合地层盾构施工技术”和“轨道减振综合技术”，均极具时代意义。

自广州地铁 2 号线工程开始，广州市就再也没有把市区的交通主干道全条封闭进行建设，原因是大面积采用了盾构法施工。随着时代技术的进步，盾构工法对城市日常运行最为友好，这种技术的重要性愈发凸显。

广州地铁 1 号线旨在引进、吸收、消化当前最先进的盾构技术和管理标准，以掌握技术、培养人才、培育队伍和产业，为我国大规模推广应用盾构工法奠定基础。广州地铁总公司选定了日本青木公司作为施工单位，法国索菲图公司作为监理单位，盾构机设备则定下了一台日本川崎公司的土压平衡盾构机和两台日本住友公司的泥水平衡盾构机。

广州地铁 2 号线在总体设计中，有 6 个区间大规模采用了盾构工法，几乎占了总长度的 60%。在海珠广场—市二宫—江南西区间，设计院在全面总结 1 号线盾构隧道施工经验的基础上，突破传统思路，在广州地区复杂的地质条件下采用盾构技术成功穿越珠江。这是一场

车站接盾构隧道断面

世纪之战，它打响了 2 号线建设“大战”的“第一枪”，也留下了盾构史上的三项第一：在工程创新上，应用了中国第一台“复合型”盾构机；成功应用盾构技术穿越了水文地质条件极其凶险的珠江；成功甩开“洋拐杖”，广州地铁 2 号线成为中国人自主设计、自行组织管理施工的第一个盾构隧道工程。

“在世界各国发展了将近 140 年的盾构技术，在中国，仅仅用了 3 年时间就催化成熟，给长期以来习惯于沿用矿山法旧传统的地下工程界来了一场脱胎换骨式的大革命。”亲历海珠广场盾构过江的广州地铁集团原常务副总经理竺维彬有如此感悟。

而在越秀公园站—三元里站区间，线路遭遇了穿越京广铁路大动脉的 14 股轨道群。盾构要在软硬不均的地下，安全穿越 156 栋房屋和这 14 股轨道群，是天大的难事。在各方努力下，通过精心的设计组织，施工单位成功穿越了轨道群，沉降差仅 1mm。当时就是在这个区间，建设者们还创下了中国盾构史上日掘进 22.5m 的新纪录，左右两线盾构的单月进度双双超过了 300m，比预期每日 200m 的速度足足提高 50%。

成绩的背后，自然离不开技术创新。2 号线第二任总体刘忠诚、第三任总体史海欧始终把技术创新、国产化这些关键因素贯穿整个设计和施工过程。在盾构设备及技术的国产化进程中，史海欧发现，盾构施工中盾构管片的拼装对工程的进度影响很大。国际上通用的是 1.2m 宽的盾构管片，但史海欧并没有迷信权威，他发现如果把 1.2m 的管片加宽到 1.5m，拼装速度将大大加快，也不会影响工程质量。很快，在经过一系列的技术研发后，管片从 1.2m 宽改革为 1.5m 宽，这一改变使整条隧道的接缝因此减少了 1/5。在拼装管片时，还采用了盾尾同步注浆的方式，加强了隧道防水功能。

这些创新成果，后来广泛应用于全国盾构工程中。作为国内地铁工程中 1.5m 宽错缝拼装盾构管片和三元乙丙橡胶防水密封垫等技术的首位设计者，史海欧功不可没。

广州地铁设计研究院资深总工程师、全国工程勘察设计大师史海欧

1989 年河海大学硕士研究生毕业的史海欧，一直坚信设计是龙头，设计好了后面才能建设好运营好。无论是创新还是为了后面的运营服务，设计不好，后面肯定存在很多问题，创新也必须从设计开始。此后，史海欧从未停止过对创新工作的探索，他主持完成了 20 多项城市轨道交通工程设计和多项重大科研项目，为行业技术进步作出了重大贡献，2020 年获评全国工程勘察设计大师。

在 1 号线的盾构施工中，平均掘进速度是 200m/ 月，而到了 2 号线，盾构平均掘进速度有了明显提高，达到 250 ~ 300m/ 月，最高掘进速度可达 450m/ 月。设计施工人员独立自主、群策群力，摸着石头过河不断创新，大大增强了设计院的设计能力以及敢于创新的底气。

轨道减振技术的应用，则着眼于减轻列车运行时产生的振动，减少城市环境的噪声污染。以上两项技术都以“环境友好型”为主要特点，它们与以节约能源、节约土地资源为主要特点的其他技术一起，使 2 号线从设计、施工到运营全过程都体现出一种强烈的环保意识。

在国产化的应用方面，总体组将国产化细化分解到每一个系统和设备中，无论是车辆，还是 24 脉波的整流器，无论是接触网，还是冷水机组，都充分调动设备供应商的积极性，公开征集设备国产化方案。总体组对哪些设备初步具备国产化条件，哪些关键技术和零部件还需要国外提供，均做到心中有数。

设计院通过对厂家开展调研和技术交流活动，发现国内企业在标准化产品和机械加工产品等方面有较大优势，但在电子产品、控制系统和机电一体化产品方面，与发达国家相比还有一定的差距。为了确保非国产化部分的资金用于先进技术和关键零部件的进口，总体组积极促成技术先进的外国公司与国内加工过硬的厂家联合，造就一批“强强联合”的潜在供应商，确保了 2 号线国产化工作的质量和设备的交货期。这些措施，既是为了满足“国产化”的硬指标，也是为了给未来播下市场化、产业化的种子。

广州地铁设计研究院还在广州地铁 2 号线车站出入口等地方第一次采用模块化、模数化、工厂化设计理念，保证了全线的整体效果，提高了工作效率，节省了投资。

地铁建设以人为本，目的是为市民提供便利的出行条件。但由于线路主要沿城市交通干线布置，建设期间势必对地面交通产生较大影响和干扰。为了把影响降到最小，总体组在做好施工期交通疏解方案的合理设计和论证的同时，还要尽量缩短工期。而出入口采取模块化设计，就能达到工厂生产、缩短现场安装工期的效果，大大提升效率。

在出入口设计方面，广州地铁早期建设的 1 号线以满足功能为主，建筑形式和风格尚未统一。为实现模块化设计，时任广州市人民政府副市长李卓彬手绘出入口设计方案，通过统一的有盖或敞口建筑形式设计，融入标志性的醒目红色“Y”形元素，让乘客一眼就看到广州地铁，辨识度很高。

广州地铁 2 号线出入口

车站的装修则采用一线一景，天、地、墙、灯全线选用统一材料，突出了全线的共性，尽可能统筹各种元素，达到标准化的目的。这是第一次采用模块化、模数化、工厂化设计理念，保证了全线的整体效果，提高了工作效率，节省了投资，也直接引领了全国地铁的装修风格。

广州火车站站厅

广州地铁 2 号线首段开通仪式（时任市长林树森讲话）

科学技术是第一生产力，创新推动了广州地铁 2 号线又好又快地建设，产生了巨大的效益。2 号线率先实现设备国产化超过 70%，且在更先进、更安全、更环保的情况下，与花了 5 年半时间建成的 1 号线相比，工程用时大大缩短，仅用了 3 年半时间，2002 年 12 月 30 日，广州地铁 2 号线首段正式开通，市民期盼 40 年之久的地下交通“十字形线网”初步建立。1 号线平均每千米综合造价 6.6 亿元，而 2 号线仅为 4.8 亿元，下降 1.8 亿元，降幅 27.3%。

设计院在广州地铁 2 号线的总体设计中，努力实现了从“中国组装”向“中国制造”和“中国创造”的转变。广州地铁 2 号线入选 2003 年全国十大建设科技成就，被评为 2004 年度建设部科技示范工程，荣获广东省科学技术奖特等奖，2006 年荣获国家环保总局颁发的首届国家环境友好工程奖。广州地铁总公司荣获国家发改委授予的“重大技术装备国产化工作先进集体”称号。

2007 年 2 月 27 日上午，北京人民大会堂隆重举行了国家科学技术奖励大会，“广州地铁 2 号线节能、环保和安全技术集成与应用”项目荣获 2006 年度国家科学技术进步奖二等奖，这是我国地铁行业第一个获得国家科学技术进步奖的综合性项目。国家科学技术进步奖是中国科技界的最高奖项，它不仅是对广州地铁 2 号线项目成果的高度评价，也是对项目所在地区和行业科技进步工作的充分肯定。

荣获国家环境友好工程奖
（左二广州地铁集团原总经理卢光霖，右一广州地铁设计研究院第四任院长徐明杰）

广州地铁 2 号线的成功设计，是设计院遵循国家和广州市政府的轨道交通战略政策，吸收国内外先进技术，结合广州具体条件，汲取 1 号线的建设经验，勇于技术探索和创新的成果。这些成功，离不开团队夜以继日的努力和因地制宜的智慧。

1 号线证明了广州可以修地铁，2 号线则证明了广州可以自己修自己的地铁。如果说 1 号线见证了广州市域变化的一路向东，那么 2 号线就一直陪伴着广州老中轴漫步于岁月。对于广州地铁设计研究院而言，第一次以联合总体总包的方式设计建设的 2 号线，能够成为国内轨道交通的范例，极大坚定了其做大做强的信心，这是中国实现 70% 国产化目标的第一条地铁线。2 号线成功、健康地飞奔在城市之下，代表了设计院从一个非常低水平的起步，破茧成蝶实现了一个高水平的飞跃。

“用力拼搏，用心生活”，在广州得到了最好的诠释。

第三章

用速度赋能

广州地铁 3 号线是我国首条速度达 120km/h 的地铁快线，拥有 Y 线运营设计、综合监控系统、移动闭塞制式等诸多技术创新，这也是广州地铁设计研究院第一条单独总体总包的线路。其后，广州地铁设计研究院快马急鞭走出一条独立快速发展之路。

广州地铁2号线的成功令人振奋，这是集国内顶尖设计团体合力打造的国内轨道交通里程碑。它创造了诸多的“首次”，证明了广州地铁设计研究院未来发展的可能性以及所能达到的技术高度。在广州地铁设计研究院未来的发展之路上，注定埋伏着无数困难与挑战，但设计院艰苦奋斗与不断创新的精神，是其披荆开路的武器，而每一个宝贵的设计项目，都是其质变突破的机遇。广州地铁3号线，亦是如此。

20世纪90年代末，广州市在城市化、现代化的进程上面临巨大挑战，一份新的《广州城市建设总体战略概念规划纲要》出炉，这份战略规划将广州市的发展方向精准概括为8个字，即“南拓、北优、东进、西联”。其中“南拓”正是要拓展到广州南边的番禺地区。

按照这份“南拓、东进”的战略规划，花都、番禺撤市设区，成为广州城区的两个重要组成部分，广州“城市化”发展战略全面铺开。番禺撤市设区后，广州市政府要送给番禺一份“大礼”，这份“大礼”正是广州地铁3号线。

2000年，广州市委、市政府提出要建设一条南北向的地铁线路。这条地铁线路作为“南北的大动脉”，将番禺与珠江新城、天河连接，与广州白云国际机场、广州东站等交通枢纽串联，是广州市南北向轨道交通网络构建的重要战略部署。

在这样的背景下，承担南北通衢重要使命的广州地铁3号线应运而生。该线路南到番禺市桥最繁华地段番禺广场，北接花都的广州白云国际机场，中经广州火车东站、天河客运站，是一条沿着城市新中轴布设的“重骨架”。而第一阶段实施的3号线首期工程，则是从番禺广场到广州火车东站，全长28.75km。

这是中国第一条“规划引导型”地铁线路，广州地铁3号线的重要性被提高到前所未有的高度。此时，全国建设地铁的城市很少，广州地铁1号线通车，2号线在建。广州地铁设计研究院作为广州地铁2

号线联合总体的牵头单位，应用多项创新技术打造了 2 号线这座国内轨道交通的里程碑。对广州地铁设计研究院来说，广州地铁 3 号线的设计任务，是其发展史上的一个重要节点，是不可多得的实战机会，是发生质变飞跃的机遇。

设计院此次独立承担广州地铁 3 号线的总体设计任务，是否可行？这个想法得到了广州地铁总公司的大力支持。于是，在经过一系列深入研究和准备后，广州地铁 3 号线的设计总体总包任务，郑重地交到了设计院的手中，设计院第一次独立总体总包的历程开始。

广州地铁设计研究院第三任院长孙钟权

此时，广州地铁设计研究院第三任院长孙钟权制定了明确的战略发展目标：一是成为国内一流的城市轨道交通设计院；二是跻身国际著名的设计院行列；三是打造设计院可持续发展的人才培养体系。人才培养是实现前两个目标的关键，是一切创新与奋斗的基础。设计院的人才培养模式是在每一个项目中实现人才的锻炼与提升，通过项目实践，前一条线路的副总体能够积累经验，为日后成为下一条线路的总体打下坚实的基础，从而形成人才培养的良性循环。

作为广州地铁设计研究院第一条独立总体总包的地铁线路，广州地铁3号线的设计总体重任应该交到哪一位手上？设计院经过2号线的锤炼，已经培养和锻炼了一大批技术骨干。对于总体如此重要的岗位，设计院如何从众多优秀的年轻人中选拔出最合适的人选，一时之间成为难题。

院长孙钟权和其他领导协商后决定，本着公平的原则，对于3号线的总体岗位，以竞聘形式选贤举能，让这些年轻人勇敢走到台前，大胆自荐。2号线赤岗站工点负责人，此后担任广州地铁设计研究院第六任院长的农兴中也参与了此次竞聘。

广州地铁设计研究院党委书记、董事长农兴中
（设计院第六任院长、广州地铁3号线总体）

农兴中毕业于清华大学水利水电工程建筑专业，广州地铁设计研究院建院之初，他作为技术骨干被引进。农兴中在履行职责时总是多尽一份心，坚守岗位时也多出一份力，脚踏实地，求真务实，因此，他在广州地铁1号线、2号线建设过程中积累了宝贵的实践经验。2000年5月，风华正茂的农兴中凭借自身的优秀，成功竞聘广州地铁3号线的设计总体。那时，农兴中正好30岁。三十而立的农兴中就此

成为全国地铁线路中最年轻的设计总体。心之所向，素履以往。农兴中用青春之火点亮未来之路，用求知之心探索未知前方。此后，他一直在路上，直面挑战，向光而行。

作为一条南北向的骨干线路，广州地铁 3 号线是如此重要。对于 28.75km 的线路长度，该线路如何发挥南北向的骨干作用？120km 时速的提出和第一条 Y 线运营的策略，是广州地铁 3 号线设计师们的重大决策。

对于这条南北向的骨干线路，广州地铁总公司领导提出，要尽可能缩短广州南部和市中心的时空距离。此时，已建的广州地铁和其他城市地铁的旅行速度仅为 35km/h，最高速度为 80km/h。广州地铁 3 号线如果还按已建地铁的旅行速度和最高速度去配置，缩短时空距离的要求显然不能满足。由此，3 号线总体组提出了“大站快车”的模式，即站间距要适当加大。普通地铁在城市里的站间距是 1 ~ 1.5km，3 号线加大站间距后，速度自然就可以提高。

“大站快车”的模式是新颖的，但到底时速达到多少才能满足要求？从时速 80km 提升至 90km、100km、120km、130km，哪种最适合广州地铁 3 号线？总体组为此做了不同的分析和研究，在综合考虑 3 号线的性质、功能以及沿线人文地理特点等实际情况后，总体组按照广州市中心到番禺线路的长度和相应的站间距，一致认为采用时速 120km 比较合理。

然而，采用时速 120km 会面临很多问题。在如此短的时间里，完全由广州地铁人自主完成如此庞大、复杂、科技含量高的课题——实现“大站快车”和“Y”形线路的设计，诸多历史性的科技创新对第一次独立总体总包的广州地铁设计研究院来说并不容易。

首要的问题是国内没有可借鉴的项目和线路，也没有相应的规范和技术标准。很多专家认为，从规划的理念来讲，“大站快车”模式可以缩短时空距离，但真正落实到具体项目上时，技术风险、成本压力、安全可控性等方面的问题便凸显出来。

首先是理念的接受。“大站快车”模式本身就是一个重大的理念创新，需要解答专家的疑问。虽然当今高铁时速350km已经成为现实，但在当时没有相应规范和技术标准的情况下，提高120km时速运行的安全性能否得到保证？从造价和技术上能否实现？这些不确定因素依然困扰着3号线总体组。经测算，时速从80km提高到120km，从广州东站到番禺市桥可节省5～6min，但在技术上却要有重大的突破，安全风险、技术风险、造价也随之提高，是否值得去冒这个险？

专家的疑问其实也正是设计院总体组关注的重点。对于3号线首期工程长达28.75km这样一条线路来说，线路的长度已经具备了“大站快车”的条件。每班次节省5～6min看似不多，但对于一条超大运量的地铁线路来说，这意味着每天100万人每次都能节省宝贵的5～6min，从南部的番禺到广州的市中心，乘客在缩短时空距离上会有明显的感受，节约的时间价值非常重大，这一理念也被专家接受。

除了时速120km这个最明显的特点外，3号线也是第一条Y线运营或者称为主支线运营的线路。3号线的最初方案是建设一条南北向的轨道交通，当时并未考虑多个高校所在地的五山地区。五山地区是广州文教、科技集聚区，但师生出行却非常困难，五山地区的人大代表、政协委员和教授纷纷提议，请求市政府关注五山地区广大师生和科技工作者的出行问题。

此时，3号线开建在即，不能更改线网中规划好的线路走向，也不能新建一条地铁线路满足广大师生和科技工作者的出行需求。要快速解决这个两难的问题，总体组另辟蹊径，决定借助3号线的建设，再建一条支线到五山地区，解决五山地区进入天河中央商务区（CBD）的出行问题。

这样，3号线首期确定为主线北起广州东站，南至番禺广场，线路全长28.75km；支线北起天河客运站，南至体育西路，在体育西路站与主线会合，线路全长 7.42km，这两条线路呈现“Y”形分岔，所以也叫“Y 线运营”线路。Y 线运营的思路有了，但国内没有主支线和 Y 线运营的经验，只能不断研究突破和借鉴国外的成功经验。

3 号线采用时速 120km 和 Y 线运营双重的决定，是压在设计院总体组身上沉重的担子，必然要在设计建造上进行全方位的技术创新。广州地铁总公司领导与设计院为此做了大量的专题研究。对隧道的接线、断面、乘客的舒适度、运营服务、投资概算的应用和影响，总体组逐一进行了系列的分析、论证与测算；在车辆系统、信号系统、隧道通风系统、安全系统、行车指挥系统等方面，总体组也都反反复复进行了无数次的计算和试验。总体组走的每一步都是创新，每一项成果都成功地填补了中国地铁设计建造史上的空白。

隧道断面的“阻塞比”，采用侧向疏散平台、刚性接触网的优化等正是总体组针对时速 120km 和 Y 线运营进行的创新设计。

在常规地铁线路涉及的轨道交通 21 个专业中，广州地铁 3 号线在线路、限界、隧道通风、信号系统、供电系统、防灾疏散等 9 个专业有别于其他线路。决定时速 120km 隧道断面的大小，专业术语就是“阻塞比”的大小，是总体组首先要解决的重要问题。阻塞比小，列车在隧道中运行造成的阻力会很大，能耗会增加，乘客乘坐时会有耳鸣等不适感。最终，总体组通过模拟计算和分析，参考国外的技术资料进行了多方论证，终于找到了合适的“阻塞比”，把列车运行阻力减到最小。

“大站快车”的设计方案出台后，全线 2km 以上的长区间共有 7 个，其中汉溪长隆站—市桥站区间更是长达 6.4km。对于这样的长区间，新的问题出现了：如果列车在隧道中因故停止运行，或有两辆列车同时在隧道中运行，一辆列车出现故障后该如何救援？乘客如何疏散？

广州地铁 1 号线、2 号线的列车如因故障停运在隧道内，由于距离短，可以通过车头进行人员疏散。但 3 号线的区间较长，1 号线、2 号线的疏散方式并不适用于它。确保地铁的安全性是设计的重要任务，为此，总体组创新性地提出了解决方案：列车在长区间运行过程中，发生火灾时，应尽量驶到前方车站，如果列车不能启动，则乘客可在区间内下车进行疏散。3 号线创新地在隧道内设置侧向疏散平台和左右线间距不大于 500m 的联络通道，对乘客实行“侧向疏散”。当其中一条隧道发生火灾时，乘客可通过侧向疏散平台疏散至最近的联络通道，然后进入对面的安全隧道进行撤离。

广州地铁 3 号线侧向疏散平台

3 号线区间隧道防灾疏散首创的“侧向疏散平台加区间联络通道”方式，解决了长区间隧道的安全和疏散问题，被随后的广州地铁 4 号线、5 号线、6 号线和国内其他城市地铁广泛采用。

广州地铁 3 号线 120km 的时速对牵引供电技术提出了新的挑战。广州地铁 2 号线刚性接触网的供电模式取得了非凡的成功，但是与时速 80km 不同，当列车高速行驶时，可能会导致电弧放电。这种电弧产生的高温可对接触线、滑线或者是集电器造成烧蚀或者熔化效应，导致拉弧损伤。

在车辆以高达 120km/h 的速度行驶时，由于强烈的振动和复杂的气流干扰，集电器与接触线之间的接触可能会被中断。如果不能实现接触网技术的优化突破，时速 120km 就无从谈起。通过实践，总体组找到了解决之道，即在刚性接触网的变速段、转弯段或者道床有弹性的地段，给刚性接触网加弹性线夹等弹性装置来实现两个系统的耦合。如此一来，刚性接触网便适应了高速线路的要求和特点，圆满解决了该问题。

在信号系统方面，随着广州地铁 3 号线列车运行速度的提高，信号系统控制列车的精度要求更高，列车定位和测速误差的控制难度必然加大。为了运营安全，列车运行速度的提高必然要求加大列车之间的安全距离，这对信号系统提出了更高的要求。

3 号线的站间距超过 6km，而常规地铁站间距不到 1km。常规地铁的信号是区间闭塞的，一个区间只能有一辆列车在其中运行，前一辆列车驶出该区间，后一辆列车才能驶入。对于 3 号线 6km 的长区间来说，如果采用区间闭塞的信号系统，行车间隔会变得非常长。

此前，国内外城市轨道交通信号系统都只适用于运行速度不超 80km/h 的线路，广州地铁 1 号线、2 号线也是如此。由于时速 120km 的列车采用小编组、高密度的行车组织方式，3 号线的信号系统遇到了前所未有的考验和挑战。最终，设计院在 3 号线首次采用了代表世界先进列车控制技术发展方向的移动闭塞信号系统，它比传统的固定闭塞系统更为安全、更加高效。

这种移动闭塞信号系统，达到了时速 120km 所需要的列车控制精度：车载信号设备每 0.1s 计算一次列车的位置，并每隔 0.5s 向轨旁设备报告一次列车位置，这样在 120km 的时速下列车报告的位置精度差不超过 20m，车站停车的定位控制在 0.2m，当列车速度为 100 ~ 120km/h 时，信号系统的测速误差仅为 2.88km/h。

3 号线的移动闭塞信号系统还采用了四种制动等级和两种制动类型，根据坡度等不同线路状况采取不同的制定率，有效减少了列车在高速运行和各种线路条件下的打滑现象。对于列车运行间隔，移动闭塞信号系统在时速 120km 条件下基本满足了 90s 设计追踪间隔的能力要求。移动闭塞信号技术集安全、灵活、经济节能于一身，既能满足轨道交通大运量、高频率、可靠运行的要求，又延长了设备的生命周期，具有优越的性价比，大大提升了 3 号线的运营效率。

3 号线带来了一系列的技术创新和变革，如阻塞比、供电牵引方式、信号系统、疏散平台的创新等。总体组为解决这些问题做了详尽的前期调查和相应的方法创新，并把这些都反映到工可研究报告中。这份工可研究报告，邀请了中国国际工程咨询有限公司进行评审。经过总体组的努力，这份报告顺利通过评审，确保了 3 号线“大站快车”的立项，为下一步工程的实施奠定了基础。

而在广州地铁 3 号线的所有创新中，监控系统的创新对后续地铁工程的影响巨大。这个创新，就是综合监控系统的应用。

说起综合监控系统，就不能不说时任设计院副总工毛宇丰。20 世纪 90 年代末，毛宇丰还在钢铁企业工作时，钢铁行业就已经实现发电、配电、过程控制、低压四个系统的集成。毛宇丰入职广州地铁运营总部后敏锐地意识到，地铁控制的各系统比较分散，每一个系统都自为一体，各系统要实现自动化的联动，必须实现信息共享。通俗地说，就是所有的系统都对着一个系统，由这个系统接收所有系统的信息，实现接口单一，系统也就相对简单，这就是综合监控系统。

广州地铁总公司对毛宇丰提出的综合监控系统持肯定态度，但想法的落地要设计、建设、运营几个环节共同作用。待毛宇丰调到设计院任主管机电的副总工后，由于有了前期的技术积累，毛宇丰、蔡昌俊、靳守杰、齐力四人就分别作为各部门代表，利用业余时间开展研究，梁东升、湛维昭等设计院技术骨干也加入其中，综合监控系统很快在 3 号线中得到应用。

3 号线全线采用高智能化、高集成性的综合监控系统，把所有的系统信息进行了整合，完成了两级管理、三级控制的分层分布式结构。综合监控系统包括变电所自动化系统、火灾报警系统、机电设备监控系统、屏蔽门系统、防淹门等系统，实现了技术上的进步。

作为首条将综合监控系统引进地铁系统的线路，3 号线确定了与新兴主控专业的接口原则、接口内容和接口方式，成功实现了综合监控系统的接口，对后续其他地铁工程的建设有指导意义。

3 号线的综合监控系统，通过其实际应用与市场需求的紧密结合，有效推动了国产技术的培育与发展。国内没有一家集成商有自己的软件平台，也没有一家集成商能开发出技术难度如此大的先进系统。3 号线的迫切需求，迫使集成商开辟了这个市场，激发了集成商的发展动力，极大锻炼了集成商的研发能力。集成商由奉行国外的软件平台和国外解决方案的“拿来主义”，到研究自有软件平台，自研解决办法，研发水平节节攀升，使综合监控系统实现了真正的国产化。

此外，风机电动机的控制往往依赖于一个低压配电机柜。然而，打开该机柜后，由于内部继电器缺乏固定，错综复杂的线路交织在一起，严重影响正常的维护作业。原本，控制中心对风水电系统的全面管控需经过 7 个层级，这显然存在优化空间。鉴于此，总体组发起了一项科研专项，致力于将控制层级从 7 个优化至 4 个。历经两年的深入研发，3 号线率先采用了智能电动机控制中心（IMCC）技术，实现了风机电动机的全面智能化升级，以智能模块替代了传统的继电器，这一创新成果全国领先。

3 号线还有无数的创新技术，如创新了自动售检票、门禁、站台门、PLC（可编程逻辑控制器）等控制模式；自动低压、通信互通、视频实时上传地面等技术在全国首次应用。在其后广州地铁“十三五”线路全线推广的高压细水雾灭火系统，虽然没有在 3 号线中首次应用，但解决思路正是在 3 号线建设中形成的。

人的潜力是无限的，正因为广州地铁 3 号线的建设难度大，才有如此多的创新，3 号线的设计难度还表现在土建工程的复杂程度前所未见。

广州地铁 3 号线，主要的地质难点是北段（天河客运站—华师站区间）和南段（番禺广场站—大石站区间）有花岗岩，中间一段是红层，上面是残积土和砂层，从地质角度来讲是“上软下硬”，即通常说的“复合地层”（在地下工程开挖断面范围内和开挖延伸方向上，由两种或两种以上不同地层组成，且这些地层的岩土力学、工程地质和水文地质等特征相差悬殊的组合地层，被称为“复合地层”）。由于 3 号线是南北走向，该线路还有一个难点，即下穿珠江水系，下穿珠江的区段还不止一处，而是四次下穿。

其中，沥滘站—大石站区间需要两次穿越珠江水系：一是穿越三枝香水道，二是穿越南珠江。除了狮子洋外，这段区间是广州中心城区珠江流域最宽的河道。2005 年 5 月 31 日，沥滘站—大石站区间左线盾构机在珠江江底掘进时，突然瘫痪停机，必须开仓排除故障。开仓后发现，盾构机的刀盘居然在江底断掉，广州地铁总公司和各方齐聚力量，一起凭着丰富的施工管理经验和过人的胆识，历经 30 多个昼夜的艰苦奋战，终于排除了险情，为 3 号线的开通扫清了障碍。

在 3 号线天河客运站—华师站区间，施工队伍在隧道掘进过程中遭遇了“苦不堪言”的地层：上层是花岗岩残积层，下层是超过 80MPa 的高强度花岗岩孤石群。上层一遇水就变成一堆烂泥，下层却能把坚硬的盾构机刀盘变成“卷心菜”……如此难题，在国内地铁工程建设史上无章可循，就世界范围来说也是少见。对于这些大的孤石，地铁建设者们先采用盾构机掘进，可盾构机对这些孤石也无可奈何。只能采取矿山法施工，但施工风险也大大增加，工人们通过竖井的小隧道接近孤石林立的“地下石林”后，再用地下爆破的方法把这些拦路虎一一清除掉。

发育在残积层中的花岗岩球状风化体

在基坑开挖过程中碰到的困难也层出不穷。对于一些风险点，3 号线创新采用了冷冻法施工，天河客运站折返线就是如此。天河客运站折返线斜穿广汕公路和沙河立交桥，由于此处道路交通繁忙、管线交错，折返线只能采用暗挖法施工。这条 147.8m 长的折返线，隧道顶面到地表最短距离仅为 8m，最大开挖跨度为 13.4m，而隧道拱部围岩主要为砂层，边墙及底部围岩主要为花岗岩残积土。总体组经分析发现，砂层的密实度差、富水性强、稳定性差，而花岗岩风化残积土一旦遇水或被扰动容易软化崩解甚至塌方。最后，总体组采用了超长断面浅埋隧道水平冻结法设计，直线冻结距离长达 140.8m，冻结长度是当时我国市政隧道冻结水平钻孔的最大长度。

3 号线的地质条件极为复杂，绝大部分区间只能采用盾构施工。盾构技术的大力发展和大量应用即是从 3 号线开始，但大量采用盾构施工在当时仍面临诸多困难。广州地铁 1 号线的盾构施工由日本青木公司实施、法国索菲图公司监理，使用的范围是部分区间。2 号线选用的是国内的盾构施工单位，但也是部分区间使用。3 号线则不同，它是能用盾构就全部用盾构施工，使用盾构施工的比例最高。

主线加支线共 36.3km 的超长线路，大量采用盾构施工，这受到了专家的质疑。中国有没有足够的盾构机为 3 号线所用？有没有足够的盾构施工技术人才为项目护航？诸如此类的质疑并非没有道理。事实上，3 号线盾构标的建设单位来自不同地区，其中很多并不具有盾构施工经验。

当时，国内盾构机很少，富有盾构施工经验的单位也不多，就连老盾构专家也觉得大比例使用盾构施工不太可行。但盾构施工的优越性太明显了，即使面临各种各样的困难，时任广州地铁总公司总经理卢光霖还是毅然决定使用盾构施工。由此，3 号线也成为全国第一条大量采用盾构施工的线路。

从 3 号线开始，广州地铁总公司成为地铁盾构技术的"黄埔军校"，培育了很多盾构设计、施工人才。他们从 3 号线开始尝试盾构的设计、施工，有了盾构的业绩。后来这些人才走向全国，将盾构技术推广到祖国的大江南北。

现已身为广州地铁设计研究院董事长的农兴中忆及至此，仍不禁感慨万千。如果没有 1 号线大胆尝试盾构技术，如果没有 3 号线对盾构技术的深入探索，广州地铁能不能做好技术的准备，从而抢先乘上时代的东风，为中国的地铁建设持续发力？ 2023 年 8 月，广州地铁最大直径 14.31m 的盾构始发，中铁十四局是盾构始发的施工队伍，而中铁十四局正是从 3 号线开始接触盾构施工。中国中铁、中国铁建很多工程局都是因 3 号线的盾构施工得到了快速成长，为中国的地铁建设持续发力。

2006 年 9 月 30 日，在四过珠江、七过地质断层带后，3 号线顺利开通。3 号线创造了多项盾构施工纪录：珠客区间右线盾构历时 22 天穿越 318m 宽的北珠江，创下了土压平衡盾构机过江河的最快纪录；

沥大区间右线盾构机一个月穿越珠江 312m 的三枝香水道，创泥水平衡盾构机过江河的最新纪录；市番区间左线盾构机创日掘进 36m、大汉区间右线盾构机创月掘进 562.5m 的纪录。

3 号线的建成，使中国盾构施工彻底摆脱了对外国技术力量的依赖，在世界盾构工程建设舞台上开始发出自己的声音。3 号线的技术创新，很多都被纳入设计规范，如长区间疏散、设置侧向疏散平台、疏散平台采用复合材料等。由 3 号线率先提出和应用的综合监控系统，后来也被确立为行业标准。

回望过去，3 号线在线路、道岔、信号等设计上均实现了突破性创新。锐意的创新不免伴随遗憾，体育西路站客流量的预估不足即是其一。作为换乘站的体育西路站，每天都严阵以待其巨量的客流，但遗憾也正是进步的推手。

着眼于未来的发展，实现从追求单个设备和单个系统的先进性到追求整条线先进性的历史跨越——广州地铁 3 号线正是带着这样的历史使命而来。

第四章

谁持彩练当空舞

广州地铁 4 号线采用全世界首个中大运量的直线电机运载系统，国际上首次应用直流 1500V 第三轨供电技术。直线电机运载系统的创新应用以及高架区间和高架车站与周边景观的协调设计，为 4 号线最大的特色。

南沙，粤港澳大湾区的地理“几何中心”，广州的望海角，海水连天，岛丘错落。既有山海湖田的自然之美，也有昔日海上丝绸之路的千帆云集，更有“零丁洋里叹零丁”的历史之痛。它曾经游离在广州城市的边缘之外，交通不便，人气不足。而今的南沙摇身一变，成为国家级新区 + 自由贸易区 + 广州城市副中心 + 粤港澳大湾区几何中心。

随着改革春风而来的广州城市发展战略，让南沙的位置屡次调整升级。回眸南沙腾飞的历程，要追溯到 21 世纪初。广州市政府提出《广州城市建设总体战略概念发展规划纲要》，明确制定了“南拓、北优、东进、西联”的城市发展战略，为广州市后来的高质量、可持续发展作出了前瞻部署与积极贡献。其中，“南拓”发展战略的重心就包括南沙区。

向海而生，梦想惟新。

“加快开发建设南沙，在经济总量上再造一个新广州。”南沙开发的号角已经吹响，在这块望海角，轨道交通必须发力。广州地铁 4 号线，正是背负这个重要使命而生，体现了典型的交通引导发展的设计思路。广州地铁 3 号线在国内率先采用“Y”形线路设计——用一条线兼顾三个方向的客流要求，大胆采用时速 120km 的快线制式和先进的移动闭塞信号控制系统，这些改进使 3 号线实现了车辆小编列、发车高密度，实现了广州中心城区与番禺市桥的远距离交通运输。

而 4 号线的规划建设，在广州地铁建设历史上极具特殊性。2003 年后，因有关规定变化，广州地铁的报批从此前 1 号线、2 号线、3 号线的按线路报批变成按批次立项。广州市是第一批申请建设规划的城市，第一期的建设规划批复了 7 条地铁线路，4 号线即在其中。

第一期建设规划，实现了“疏导”与“引导”的共赢，为广州市轨道交通线网的形成打下了坚实的基础，为后续线网的扩张提供了强有力的支撑，让地铁规模化建设的版图更加清晰。

根据线网规划，广州地铁 4 号线起于天河区，直抵南沙区，全长

59.27km，其中地下线 28.54km，地面线 1.6km，高架线 29.13km。4 号线开始了义无反顾“长途奔赴”伶仃洋的旅程，因其线路里程长，所以在规划上分四段建设。

4 号线全线纵坡起伏大，高程相差 65m；7 次穿越珠江河道，同时还穿越广深铁路等重要构建物。其线路两端，一端穿越天河区和规划的 CBD 区，建筑密集；另一端穿越南沙区。而其线路中段，由于经过农田及一些规划区，限制相对较少。

4 号线，被称为“开往大海的地铁”，但它更像一位“将军”，长驱直入，深入南沙腹地，开疆拓土。

广州地铁设计研究院毅然担起了 4 号线独立总体总包的重任，由彼时 2 号线越秀公园站的工点负责人刘智成挑起总体大梁，结构专业副总体邓剑荣、环控专业副总体涂旭炜等专家作为团队核心成员。

1994 年 7 月的一个雨天，正准备去铁路单位报到的刘智成，恰好听说广州地铁设计研究院在招人。对于毕业于地下工程与隧道工程专业的他来说，去地铁设计院工作不仅是机会，更是梦想。明确内心的想法之后，他觉得必须为梦想拼搏一把不留遗憾。最终，刘智成毫不犹豫地选择了广州地铁设计研究院。择一事，终一生。他在设计院的这 20 年里，心无旁骛，沉潜厚积，在工作上渐入佳境。如果说他和丁建隆一起主攻 1 号线烈士陵园站是他的起点，那么 2 号线越秀公园站就是他的代表作。虽然说，越秀公园站是 2 号线最难和最有特点的一个车站，但他坚信所有过往的努力与拼搏都会沉淀下来，成为最终成功的养分。就这样，他在设计路上驰而不息、勇毅笃行，一路生花。

利剑千锤成器，精铁百炼成钢。如今已是广州地铁集团董事长的刘智成坚定地认为，当时的选择非常正确，地铁设计值得他一生追求。2013 年初，刘智成被调到集团工作，依然惦记着设计院的发展，关注着曾经并肩战斗的同事。作为设计院的第五任院长，他和现任院长王迪军一样，大学毕业的第一份工作就在设计院，这份感情自然非常深厚。

让我们把思绪拉回广州地铁 4 号线，总体刘智成最为关注的是，如何根据 4 号线的特点进行有针对性的设计，如何破解坡度大和周围景观和谐美观的难题。

广州地铁 4 号线总体刘智成在报告会上

兵马未动，粮草先行，为了查勘这条线路，刘智成和陈韶章直接从广州市中心出发，一路向南。当时广州到南沙的京珠高速公路还没开通，有些河道没有桥，只能绕行或坐船，两人足足花了 2 天时间才到南沙，这让他们对这条线路有了更深的理解。

刘智成根据政府部门的关注点和线路特点，带领总体组先准确把握好大方向，做好车辆的选型、线路的走向、行车组织以及供电方式的选择等。同时，他也致力于组建一支有温度的团队。比如，副总体邓剑荣主管结构，而总体刘智成也是结构专家，常会有不同见解。刘智成的处理之法是相互协商，而不是急于否定。所以，这是一个互相尊重、互相砥砺的团队。一个团队不仅需要优秀的人才相互支撑，更需要共建者具有大局观。

士有百折不回之精神，才有百变不穷之妙用。这一次，总体组决定采用一种广州地铁尚未尝试过的新形式：在这座城市的上空，舞出一条长长的通衢，沟通南北。这就是高架线，也就是说，这条线路将上天入地，起伏攀爬。为了让地铁适应从未有过的变化，广州地铁 4 号线又创造了多个“第一次”：世界上第一条中大运量直线电机列车线路，在国际上首次应用直流 1500V 第三轨供电技术，国内首次应用基于无线通信的 Train Guard MT 移动闭塞信号系统，国内首次应用预制混凝土板式道床，国内城市轨道交通中首次应用运架一体机架设整孔预制箱梁，国内城市轨道交通首次应用节段预制拼装桥梁，国内地铁领域首次应用合成树脂轨枕技术等。

广州地铁从来不是为了创新而创新，而是立足建设需求，以功能为定位和导向而创新。

一条线路选择什么系统，首先要考虑线路的功能定位。此时，广州大学城正在如火如荼地建设施工，广州市上下正在为即将召开的广州亚运会而全力以赴。4 号线按照规划，既要做到覆盖亚运会场馆，连接奥体中心和亚运村，还要服务广州城市发展战略。

4 号线经过大学城之后就采用高架线路一直延伸到南沙。由于市区内受限多，线路的起伏较大，转弯半径因既有建筑物影响受到很大限制。广州市地质条件复杂，建成区建筑物密集，线网越来越密，导致拆迁工作越来越难开展。为解决实际问题，总体组思考是否可以将转弯半径缩小，以避免很多的拆迁工作。

从广州中心城区到南沙区，线路必须多次穿越珠江。目前所采用的传统轨道交通系统已经不能很好地满足广州地铁 4 号线工程建设和运营的需要，因此，总体组必须探索新的途径。而采用直线电机运载系统正好解决这一特殊需求。

4 号线五过珠江，在大坡度过珠江过程中上天入地，从地面往下走又要爬上来，必须要有一个爬坡能力强的电机系统，否则坡度过陡时会打滑，采用传统的轮轨，不可能在设计上满足五过珠江的需求，怎么办？——用特殊的技术解决问题。

4 号线采用中大运量的直线电机运载系统，借鉴的是加拿大中量的直线电机运载系统。4 号线的直线电机运载系统与传统的牵引电机是两个概念，有很大的差异，有一些是从量变到质变，国家也没有直线电机的设计规范和标准，在安全和评判方面也有很大的差距。载客系统首先要保证乘客的安全，其评判的标准是什么？这对总体组又是一次巨大的挑战。

采用直线电机运载系统的车辆

直线电机的突出特点是牵引力不受黏着条件的限制，这个特性让采用直线电机的车辆在某些特定的运行环境下，例如在陡峭的斜坡上，能够得到更稳定、更可靠的推动力。因而，直线电机具有更大的优势。与新技术相比，传统的旋转电机系统正线攀爬坡度只有 30‰，而直线电机的攀爬坡度可达 60‰～80‰。新技术有利于线路由地下至地面、地下至高架的过渡。

由于牵引不是靠黏着系数，而是靠电磁力推动，转向架的传动系统更为简单。这也顺势解决了老城区空间不足造成的小转弯半径难题，并为车辆提供了更好的控制性和曲线通过能力，可以更准确地控制车辆的速度和位置。这一技术使选线更具灵活性，减小隧道埋深。

直线电机省去了传统驱动方式中的很多部件，其运行时的噪声和振动也比传统电机少，这一改变简化了线路车辆的设计和维护，可大幅度减少检修人员，降低维修成本。车辆转弯半径小，大大缩减车辆段及综合维修基地的用地面积，4 号线车辆段面积因此由 30 万 m^2 降为 11 万 m^2。

直线电机运载系统在国外有成功案例，但是这些案例运量较小，不能直接照搬进 4 号线这种大运量的应用场景。

当然，直线电机也有缺点，它的制造和安装成本、技术要求更高，需要围绕直线电机这个中心，将轨道、车辆、供电方式等设计部分全部进行适配性改造。为此，总体组对直线电机车辆的关键技术进行了深入研究，攻克大功率高效自然冷却直线电机结构设计难题，掌握了大运量直线电机车辆的转向架、牵引、制动、网络控制、车钩等系统的性能和关键技术以及车辆整体轻量化的集成技术。这对后来的全国地铁建设和运营产生了深远影响。

广州地铁 4 号线的另一个创新，是采用了直流 1500V 的三轨系统。这套系统解决了柔性接触网对城市景观的影响，减少了维护成本，甚至基本不用维护，同轨道一起巡检即可，提高了接触网系统的安全性。

供电是与行车相关的核心系统。广州地铁 2 号线刚性接触网的成功实践让广州地铁设计研究院在此方面引领了行业的发展。刚性接触网需要在地下隧道的上部敷设，但对于地面和高架段，采用接触轨的形式更为合适。

接触轨由于平行安装在走行轨旁边，也称“第三轨”。与刚性接触网和柔性接触网相比，三轨系统中钢铝复合轨无张力，不存在断轨的可能，使用寿命远远高于接触网，可保证 50 年不更换。由于接触轨安装在走行轨旁，对隧道净空无要求，且是地面施工，施工难度小，安全性高。4 号线大部分是高架，其线路又延伸到南沙，而南沙作为国家的重点发展区域，对景观要求很高。高架线路如果采用接触网，需要搭建很多支柱，加上接触导线，将会使线路的美观性大打折扣。

接触轨系统最早应用于伦敦地铁，具有构造简单、安装方便、易于维修等特点，应用广泛。但该方式主要应用于直流 750V 系统，仅巴塞罗那 3 号线、4 号线和德国汉堡等为数不多的地铁线路采用直流 1200V 系统。如果广州地铁 4 号线继续采用直流 750V 的接触轨，不仅会增加供电设备的造价，还会增加土建造价。

能不能把接触轨提升为直流 1500V 的电压？压能越高输电能力就越强，输电的距离越长，沿线的牵引变电所就越少。如果采用直流 750V 电压，那就意味着供电距离缩短了一半，牵引变电所的数量增加了一倍。国内一些同行认为提升电压后，由于接触轨装在下面，巡检人员的安全性得不到保证，对于下行到轨行区的乘客也极不安全。总体组研究了国外的一些标准后得出结论，直流 1500V 和 750V 在安全距离方面相差不大，轨行区有相关保护措施，巡检人员下行到轨行区，接触轨肯定要断电，乘客因为屏蔽门阻挡也无法到达轨行区。

在确定采用直流 1500V 供电方式后，由于是在国际上首次应用，并没有一个现成的项目可供参考，这种供电方式下的继电保护还需要通过研究才能确定。为此，广州地铁总公司专门立项，对三轨供电方式中的三轨绝缘故障、短路电流、钢轨电位计算、继电保护和安全自动装置配置进行研究，并对相应设备进行国产化研制。最终，这些研究结果直接应用于工程中，取得了良好效果。

对直流 1500V 三轨系统的靴轨受流系统，建立了跨距计算数学模型并编制了模拟计算软件；相比直流 750V 供电，采用直流 1500V 供电，仅在大学城专线这一线路中，即减少了 1 座牵引变电所；对于 4 号线全线 63km 正线线路而言，如果采用直流 750V 供电，需设置 30 座牵引变电所，而采用直流 1500V 供电，全线仅设置 23 座牵引变电所，减少了 7 座，既节省了过程投资，又降低了运营维护成本。

与国外三轨系统相比，在靴轨受流方面，国外的离线率不大于 5%，而直流 1500V 供电方式的离线率不足 1%，在部件机电性能、绝缘等级等技术指标上均超过国外同类产品。广州地铁 4 号线用直流 1500V 供电方式，开创了城市轨道交通供电制式先河，推动了我国接触网技术的进步。其后，广州地铁 5 号线、6 号线都采用了此项技术，国内大部分的接触轨线路也都提升为直流 1500V。

由于广州地铁 4 号线是国内第一条采用直线电机牵引列车的地铁线路，总体组设计了与之相适应的国内第一个基于无线通信方式的移动闭塞信号系统、国内第一个全计轴式连锁车辆段。

根据 4 号线的地质地貌特征，总体组选择了爬坡能力强的直线电机车辆以及三轨供电方式，这决定了信号系统要从抗干扰能力强、满足小编组高密度行车组织、高速度运行等方面来制定设计技术标准，但国内信号列车自动控制（ATC）系统并不能满足 4 号线安全、准点、高速、舒适的运营要求。

在国内没有直线电机车辆使用经验的情况下，总体组结合 4 号线的功能需求，广泛收集资料，研究国际上先进的轨道交通信号系统，再到国外调研，最后确定了信号系统的设计技术标准。

4 号线完整的移动闭塞式 ATC 系统由列车自动监控（ATS）子系统、列车自动保护（ATP）子系统及列车自动驾驶（ATO）子系统构成，车地连续双向通信采用 WLAN 方式，列控方式采用实时跟随的目标距离模式曲线。

这是由德国西门子公司最新开发的 Train Guard MT 系统在国内的

首次应用，在国际上也没有足够多的经验可借鉴。所以，在工程的各个阶段，总体组都要进行尝试和试验。最后，信号系统的先进性达到21世纪国际领先水平。

而在大学城专线段，4号线在具有50组道岔规模的车场内，全部采用计轴系统作为轨道区段检测设备来适应直线电机的运载系统，这是全国交通领域的首次应用。移动闭塞信号系统和全计轴式系统让4号线的信号系统有着划时代的意义，将国内轨道交通信号系统技术水平推上了一个新的台阶。

高架的建设比想象中的难，既要翻越山岭、接壤公路，又要处理地下的桩基、天上的高压线。总体组让广州地铁4号线高架成为城市之景，宛如凝固的彩练，舞于羊城的半空。

4号线高架区间位于新造站—金洲站段，这是广州第一条高架线路，占了4号线整条线路的一半。总体组起初以为高架线路相较于地下工程会更简单，毕竟看得见摸得着。但真正施工时，连副总体邓剑荣都感到意外：高架线路居然比地下工程更加复杂和艰难，必须花更多的精力去应对。

高架桥景观

4 号线东涌站

高架线之难，主要体现在复杂多变的周边环境。4 号线要经过荒山野岭、公路、农田等各种不同的地貌。高架的每一个路口都会和公路接壤，既有地面也有地下的桩基。地下，要处理各种管线和管道；地面，要处理拆迁，与公路合拍，不能阻挡行车视野。更让人头疼的是，在黄阁站附近地面的高压线众多，对其迁改绝对不是一件简单的事。

但总体组有决心有信心，广州市政府对广州地铁也寄予厚望，一定要做好高架线，改变民众认为高架线影响环境的看法。因此，总体组对 4 号线的高架线赋予了全新设计思想，所有的梁高、跨度和高架线的标高设计都加入美学理念。仅桥墩就做了 50 多种方案，最后选择了独柱式花瓶形桥墩。

总体组设计了节段拼装后预应力梁型结构，这是首次在国内地铁领域应用桥梁节段预制拼装技术。这种无帽梁、结构轻巧、造型流畅的梁型，被时任市长林树森称赞为精品工程，并被民众认可。这些设计从根本上消除了市民对高架结构影响城市环境的担忧，为城市轨道交通高架敷设景观设计提供了工程示范。

独柱式花瓶形桥墩

目前，国内高架线路在桥墩的造型上，有超过一半采用了花瓶形。这一造型既轻巧安全，又完全满足了功能需求。正是有了 4 号线的成功先例，宁波、南京等城市的地铁在设计高架线时，纷纷采用了这种桥墩。

4 号线技术创新达 19 项，在国内地铁领域首次应用合成树脂轨枕，较好地解决了道岔区及小半径地段直线电机感应板高精度安装问题。预制混凝土板式道床、新型减振扣件、复合材料等多项技术均是首次应用，这些创新满足了广州第一条地铁高架线路——4 号线的各项技术标准。

随着广州城市轨道交通事业的快速发展，广州地铁也从 1 号线、2 号线的时速 80km 发展到 3 号线的时速 120km，再到 4 号线的直线电机，广州地铁总公司和设计院主导了地铁时速从 80km 到 120km 的飞跃，驱动方式从直流牵动发展到直线电机。

采用直线电机牵引系统是国内地铁建设中的首创，但地铁规范还停留在原来的模式上。为了给国内其他地铁线路建设采用直线电机系统提供更多的参考，设计院在实施直线电机牵引的基础上，主动申请编制了相关规范。

2006 年，设计院结合直线电机系统前期制定的技术要求、后期的实施运营情况，对该项技术进行总结，承担了《城市轨道交通直线电机牵引系统设计规范》的编制任务。这是设计院也是广州地铁总公司首次主编国家行业标准。因此，设计院高度重视，汇聚了院里最精干的力量，联合广州地铁总公司相关部门，竭尽全力规范编制工作，为后续线路提供更好的范例和参考。

这份规范，是一个印记。它标志着广州地铁不仅完成了地铁线路的设计与建设，更从理论层面将所得之创新荟萃为指导行业规范的参考。

2006 年 12 月 30 日，广州地铁 3 号线全线、4 号线（新造站—黄阁站段）开通试运营。从 1997 年 6 月 28 日广州地铁 1 号线首通段 5.4km 的线路开始，不到 10 年的时间，广州市大手笔投资地铁建设，快速“编织”地铁线网，建成并开通 1 号线、2 号线、3 号线、4 号线共 4 条线路，线路总长达 116km，初步形成了广州市轨道交通的主骨架。

这不仅是线路的增长，更是线网功能的进步。

对于广州地铁来说，撑篙不已方能逆水行舟，唯奋斗不止方能突破重围。

第五章

价值在于连城

从广州地铁5号线开始，广州地铁设计研究院从城市轨道交通的战略方面出发，更加注重每一条线路的匹配度。面对横穿广州东西的5号线，面对建设过程中“先隧后站”、盾构第一次穿越溶洞群、极小的转弯半径等一系列难点，他们经受住了考验。

继广州地铁 1 号线、2 号线开通之后，就在广州地铁 3 号线、4 号线地下、地上鏖战正酣之际，2004 年 5 月，随着试验性工点大沙地站桩机的第一声锤落，广州地铁 5 号线建设迈出了试探性的一步。这是广州市政府以高屋建瓴之势，经过数年谋划和科学论证，按照广州城市发展整体规划布局，为满足建设国家中心城市功能要求建设的一条线路。2005 年底，广州地铁 5 号线全面开工。

这是一条开往“春天”的地铁，广州地铁 5 号线作为贯通广州市旧城中心区和珠江新城中央商务区、联结西部发展区和东部产业转移带的东西向轨道交通骨干线，在广州市轨道交通线网中，属于客流引导型线路。

广州地铁 2 号线设计总体、时任广州地铁总公司总经理丁建隆用一句话来概括 5 号线的重要地位，就是其“价值在于连城”：一是实现和响应广州市城市总体发展战略规划“南拓、北优、东进、西联”的重要组成部分，二是贯彻《珠三角发展战略规划纲要》的重要举措，三是落实广州市委、市政府“惠民措施”的具体体现，四是促进商业兴旺发达的“黄金线”，五是改善广州市环境的“生态线”，六是服务和保障亚运会的“直通线”。

作为联合总体总包单位，广州地铁总公司对广州地铁设计研究院显示出无比的信任，但这也给设计院带来严峻的人力考验。这是设计院第一次“三线作战”，同时担当三条地铁线路的总体总包。此前，设计院把比较强的力量投入广州地铁 2 号线、3 号线、4 号线建设，5 号线承担总体总包任务时，3 号线、4 号线正处于紧张的攻坚阶段，设计院各中坚力量如刘智成、农兴中、史海欧等正“铁肩担重任”，那么 5 号线的技术力量从哪里来？

竞聘上岗，让能者上！孙钟权院长让年轻人快速成长的话语犹在耳边，此前形成的竞聘上岗机制再一次发挥作用。这一次，设计院组成以鲍风为总体，廖景、贺利工、王丹平为副总体的总体总包队伍。

其中，廖景负责结构，王丹平负责建筑，贺利工负责机电，铁二院的3位副总体也加入其中，7人联合组成总体队伍。

乳虎啸谷，雏凤放音。这是广州地铁设计研究院历史上最年轻的总体班子，总体组平均年龄不过30岁。但他们面对的，却是当时公认“最难”的广州地铁5号线，以及随之而来的巨大压力。

面对恶劣的地质环境，总体组克服了一切，成功设计了正线最小曲线半径只有200m、最大坡度5.5%的地铁线路和隧道施工技术；矿山法进行洞内桩基托换、盾构穿越溶洞群、站隧分离暗挖车站、上下重叠暗挖车站、先隧道后车站的创新工法设计……

5号线首期工程由滘口到文冲，长31.9km，共设24座车站，5号线的建设将直接影响广州的城市整体布局及其功能的发挥。

5号线和4号线同样采用L型直线电机列车，但与4号线不同的是，5号线采用了6节编组制式。线路制式已经选定，作为东西向的主干线，5号线的建设难度主要集中在土建工程。

地下工程最大的风险和困难是其不可预见性，而解决问题的关键就是做好超前预案。在广州地铁总公司的指导下，总体组进行了大量的超前性工作：超前勘查、超前预测、超前研究。

在号称“地质博物馆”的广州修地铁，从1号线到2号线，再到3号线、4号线，一条又一条地铁线路的开建和开通，本身就是一个创举。然而与这些线路相比，5号线从前期规划到工程设计勘察，总体组显然感受到了前所未有的困难和挑战。

5号线行走于广州人口密集、商业繁华的城区，穿越上千栋房屋，7次穿越地质断裂带，6次穿越广茂铁路，广州市几乎所有的地质条件——红层、花岗岩、灰岩、混合岩、淤泥砂层、富水破碎带、溶洞等，它都遇到了。

5号线从滘口两过珠江，过珠江后沿着环市路穿行，有5km的线路与内环路并行，与124根内环路高架桥墩“犬牙交错”，有的与桥的桩基擦肩而过，有的下穿桩基。可以说，5 号线当时是广州地铁建设史上最复杂、最困难的一条线路。

总体组团队特别年轻，遇到问题总能得到广州地铁总公司和设计院领导的倾力帮助，但工作强度和压力，依然如山一般压在每一个人的肩头与心上。此时，设计院计算机辅助制图正在逐步完善，但所有的图纸必须要蜡纸图、晒蓝图，虽然白纸图可以施工，但需要后补蜡纸图。作为总体，鲍风既要统筹全局，还需兼顾系统和线路方面的设计，光是签蜡纸图都签不完。

在设计最紧张的时候，总体组一天要开十多个小时的会，一年下来加班的时间比上班的时间还多。工时表上，从早上 8 点上班到晚上 12 点多才能下班的设计师大有人在，甚至成为普遍现象。

在这种工作强度下，一些员工病倒了。这个结果震动了广州地铁总公司和设计院，5 号线总体组处在重负之下，连同事的健康都没法得到保证。为此，设计院采取了相应措施，只要一到晚上 10 点，便不许员工继续在办公室加班，同时，组建各种各样的兴趣小组，篮球、爬山等多种活动也逐渐开展起来，尽量让同事们劳逸结合。

2005 年 11 月 30 日，随着初步设计逐步完成，总体重任交给了廖景。

廖景此前一直是 5 号线的结构副总体，因而对 5 号线的情况了如指掌。他认为，要做好设计，最重要的是把线路情况以及地上地下环境彻底摸清楚。周边是否有软弱土层、断裂、溶洞、地下水等地质风险要一清二楚，管线、桩基、临近地铁车站隧道的房屋情况、地面交通情况等地上状况也必须清晰，两者缺一不可。把这些因素思考周全之后，在计算成本和评估施工风险的基础上，综合考虑设计方案，才能做出既好用又节省投资、风险又小的车站。

难，才值得做；难，才有进步。廖景敢挑重担，迎难而上。5 号线面临的情况就摆在那里，比如车站，从西到东基本没有几个车站是标准车站，虽然设计院已经经历了 2 号线、3 号线、4 号线的总体总包，但对不规则车站的设计大家心里也没数。在廖景看来，只有亲自点燃火把，才能看见前方的路。

广州地铁5号线沿线地上与地下复杂的环境让总体组吃尽了苦头，转弯半径仅有206m的“民心”车站动物园站、全暗挖施工的区庄站、“三进三出”的广州火车站等都是巨大的挑战。

广州地铁1号线、2号线基本是大开挖的形式，3号线往北线路有5～6km和既有建筑距离比较近。但5号线就不一样了，沿线有桥、隧、房屋，涉铁路、军区，仅仅是经过杨箕房屋密集区时，各种各样的协调工作就数不胜数。

在工程实施阶段，施工单位会在协调线路和车站布局的过程中，对线路做一些调整。例如一栋楼，设计时认为可以拆，但却囿于现实复杂因素而不能拆。因此，总体组会根据实际情况对设计进行动态调整。如若车站一定要调一个方位，则势必会影响前后至少两个区间。所以线路设计中最困难的事情往往集中在车站，只有考虑车站的摆位，线路才能把这些车站串起来。

总体组在车站设计上，本着“安全、实用、经济、高效”的原则，在满足市民出行需求的基础上，整体追求简朴大方，体现实用性和便捷性，同时凸显人性化。

采用明挖法施工将使已十分拥挤的交通受阻或中断，给市民带来不便。为减少对交通的影响，5号线的24座车站中，有西场站、西村站、广州火车站、小北站、区庄站、动物园站6座车站采用施工难度非常大的暗挖法。这类车站受周边条件制约，需采用站台和站厅分离的修建方式：暗挖修建站台主隧道，明挖修建站厅，再通过联络通道、斜通道连接站台和站厅，工法十分复杂。

对比2003年以前的线路设计图，不难发现，如今的5号线在区庄与杨箕两站中间，增加了一个动物园站。2004年4月，广州市规划局和广州地铁总公司就5号线线路和站点规划公开征求建议，市民提出在动物园设一个站。动物园客流量大，本着为市民服务的态度，市政府决定补充增设动物园站，动物园站是名副其实的“民心”车站。5 号线也被市民称为“民心线”，在全国开了先河。

要把这个“民心”车站融入到已有的设计中，困难在所难免，其中最为棘手的就是线路走向问题。此处条件复杂，动物园周边高架桥林立，高层建筑密集。为避开附近恶劣的地质条件及密集建筑群，杨箕至动物园段线路“峰回路转”，进入梅花路与东风东路交叉口附近以接近 90° 转弯避开道路两侧密集建筑群。

由于环市路道路狭窄，交通流量大，动物园站又是明暗挖结合的车站，总体组只好因地制宜，两条隧道由常规的平行式变为上下叠加式，隧道转弯半径仅有 206m，而常规至少需要 350m。这样的设计——单线上下换乘在广州地铁历史上没有先例，但正是这样的设计，做到了既安全又实用。

目前动物园站是 5 号线的知名车站，也是网红车站，在设计上加入了动物园的意趣：两个直通天花板的“Y”形支撑，像一对鹿角一样支撑顶部，和动物园的主题十分吻合。在动物园站、潭村站和车陂南站，总体组通过色彩变化和虚实结合等装饰手法，创造出了神奇的地下空间。

“Y”形支撑的动物园站

5 号线的前期征地拆迁量大，拆迁难度非常高。由于有些工点的拆迁问题长期无法解决，总体组不得不冒着更大的施工困难和风险，更改设计方案。但总体组并不希望发生这种“迫不得已”更改设计方案的情况。

在 5 号线的 6 座暗挖车站中，难度最大的要数 5 号线与 6 号线的换乘站——区庄站。区庄连接着城市东南西北的繁华中心区，每天车水马龙，川流不息。工程难度较大，主要有两方面原因：一方面是工地旁边的两栋楼房拆迁不了，另一方面是要保证繁忙的农林下路不封路。因此，该站南站厅只能设计采用全暗挖的工法。

对于区庄站，专家们开了几十次会，总体组也对方案进行了一次又一次修改。现实的困境就像一张沾不上油墨的画纸，无论他们如何修改，却只是徒劳无功。设不了出入口，建不了风亭，这些现实问题都直接影响实际的方案。

区庄立交的重要性人尽皆知，可不可以先建桥，再修地铁？现实也并不允许他们退让。当时，总体组还提出一个方案：直接将区庄立交相关位置封路，断掉环市路。长痛不如短痛，这个提议虽有一定的道理，但是会影响许多市民出行的便利，干扰他们的生活。而建设地铁的初心就是要给市民以便利。最终，总体组和广大 5 号线的建设者们决定，把困难留给自己。

区庄站地下管线繁多，车站结构形式非常复杂，换乘站采用暗挖法施工在国内也是首创。5 号线站台主隧道是 24m 宽的大跨度暗挖隧道，6 号线车站是上下两层三联拱（三个隧道相套的断面）暗挖车站，外包宽度达 24.15m，高度 16.6m，长度 62m。5 号线、6 号线主体隧道与其上方北站厅的 3 号通道形成“三层立体交叉”的重叠隧道，而车站围岩是风化程度较高的红色砂泥岩，遇水易崩解，施工难度极大。

区庄站采用工程界罕见的暗挖法施工的三联拱地下车站，在有限的施工场地内，不能进行大面积开挖，仅靠地面的施工竖井，洞中捣洞，挖出了建筑面积超过 25000m² 的巨大站厅。车站装修初期，仅有一个 200m² 的下料口，车站和隧道内的所有施工设备都必须从这个小口吊装。

洞天有别府，深径见桃花。可以说，建设者如果没有直面问题的狠劲，没有解决问题的拼劲，不敢迎难而上，就啃不下这样的硬骨头，造不出这样的奇迹。

建成开通后的区庄站

地铁车站机电装修过程“繁”而“杂”，虽然不会像土建阶段那样常常出现不可预料的风险，但由于场地条件有限等原因，有时候甚至会遇到比土建阶段更为复杂的困难。所以车站机电设备安装及装修工作，不仅要管技术，更重要也更难的是管“地盘”。虽然建设者为此付出了许多辛劳和汗水，但是因为征地拆迁等原因，很遗憾，车站面积只能一再压缩，局部功能受到影响。

其他车站如西村站、广州火车站等暗挖车站，都不同程度承受“暗挖”之痛。5 号线广州火车站是一个投资过亿的大型换乘站，然而总工期只有 821 天，工期紧、难度大。由于该站位于每天人流量达数万人的火车站广场，在设计时就需充分考虑这一特殊情况，千方百计减少对市民和旅客的影响。围蔽面积从原设计的 9799m² 缩减到 8723m²，整整减少了 1000 多 m²。为保春运不受影响，地铁建设者在工期十分紧张的情况下，为政府分忧，替市民着想，将工期设计分为三个时间段，三次进场又三次退场，一时间广州地铁为保春运大局，在火车站“三进三出”成为美谈。

广州地铁 5 号线号称广州自建设地铁以来最具挑战性的线路，其难度之大绝非毫无根据。其间，遭遇了溶洞、6 次下穿广茂铁路等诸多不利因素，总体组创新采用了先隧后站、洞内桩基托换等一系列措施，使工程得以顺利推进。

5 号线的线路较长且主要穿越城市繁华区域，沿线环境错综复杂，对周边建筑物的保护要求严苛，文明施工标准高。同时，线路还需穿越广三铁路、内环高架、区庄立交以及既有地铁 1 号线、2 号线、3 号线、4 号线等关键交通节点，施工难度显著。为此，总体组严格遵循“不扰民、少扰民”的原则，选择了对地面影响最小的盾构法施工。施工中共使用了 26 台盾构机，盾构线路长度占线路总长度的 77%。

总体组在超前地质钻探中发现，盾构线路所过之处有很多空洞。可以想象，隧道下面突然出现了洞，如果下层不稳定，隧道有可能会塌陷，甚至会影响地铁的运行安全。这些空洞，就是广州的溶洞。

盾构机最怕的地质条件之一便是溶洞，但 5 号线恰好遇上。总体组在发现这一情况后，采取了超前注浆、超前加固等一系列措施。

5 号线西村站—广州火车站区间右线的地质风险比较大，地底到处是土洞和暗河，盾构机在其间掘进，不仅随时都有掉下无底深渊的可能，而且施工所造成的土体扰动，随时都可能使这些暗河渗漏、喷涌出来，导致地表因失水而塌陷，对于隧道上方车水马龙的环市路和内环高架桥来说，后果不堪设想。

2006 年 5 月，当西村站—广州火车站区间右线盾构机向前掘进不到 200m 时，刀盘突然失去了推力，一时如同陷入泥沼，盾构机动弹不得。工程人员经过仔细勘察，证实是盾构机碰到了溶洞群。这些溶洞，大的高达几十米，分布极其不规律，正因为总体组已经有了超前预案，从而避免了事故的发生。

建设者采用在盾构机上方每隔 5m 加固一次的“前进式帷幕注浆法”，先在盾构机周围注聚氨酯保护盾构机不被困住，用精心配制的水泥浆对地层进行加固和止水，然后利用“土仓整体固结法”从盾构机里面对土仓进行加固，确保掌子面的稳定，之后再进行土仓清理和刀具更换作业，成功破解了难题。

现在，5 号线已经安全运营了十几年，证明了这些应对溶洞的设计方法是成功的，为后续线路的建设积累了经验，顺利解决类似的复杂技术问题。

5 号线淘金站—区庄站区间隧道位于环市中路和环市东路地下，沿线管线众多且复杂，路面车辆繁忙，两旁多为高层建筑物，区间左线、右线、存车线、渡线相互交错，平面布置较为复杂。2006 年 6 月，右线隧道掘进中遭遇上方 4 栋危房，令施工经验丰富的建设者始料未及。按照地铁工程的建设标准，施工造成的地表沉降一般控制在 3cm 左右，但是现场监测的数据显示，这几栋始建于 20 世纪 60 年代的危房连基本的圈梁和构造柱都没有，别说 3cm，哪怕是一丝一毫的偏差，都有可能造成倾斜和倒塌。

与此同时，左线隧道掘进至交通十分繁忙的区庄立交底下时，遭遇地质条件极其恶劣的含水砂层，无处不在的流砂常常从出人意料的地方喷涌而出，如果不能及时发现、及时封堵，涌水涌砂处土体一旦亏空，将造成地面沉降和坍塌，进而威胁整座立交桥的交通安全。为确保安全，施工单位专门成立了技术能力强、责任心强、沟通能力强的“三强”施工领导小组，同时调配了战斗力最强的施工班组以及性能最好的施工机具，打响了这场只许胜不许败的艰苦战役。

5 号线盾构机 6 次下穿繁忙的广茂铁路大动脉，地下在挖地铁隧道，地面每天仍有 100 多趟火车飞驰而过。隧道上半断面是淤泥质砂层，下半断面是硬岩，沉降要求极高，必须控制在 4mm 以内。如掘进控制不当造成路基坍塌，将可能导致列车脱轨、翻车等灾难性事故。在 6 次下穿广茂铁路的过程中，总体组多次组织地质钻探，及时制定对策：一方面，通过实时分析岩层的变化，严格控制盾构掘进参数；另一方面，与铁路部门一道对隧道上方的铁路 24h 不间断监测，每次铁路沉降均能精确地控制在毫米级的安全范围之内。由于措施到位，虽然 5 号线 6 次下穿繁忙的广茂铁路大动脉，但是丝毫没有影响繁忙的地面交通——每天飞驰而过的列车。

2009 年 3 月 12 日晚，西村站—广州火车站区间盾构机开始穿越广茂铁路，技术人员每隔 2h 对地表沿铁路附近的 9 个断面监测点进行监控量测；每环同步注浆量不少于 $6m^3$，二次注浆水泥不少于 20 包，以确保地层的稳固；每环定期对渣土进行检测。经过 4 天多的努力，在掘进速度、注浆、扭矩等方面的精确设定和控制下，盾构机各项参数都处于最佳值，铁路路基、路轨累计最大沉降值为 4.4mm，达到了设计要求，盾构机安全、平稳地穿越了广茂铁路。这只是 5 号线 6 次下穿广茂铁路的一个缩影。

5 号线的另一个创新是先隧后站。一般的地铁施工是先建车站，再建隧道，车站建好以后隧道才能通过车站。由于车站地面交通的疏导与管线迁移工作往往存在一定的滞后性，有时仅一条管线的迁移就可能导致建设进度延误一两年，这是地铁建设的常态。为了有效缩短建设周期并加速工程进度，总体组在五羊邨站采纳了“先隧后站”的设计策略，即优先进行隧道施工，通过预留措施和对关键节点的处理，确保隧道顺利贯通。随后，再进行车站施工。虽然“先隧后站”方案在一定程度上增加了施工难度，工程投资也略有增加，但从时间和整体工期效益来看，利大于弊。

受制于地面交通的影响，总体组整个研究思路都是针对如何减少对地面交通的影响。由此，5 号线成为第一条采用洞内桩基托换的线路。

在对环境的减振降噪方面，设计者做了很多具体设计。5 号线下穿很多房屋，高架段距离周边的学校和房屋也非常近。为此，设计组在减振降噪上采用了整体式的橡胶道床、浮置板等一系列新的技术，极大减少了对周边环境的影响。

与以往建设的线路不同，5 号线刚一开通运营线路便长达 32km，列车多达 22 列，列车间隔时间缩短到 5min 左右。其开通的水平也比较高，一开通就实现了自动驾驶，第一次开放一天就可以运送 40 万～ 50 万人次。

5 号线的主控系统是继 3 号线、4 号线主控系统之后的又一大型跨专业平台综合监控系统。该系统在充分总结和借鉴 3 号线、4 号线主控系统成功经验的基础上进行了进一步的升级和优化。全系统由中央主控系统、车站主控系统、车辆段主控系统、主变电站主控系统、集中冷站主控系统、控制中心大楼主控系统 6 大主控系统块组成，涵盖了西起芳村的滘口站、东至黄埔的文冲站的全线 24 座车站，1 座车辆段及综合基地，1 座控制中心，3 座集中冷站，2 座主变电所中的 15 个专业系统全部数据，I/O（输入 / 输出）总点数约为 210000 点。

五年来苦苦鏖战，在我国城市地铁建设史上具有历史意义的广州地铁 5 号线，气势如虹，高歌猛进：2005 年 11 月 15 日，国家发展改革委批复《广州市轨道交通 5 号线（滘口—文园段）可行性研究报告》[①]，5 号线开始全面动工；2009 年 4 月 19 日，挡在草暖公园与西村站中间的最后 20cm 厚的泥土被转动的盾构机刀盘轰然推掉，5 号线

① 文园即文员站，现为文冲站。

隧道全线贯通；2009 年 9 月 10 日，5 号线全线电通；2009 年 12 月 28 日，5 号线正式开通运营。

对于 5 号线的开通，时任广州地铁总公司副总经理兼建设事业总部总经理竺维彬心里更多的是感慨与感动："为了 5 号线能够早日开通，在这条广州地铁建设史上迄今为止最复杂、最困难的地铁线上，无论是设计队伍，还是建设队伍，他们都付出了很多，他们没有倒下！"

这是广州市建成投入使用的第 5 条地铁线路，同时开通的还有广州地铁 4 号线北延段的万胜围至车陂南段，加上此前开通的 1 号线、2 号线、3 号线、4 号线，广州市轨道交通线网总长达到了 150km。

广州地铁 5 号线，获 2011 年度全国优秀工程勘察设计行业奖二等奖，2011 年度广东省优秀工程设计奖一等奖，2010 年度广州市优秀工程设计奖大奖、一等奖。

年末的冬阳送来春的讯息，12 月的日历将翻向另一个十年的开篇。站在 2010 年的末尾，广州地铁设计研究院回望过去，看见的，是波澜壮阔的十年，是腾龙起舞的十年。从无到有的广州地铁 1 号线振奋了人心，打破了在复合地层条件下不可能修建地铁的断言；由设计院第一次做总体的广州地铁 2 号线获得国家科学技术进步奖二等奖，堪称经典。其后，广州地铁开始以超常的速度在广州地层深处与龙共舞，沿着线网规划的方向迅速成长。

广州地铁 5 号线是广州城市交通建设史上浓墨重彩的一笔，它进一步佐证了在当今世界最为复杂的城市复合地质条件下，中国人有能力、有信心、高标准修建完全属于自己知识产权的现代化地铁。

际遇·地铁设计 30 年

第六章

72 小时里的分分秒秒

将精心策划、胸有成竹的拆解计划精准落地，72 小时的高效作业成为项目最为关键且具有决定性的一步。广州地铁 2/8 号线的成功拆解，是国内对大客流运营线路仅停运 3 天，即完成线路拆解调试并实现两条线路独立运营的首次成功实践，技术管理水平国际领先。

72h 很短，72h 也很长。

3 天里的 72h，对于许多人来说，或许只是一个一晃即逝的小长假，也或许只是一次短途旅行。但是在一个平凡的周末，广州地铁用 3 天的时间，在不为人熟知的地下，完成了日客流量近百万人次地铁线的拆解和重构。

作为一条成熟运行的轨道交通线路，广州地铁 2 号线首期仅仅停运了 72h，建设者以难以想象的速度与效率将 2/8 号线成功拆解，形成“十”字形交会。从此，两条线各自独立运行。

将一条日客流量近百万人次的线路一拆为二,千人鏖战的这地下 72h，又显得如此漫长。

2/8 号线拆解工程是奇迹，更是科学策划、谋划许久的胜利。

广州地铁 2 号线首期于 1999 年正式规划，2003 年 6 月 28 日开通运营。线路从白云区的三元里站至海珠区的万胜围站，整体呈 L 形走向。

2004 年，广州申办第 16 届亚洲运动会成功。为了更好地连接广州南站和广州白云国际机场，广州市地铁总公司决定，对原来 L 形走向的 2 号线进行拆解，与 8 号线形成“十”字形交叉、可以换乘的两条独立线路。拆解后的线路分别向南延伸至广州南站，向北延伸至嘉禾望岗站，向西延伸至凤凰新村站，在新 2 号线和 8 号线之间增加昌岗站进行中间接驳。

纵观世界城市轨道交通的发展史，对既有地铁线路进行拆解是困难重重的工程。广州地铁 2/8 号线拆解工程面临三大技术难题：第一，拆解需在地铁线路中段进行——同时对两条地铁实施全局性的重大调整，技术难度成倍增加；第二，拆解对象是已经运营的、日客流量近 100 万人次的地铁线路，对城市中心区的交通会产生巨大影响；第三，拆解必须确保线路短时间停运后，运营能力能够接近原来 2 号线的水平。

因此，拆解工程在可行性研究之初备受争议。这么大客流量的线路是否需要拆解？其必要性和紧迫性究竟如何？拆解会带来怎样的后果？

“必须要对 2/8 号线进行拆解”，这要从线网规划说起。广州地铁最早的线网规划是前面提到过的 20 世纪 80 年代“十”字形线网规划，即 1 号线从西塱站到广州东站以及 2 号线从江夏站到赤岗站这两条地铁线路。

随着城市的发展，“云山珠水”设想提出，城市总体规划方向是沿着珠江两岸向广州的东部发展。1997 年版的第二轮线网规划由 7 条轨道交通线路组成，其中 2 号线改为从江高镇一直到洛溪桥脚，5 号线则从新洲到西塱。

由于当时广州市政府考虑将中国进出口商品交易会场所迁至琶洲，而琶洲也在进行整体发展规划。为支持新洲、琶洲地区的发展，方便周边居民的出行，2 号线首期工程最终选择了 2 号线的一段和 5 号线的一段（即后来的 8 号线）上报国家审批。

2000 年，番禺、花都撤市改区后，广州市进行了第三轮线网规划调整：2 号线作为老中轴线南北方向的骨干线路调整为嘉禾望岗站到广州新客站（后改为广州南站），8 号线调整为新洲站到黄金围站。

2 号线首期是从线网上的 2 号线和 8 号线两条线各取了一段，从

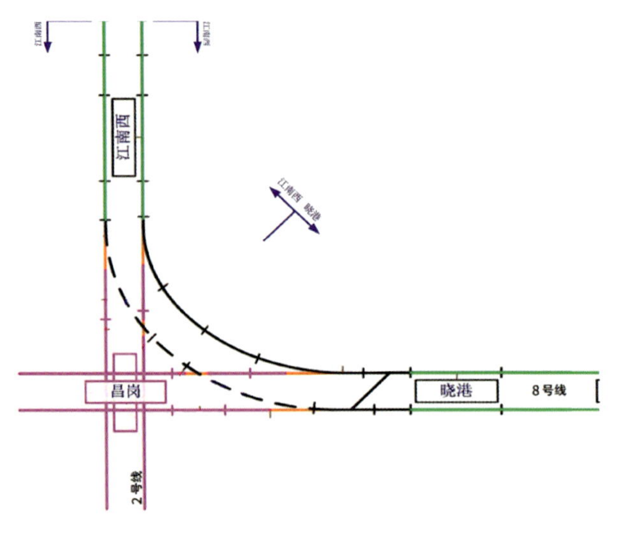

2/8 号线拆解方案

线网的角度考虑，2 号线首期以后始终要回归线网规划。于是，在 2 号线首期设计时，在江南西至晓港区间已经预留了拆解的最基本条件——把隧道按照延伸的条件各贯通了一段。

因而，2/8 号线拆解是早有准备只待时机的一次水到渠成。两条线路的功能定位不同，趁此拆解机会做一次深度整合并重新回归线网意义重大。虽然此次调整在短期内会对市民的出行造成影响，但却非常必要。总体组针对质疑声，在专家论证会上对拆解的必要性做了充分的论述，最终，得到了专家们的认可与支持。

广州地铁设计研究院院长王迪军（设计院第七任院长，广州地铁 2/8 号线拆解工程总体）

对于广州地铁 2/8 号线，具体怎么拆解，在拆解方案的停运时间上，总体组开始了研究。

面对极具挑战的 2/8 号线拆解工程，广州地铁设计研究院派出实力干将王迪军担任 2/8 号线延长线的总体。王迪军与 2 号线的渊源极深，他作为 2 号线首期工程通风空调专业负责人，亲自主导设计了站台屏蔽门、集中供冷系统。其设计节能效果显著，为 2 号线荣获国家科学技术进步奖二等奖贡献了智慧与力量。作为 2/8 号线拆解工程的技术牵头负责人，王迪军带领团队全身心投入 2/8 号线由 L 形线路转向“十”字形线路的总体设计中。他用实干彰显担当，以争先开创业绩，并在工作中稳扎稳打，持之以恒。

广州市政府和广州地铁总公司高度重视此次拆解任务。从 2007 年起，总体组以“安全运营、影响最低，高效拆解、平稳过渡”为拆解工程的首要目标和最高原则，做了大量前期统筹工作。地下轨道交通是集多学科、多专业于一身的技术密集型系统，彼此牵连，错综复杂，差之毫厘谬以千里。

要在保证质量和时间的前提下，顺利完成拆解任务，首先需要一个力臻完美的拆解方案。对于具体怎么拆解，总体组做了三种方案，分别是长时间的停运拆解、短时间的停运拆解及不停运拆解。

长时间的停运拆解，诸如停运半年时间集中进行拆解，这对广州这样拥有巨大客流的城市来说显然是不现实的。轨道交通的各系统盘根错节，内里极为复杂，不停运拆解也不可能实现，最后只能采取短时间停运拆解的方案。

短时间是一个模糊的概念，在既保障拆解质量又尽最大可能减少对市民出行影响的情况下，到底多少天或多少小时最为合适？从 2007 年起，总体组遍寻专家，先后数次对方案进行优化。初版方案是由香港地铁专家咨询、内地专家审查确定的“15 天”方案，停运 15 天进行拆解相对比较稳妥。

这 15 天有非常多的工作要做，广州地铁总公司也是按照“15 天”方案上报给市政府的。在确保亚运会前开通的前提下，市政府从市民出行考虑，认为 15 天停运时间太长，影响很大。

俗话说，时间就像海绵里的水，只要你愿意挤，总还是有的。可是，总体组该从哪里发力，挤出这些水分呢？他们很快想到了省时的着力点，那就是压缩轨道、供电专业以及最后调试的时间。经过更深层的研究和来回推敲，“22”方案出炉。此方案要求停运 4 天，占用两个周末休息日。正当工作组以“22”方案为基底，开始各项准备工作时，“22”方案却骤然夭折。

原先预计的两个周末，刚好与当年的中秋、国庆假期撞在了一起。为了最大限度地减少停运对亚运会、国庆假期的影响，确保拆解完毕的 2 号线、8 号线能立即投入运营缓解城市交通压力，并经受住国庆长假及亚运会大客流的考验，广州地铁总公司再次痛下决心，将“22”方案优化为“3 天”方案。

“22”方案已经逼近极限，总体组只有将拆解工作再一次细化，在细节方面进一步创新。总体组分类出可以提前进行的拆解准备工作，把必须停运才能进行拆解的部分集中在最后进行。

总体组将拆解方案做最小化细分，工作安排精确到每个小时，并以严密的组织管理为前提再一次削减了施工时间。最终，拆解方案从 4 天压缩至最为极限的 3 天。

要保证在极限 3 天内完成拆解任务，合理确定拆解作业顺序尤为重要。

为更清晰地掌握 2 号线首期工程拆解节点的预留条件，总体组对 2 号线首期工程进行了深入研究，并对拆解区域进行了 12 次夜间现场勘查。

一条轨道线路的设计虽然牵涉众多专业，但最重要的还是“三通”——轨通、电通和信号通。前两者是最基本的条件，而信号通，则是运营安全与服务水平的保障。在拆解工程中，最紧要关键的部分，就是“三通”系统的处置。总体组分解、梳理了各大专业、各项细节乃至每一步拆解作业间的相互关系，合理确定了拆解作业顺序：轨道—供电（接触网）—信号。

而“三通”之外虽然要素繁多，但有许多工作可以不占用宝贵的 72h 停运时间。在梳理拆解涉及的专业后，总体组将可以提前或独立完成的拆解工作，统统尽量前置安排，一点一滴的小细节都不被放

公园前控制中心

过，在最后 3 天拆解前，80% 的拆解工作已经完成。

如对控制中心的拆解，总体组将位于公园前的控制中心进行了大改造。首先是对中央控制室弱电系统的拆解。火灾自动报警系统、环境与设备监控系统、通信系统、信号系统等所有的系统都在控制中心，而原来中央控制室是两条线的规模，无法容纳 3 条线路。这样，提前对控制中心进行拆解，极大减少了最后拆解时的工作量。

对必须要到最后 3 天停运时才能拆解的部分，比如管线迁改拆解，总体组就对轨道进行全面摸底，先进行预拆。轨道的拆解，若全部在停运时进行则需要 7 天才能完成。经过周密部署，轨道的拆解区域被分为 6 个作业点。这 6 个作业点的难度各不相同，拆解方案也随之相应变化，最大限度地减少正式拆解时的工作量。针对 3 天需要完成的拆解工作，总体组也尽一切努力提高效率。例如，传统焊轨作业时间偏长，总体组就结合轨道技术的发展成果，采用高强度冻结接头，将传统焊轨作业时间由 24h 大幅压缩到 2h 内。

敷设拆解后的新电缆线不能采取传统的拆旧换新方式，每天晚上地铁停运后是地铁的检修时间，施工队伍就利用这短短几个小时的天窗时间，将新线缆敷设好。对于放好的缆线，施工人员利用每天晚上

的检修时段，把原来的线头倒下来，再把新的线接上去，检查新线路两边是否能顺利联通，系统能否确认。第二天，在地铁运营前，施工人员又重新把旧线换上。每天晚上对线缆反复测试、倒换，这样的状况足足持续了 6 个月之久。

新技术的引入和应用极大促进了拆解工作的顺利实施。比如铺道岔，包括钢轨的衔接，采用了冻结螺栓，需提前做好超高垫板。为了应对信号系统调试可能出现的问题，总体组为两线的两拆解区间上下行线各增加一套计轴设备来提供额外的保护。

总体组测算出真正到停运才能拆解的工序所需时间，比如锯钢轨、焊钢轨、信号系统和道岔的联动测试等真正现场的轨旁作业，计划在 24h 内全部完成。这 24h 的施工顺序尤为重要，一旦在 24h 内完成不了轨旁作业任务，也有替补方案。

而拆解成不成功，能否实现载客，并不是广州地铁单方面说了算，需要权威机构做安全认证。广州地铁的信号系统，均引进国外技术。按照程序，必须得到德国公司的认可，而这个认可过程，至少需要 3 个月。于是广州地铁另辟蹊径，邀请德国专家亲莅广州，在拆解的 3 天内，亲眼见证拆解工作过程和新线路测试，以期最快得到德方的认可。

经过多年筹备，拆解工作万事俱备，只欠东风，争分夺秒的 72h 开始。

前期的这些准备工作做足后，仍需要地铁停运 3 天。这 3 天的日期选择非常关键，总体组选择了 9 月 22 ～ 24 日中秋节 3 天小长假的时段，避开了市民平时周一到周五上班乘坐地铁的刚需。施工前，广州市政府和广州地铁总公司对民众做了大量的宣传工作，同时，在公交的衔接上做好准备，以尽可能减少对市民出行的影响。

2010 年 9 月 22 日凌晨，历时 3 天的千人鏖战正式拉开帷幕。轨道的拆解是此战的头阵，是重中之重。4 个轨道节点的拆解标志着拆解工作正式开始。

拆解轨道现场

广州地铁总公司作为项目的建设方，高度重视此次拆解工程，在晓港站设立了现场拆解工程指挥部。总经理丁建隆亲自担任指挥长，陈韶章、蔡昌俊、徐明杰等专家齐聚晓港地铁站。他们的使命就是 72h 完成拆解，确保现场问题现场解决。拆解过程证明所有的准备都是充分的，即使出现意外也有备选方案，但实际上整个过程没有用到提前准备的备选方案。

9 月 22 日 10 时，倒计时 62h。轨道专业全部节点完成拆解、验收。22 日 16 时，倒计时 56h，安全检查组完成拆解段的安全检查，但是要想通车还得先经过信号系统调试。

拆解工程指挥部现场办公
（前左起：蔡昌俊、徐明杰、丁建隆；后左起：陈韶章、庞绍煌、冯国冠）

信号调试的目的就是保证市民安全出行。信号调试不好，列车的行车距离和时间间隔就难以得到保证。为保证新线路具备原 2 号线 3 ~ 4min 的运行间隔，信号调试至关重要。尽管事前准备已非常充分，但由于系统过于庞大复杂，实际出现的问题难以百分之百预测。

9 月 22 日 21 时，倒计时 51h，信号调试工作正常进行中。技术人员在仔细检查电缆标签时发现，其中一根光缆线的接驳有问题，导致区间信号不通。发现问题后，技术人员立刻对故障进行处理。处理后经测试，信号完全畅通。接下来则是列车试行驶，根据以往经验判断，这个环节可能耗时最长。

第一个预测需花费 24h 的操作是轨旁作业。施工队伍将预计 24h

的轨旁作业提前了 2h 完成，即只花了 22h 就全部完成。

72h 的停运时间，实体作业 24h，后面的 48h 更加重要。因为轨道交通发车密度太大，安全行驶是重中之重，必须给予保障。后面的 2 天时间就是做安全的调试、测试和正常运营的模拟工作。这些工作确保了 3 天后一交付，地铁就能达到正常的运营水平。

9 月 23 日凌晨，信号调试完成后，动车测试工作马上同步进行。此时，距离拆解完成的倒计时还剩 48h。第一趟行驶经过拆解区域的动车调试开始了。总体王迪军和现场拆解工程指挥部人员一起登上了经过拆解区的第一趟列车，顺利通过，此时大家一颗悬着的心才放下来。

试行驶这个阶段耗时最长，情况最为复杂。不仅要做单列车调试，还要做“86”（14 辆列车）乃至 31 辆列车同时运行的测试。这种逐级增压的方法，是对整个系统设备工作负荷最有效的考验。只有经得住考验，才能证明 2/8 号线拆解是成功的。

9 月 24 日凌晨，倒计时 24h，升级为“86”调试，这种跑法是对整个系统设备工作负荷的考验。新线路上会有 14 辆列车按照时刻表运行，而“86”调试只是一个起步，一直到 31 辆列车全部完成调试。调试工作从 23 日凌晨一直坚持到 24 日凌晨，倒计时 19h 时，完成了信号多列车系统调试。

此时，大家的神经依然没有放松。如果没有得到德国专家的认可，列车则不能载客，那么拆解工作就会功亏一篑。3 天全程见证拆解过程的德国专家，依据亲眼所见的数据和实绩，授予广州地铁 2 号线、8 号线新线安全认证。在颁发认证的那一刻，大家紧绷的心弦终于在如潮的掌声中松弛下去，而拆解工程，也正式宣告成功。

9 月 25 日 6 时，停运仅仅 3 天的 2 号线、8 号线恢复到正常的运营服务水平。这一天开通的客流超过预期和近期的运输能力，达到 80 万人次。精心细化的组织和演练，确保了 3 天的调试工作顺利完成，也确保了列车开通当天满负荷投入运营。广州地铁实现了广州火车站的旧城中心区到广州南站这些铁路枢纽之间的贯通衔接。截至目前，2 号线的客流量都超预期 50% 以上。

在短短 3 天内完成如此壮举，堪称奇迹。而奇迹的背后，是科学分析、反复论证、精心组织、周密安排。

人们总津津乐道于不可思议的 3 天，但许许多多的工作，早在多年前就已经埋下了伏笔、打好了地基。工程师们把摸底排查工作做了一轮又一轮，复杂的系统、交错的管线早已开始拆解。现场拆解，不过是把了然于胸的施工计划，按部就班地变为现实的最后一步，临门一脚。

随着 9 月 25 日的成功拆解，2 号线也终于回归线网。拆解工程是 2 号线最重要的节点工程，而整个 2/8 号线延长线工程其实还有大量的施工难题，还有大量的技术创新。2/8 号线拆解工程的技术创新，使之获得了 2013 年全国优秀工程勘察设计行业奖一等奖，其后，更是获得第十七届中国土木工程詹天佑奖。

不驰于空想，不骛于虚声。2/8 号线拆解工程，是国内首次在极短时间内对已有运营线路的高水平拆解与开通，形成了一套运营线路轨道、供电、信号等关键设备拆解的关键技术，其成果达到国际先进水平。2/8 号线拆解工程的成功，得益于广州地铁一以贯之的创新精神与“敢为天下先”的勇气。

风雨兼程，前行不止。平凡的日子里，广州地铁设计研究院拧成一股绳，聚齐一片心，在每一个项目现场，挥洒汗水、精益求精。

第七章

一条特别制式的线路

由广州地铁设计研究院进行勘察设计总承包、自主设计的全国第一条无人驾驶的广州地铁APM（Automatic People Mover，旅客自动输送系统）线，填补了我国在轨道交通制式应用上的空白，在广州乃至全国轨道交通工程中创造了多个第一。

广州市自20世纪90年代起开始规划建设珠江新城中央商务区（CBD）。珠江新城中央商务区是广州新城市中轴线最精致、最精彩的区段。

随着珠江新城CBD地位的确立，珠江新城也成为最繁华的经济区域，高级写字楼林立比肩，人头攒动，车行不息，无数人的通勤如潮汐般迁徙。珠江新城西侧的广州大道与北侧的黄埔大道高峰期每小时的标准车交通量已达到10000辆左右，而位于东侧的华南快速干线的出入口在高峰期也已十分拥挤，道路通行能力已趋饱和。

同时，珠江新城对外通道仅有11处，且分布不均，与北、东、西方向的联系通道都不够顺畅。3条交通干道以及南边的珠江，在珠江新城四周形成了“交通屏蔽”，严重影响了珠江新城的对外交通联系，交通问题成为珠江新城CBD发展的瓶颈。

如何满足珠江新城CBD内部、珠江新城与天河商贸区、广州塔之间客流的交通和人们旅游观光购物的出行需求？如何在不占用地面资源的前提下增加一条出境通道，令珠江新城CBD的发展更加完善，使珠江新城与北、东、西方向的联系通道更为通畅？如何从客流适应性、公交化运营、运量等级、舒适程度及地面景观方面考虑，突破边界条件的限制，在珠江新城CBD寸土寸金、用地极为紧张的条件下修建一条交通骨干线？如何跨越珠江以及既有地铁线路这些纵向起伏大的地段？

面对这些叩问，珠江新城CBD交通道路规划必须要认真对待并且给出答案。

2005年9月，广州市交通规划研究所出台了《珠江新城综合交通系统规划深化方案》，决定在珠江新城区域建立以公共交通为主体的多层次交通，积极引入新交通系统，将客流的出行端点外移至周边地区，减轻地面交通压力，提升公共交通的整体服务水平。

要完善区内公共交通、打通对外出入通道、提高轨道交通覆盖能

力，同时还要作为第 16 届亚运会的重要基础配套工程之一，珠江新城的这条线路虽不长，却身负重任。

穿越珠江新城地块的这条南北交通线的线路设计任务交给了广州地铁设计研究院，由广州地铁设计研究院进行勘察、自主设计和总承包。一般来说，设计院承担的总体总包项目主要由对口部门设计院总体部来负责。对于这条规模比较小、线路比较短、站点比较少的线路，设计院经过综合考虑，决定把勘察设计总承包任务交给以做工点设计为主的建筑设备部来完成。

建筑设备部是一个人才云集的部门，日后担当设计院重任的技术骨干王建、王世君、覃正刚、王睿等都出自该部门。而罗燕萍，这位建筑设备部的优秀女将，从广州地铁 2 号线就开始崭露头角，此次担负起了这条线路的总体重任。

总承包组在对该线路进行深入了解的过程中发现，这条线即使只有短短几千米，但也是一条完整的线路，“麻雀虽小五脏俱全”，设计规划难度一点不低。当时珠江新城地面建筑已经建成，线路需采用全地下的敷设方式。由于线路比较短，全线只有 3.94km，设 9 个车站，平均站间距只有几百米，更类似于公交线路距离，而且珠江新城的用地相当紧张，不可能像其他线路一样做太大的配线停车场。

这条新线建设明显受到外界条件的限制，再加上该线紧邻沿线地下空间，对振动与噪声都有要求。线路沿途两穿珠江，坡度起伏大，对性能要求也很高。如果采用正常的地铁设计思路可能会造成亏损，辗转腾挪皆有限制，选择什么样的车型成为关键问题。

总体组从降低成本的角度来考虑方案的设计。想要削减全周期成本，降低人力成本是开源节流的关键。一些人认为人力成本、电力消耗、维修成本各占 30%，其实不然，地铁的人力成本占整个运营成本的 78%。由此，简化系统、降低投资、降低运营成本成为设计的核心要素。

经过了多方比较和一系列考虑后，总体组一致认为 APM 制式是最合适的选择。APM 采用无人驾驶的电力机车运送旅客，代表了当时国际最先进的轨道交通系统。在美国亚特兰大、西班牙马德里、德国柏林，APM 已经安全高效地运营多年。

APM 作为无人驾驶、胶轮自动导向的交通系统，列车编组灵活，运载量适合短距离公交运输。且减速性能较好、爬坡能力强，适合较频繁的加减速；转弯半径小，对占地面积要求低；区别于传统钢轮钢轨，胶轮搭配水泥走形面，运行噪声较小，环境友好。APM 的诸多优点正好满足该线路的严苛要求。

由于该线路是配合珠江新城整体规划的线路，加之线路不长，在立项方面，只需在广州市发改委立项，所以手续相对比较简单。2008 年，工可研究补充论证报告上报至广州市，项目方案与工程投资等细节最终被敲定。

广州地铁 APM 线是广州首条特别制式的线路，既不是地铁，也不是公交，而是世界上第一个全地下的旅客自动输送系统。

广州地铁 APM 线不仅是国内第一个真正意义上的全自动无人驾驶胶轮运输系统，而且与以往的 APM 系统全部在机场、码头等露天场地不同，广州地铁 APM 线还是世界上第一个在盾构隧道内、全地下运行的 APM 系统。9 座车站有 4 个站点与其他地铁换乘——赤岗塔站与 3 号线换乘，双塔站与 3 号线、5 号线换乘，天河南一路站与 1 号线换乘，林和西站与 3 号线换乘。

根据 APM 系统设计理念，APM 系统按远期车站无人值班、设全线流动巡查员设计。乘客在需要时可利用设于站厅、站台的对讲设施与控制中心通话。但在过渡期，考虑在车站及列车上配置一定数量的工作人员，协助乘客熟悉车辆无人驾驶、车站无人值守的运营模式。

APM 线以列车无人驾驶及车站基本无人值守的模式运营。列车不设置专门的司机室，正线列车全自动运行、自动停车和开关车门；在故障情况下，车载可以实现自动重置、复位、主备切换等功能；车站实现自动开关站，以乘客自助服务为主，并实时提供乘客远程交互服务。

APM 线广州塔站

APM 线海心沙站

APM 线采用的信号系统与传统的固定闭塞系统不同，不需要标准的轨道电路，而是基于无线通信的移动闭塞系统。由列车自动保护（ATP）、列车自动驾驶（ATO）和列车自动监控（ATS）三个子系统构成列车运行自动控制（ATC）系统，该线路采用全自动无人驾驶模式。

这种全自动的无人驾驶模式的特点是列车定位更精确，编组灵活，可以两节编组也可以三节编组；行车密度大，一般可设 60s 的行车间隔时间；与传统的钢轮、钢轨不同，车辆采用胶轮轮胎，水泥走形面，行驶的噪声比较小；列车的转弯半径小，非常适合在城市中穿行，最小转弯半径只有 22m；列车的爬坡能力强，可攀爬 65‰的坡度。

作为全国第一个全地下 APM 系统，为达到设计标准，工程采用大量先进工艺、材料和技术。其中，自动灭火系统采用的高压细水雾灭火系统，首次在 APM 线落地。广州地铁 2 号线招标时，能够做到自动灭火的系统只有美国安素公司的 IG541 系统。当时，16 个车站外加 2 个主变电所的控制中心，招标价是 5200 万元。但是单一系统的造价太过昂贵，甚至被保护对象的成本费用加起来也没有这么多，这该如何选择?

于是，广州地铁设计研究院联合上下游公司进行攻关。最终，他们找到了一个破题的关键：高压细水雾。高压细水雾灭火系统是自有轮船以后就有的系统。虽然都是“水”，但与此前设计组所设计的水喷淋系统不一样，高压细水雾灭火系统由于压力很高，喷出来的水呈雾状。

很快，由广州地铁设计研究院牵头，广州市公安消防局和广州地铁建设事业总部、运营总部共同参与该项目的研究，大家一致认为：高压细水雾灭火系统是最好的灭火系统，比 IG541 系统更具优势，是未来自动灭火的发展方向。

很多人可能不理解，认为用水去灭电器引发的火灾会引发电器短路，会造成更大的事故。其实不会，用水去灭火反而会缩小事故范围。大量火灾案例显示，使用 IG541 系统，设备房中的设备过热后，热量都储存在设备里，热雾的颗粒也全部积攒在里面，所有的设备都不能再使用。而采用高压细水雾灭火系统，设备的受损范围比 IG541 系统的受损范围更小。

广州地铁 3 号线招标时，全线共有 18 个车站，比 2 号线多 2 个车站再加 2 个主变电站，高压细水雾灭火系统全部招标完成后的费用是 2500 万元，采用传统灭火系统的费用为 5200 万元，采用高压细水雾灭火系统将节省一半以上的费用。但由于各种原因，3 号线最终没有实施该系统。

而 APM 线终于让蛰伏良久的高压细水雾灭火系统等来了机会。给排水专业的负责人涂小华认为，高压细水雾有三大优势——止燃、熄烟、熄尘，明显更适合应用在地下且封闭的空间。这项研究已经非常成熟，APM 线比较短，正好可以做一个尝试。于是，总体组在全线 7 个站试点了高压细水雾灭火系统，这套灭火系统终于真正用到了设计中。

之后，在万胜围广州地铁运营指挥中心全面应用高压细水雾灭火系统，运营部门得出结论，该系统全寿命周期运营成本最低，也最安全。此后，在大部分人还不能理解用水去灭电器引发的火灾的时候，高压细水雾灭火系统已经大规模普及到广州地铁所有的“十三五”期间建设的线路中，并应用到苏州等国内其他城市的地铁线路中。这是一个颠覆性的改变。

为了达成作为全国第一条无人驾驶的城市旅客自动运输线路——APM 线的设定目标，设计者即使做了充足的准备，也依然不可避免地遇到了一系列建设难题。

APM 项目各个站点面积都偏小，最大的只有 7000m^2，最小的天河南一路站仅有 2800m^2。天河南一路站为地下四层车站，由于该站设有牵引变电所，负二层风管从顶板往下布置三层，最低处标高不到 2m。1.5m 宽的走道被一台重达 2t 的风机占用后，两侧只有十几厘米，还要布置各种管线和电缆桥架。牵一发而动全身，该车站空间之小、施工难度之大，远远超过预期。

为了充分利用珠江新城区域与现有轨道交通的地下空间，APM 线路中部的 5 座车站（海心沙站—黄埔大道站）与地下空间合建，其余 4 座车站独立建设。

除了工程本身的技术难度外，APM 线位于中轴线，这意味着在环境保护、文明施工方面都有较高的要求，也意味着施工现场情况必然复杂，每一座车站的建设都存在不同程度的困难。市民广场、体育中心、海心沙 3 个车站因周边工程的原因无运输通道形成“孤岛”，材料设备进场非常困难。尤其是海心沙站，其处在地下三、四层，业主交付施工时，上面两层要继续施工，地面几乎无运输通道。歌剧院站、双塔站和中央广场站、海心沙站等 4 个合建车站，没有临时设施场地及临水临电接驳点。

随着工程建设速度的不断加快，2010 年 11 月 8 日，世界上第一条在盾构隧道内、全地下运行的 APM 线开通。APM 线填补了我国轨道交通制式应用上的空白，在广州乃至全国轨道交通工程中创造了多个第一：国内首条采用自动导向轨道系统的市政公共交通线路；广州首条无人驾驶线路，也是国内首条实现以无人驾驶运行模式直接开通运营的线路；采用全地下敷设方式，包括 1 座车场与 1 处控制中心；按无人驾驶、无人值守的运营管理模式配套土建规模与机电系统设置；采用创新型隧道通风、自动灭火、自动售检票、综合监控等系统；引进外部电源、冷源，与沿线的地下空间合建，实现室内空间与室外出入口的共享。

虽然只有短短的 3.94km，但广州地铁 APM 线最成功之处是其无人驾驶和无人值守功能。早在十几年前，广州地铁设计研究院就已经开始了类似的研究与尝试，因其经年的技术积累，才能在系统设计各方面实现高标准，将一种谋策良久的设想变为可见、可触的现实。APM 线也因此获得 2012 年度广州市优秀工程勘察设计奖一等奖、2013 年度广东省优秀工程勘察设计奖一等奖等荣誉。

无人驾驶与无人值守模式在硬件与软件部分的探索突破，让广州地铁走在了全国前列，广州地铁 APM 线，带着耀眼的光环，走进了广州市民的生活。它虽然长度短小，但内涵丰富，具备巨大的潜力和鲜明的特色。它不仅仅是一种交通方式，也是一种观光方式；不仅仅是一条线路，更是一种文化的体现。

B出口
礼乐
人间
广州塔
Canton Tower

第八章

国内第一条全地下城际线

作为国内第一条全地下城际线，广佛线是广州地铁线网中能耗最低的线路。为实现真正的、深层次的节能目标，广佛线从线路规划到车辆选型，再到系统集成的每一个细节，都进行了精心策划与深度融合。短短两年半建成的广佛线，将广佛两城紧密相连，让“广佛同城”的宏伟蓝图从梦想照进了现实。

2010 年 11 月 3 日，珠江三角洲城际快速轨道交通广州至佛山段（简称“广佛线”）首通段开通试运营。它标志着国内第一条全地下的城际轨道交通线路、珠三角第一条城际轨道交通线路建成并投入使用，标志着佛山市从此有了地铁，迈进了“地铁时代”。

2008 年 12 月，国家发改委出台《珠江三角洲地区改革发展规划纲要（2008—2020 年）》，明确提出要“强化广州佛山同城效应”，“广佛同城”的概念首次出现在政府公文中。而因广州与佛山一衣带水的关系，广佛线最初的构想比政府公文中的行政规划出现得还要早。

1992 年 10 月，广州地铁 1 号线动工。此时，毗邻广州的佛山也有修建地铁的想法。广州与佛山本就紧密相连，说着相似的方言，传承着同样的地域文化，广州和佛山的区别更多来自于行政区划。让两个地理上紧密相接的行政区连为一体，交通便成为关键。

全国第一条全地下城际轨道交通线——广佛线的构想应运而生，但因各种原因未能如愿，只在广州地铁 1 号线西塱站预留了一个通往佛山的接口。

此后，广佛线项目在多方观望中艰难起步。

2000 年，广州市政府编制了《广州市城市总体规划（2001—2010）》，将未来广州城市发展战略确定为“南拓、北优、东进、西联”，其中“西联”就是基于广佛未来一体化的发展战略，强化广州与佛山地区的联系。

2001 年 6 月，珠江三角洲城际快速轨道交通项目领导小组成立。同期，广州地铁设计研究院开始了前期的勘探和工程设计工作。欧阳长城作为广佛线的第一任总体，带领设计组展开了广佛线的相关设计工作。

2003 年，项目建议书通过广东省发计委的批复。2003 年 5 月，广佛线技术要求编制完成；7 月，总体设计完成；9 月，工可研究报告编写完成。顺利前行的车辆此时却被悄然踩下了刹车。

自 2003 年下半年，国家开始宏观调控，暂缓了西安、成都、沈阳等多个省会城市地铁建设项目的审批，广佛线同样未通过审批。同时，广佛线试验段开工之后就面临着城际轨道建设的共同难题：面临多个投资主体，如何落实具体工作等问题。广佛线一直在不断协调和摸索中。

广佛线设计工作因此时断时续，2004 年 12 月，在广佛线工可研究报告完成一年多后，设计文件才初步完成，2005 年 1 月通过广州市科技创新委员会组织的初步设计预审查。

此后，直到 2006 年 9 月，在将近两年的时间，广佛线设计工作基本陷入停滞状态。至此，广佛线历经了两任总体。贺斯进于 2004 年接任第二任总体，尽管广佛线依然没有明确的开工时间，但他还是带领设计组对第一版初步设计组织了两项预审查：人防专项预审查和初步设计预审查。预审查是当时的一个特例，对于工可研究报告暂未批复但工期紧张的线路，可先做预审查，总体总包设计任务又往前推进了一步。

2005 年 3 月，国务院审议通过了《珠江三角洲城际快速轨道交通线网规划》，广佛线被列为 2010 年阶段目标。2006 年 7 月，广佛线工可研究报告上报至广东省发改委，一切似乎都在向好的方向发展。

2006 年 9 月，广佛线三家业主单位就广佛线实施的出资比例及运营补亏方案达成一致意见：省政府补贴 14.7 亿元、不参股，广州市与佛山市按 51:49 的比例分摊广佛线的投资与运营补亏，问题解决。

未上沙场，先点兵。广州地铁设计研究院认为广佛线的动工指日可待。2006 年 10 月，广佛线总体组架构重新组建，第三任总体周灿朗通过竞聘上岗，踌躇满志。广佛线超强的总体组阵容也已组成，周再玲、何治新、罗辉担任副总体，罗文静、翟利华、薛煌、陈丽华、阮莹、邬燕芳、颜惠、郭莉、吴殿华等十几位专业负责人悉数到位。广州地铁总公司也派出了建设事业总部副总经理许少辉作为广佛线的现场总指挥和技术决策人。

在前途未卜、多方观望中，2007 年 3 月 15 日，一个阳光明媚的春日，位于中国南方地区的历史文化名城佛山到处呈现一派勃勃生机——市政府的一间会议室里正在热烈讨论一项重大议案。履新不到半年的佛山市委书记林元和亲自主持会议，就在会议即将结束之际，林书记一锤定音，庄严宣布：广佛线首通段正式重新上马，2007 年 6 月 28 日全面开工，2010 年 11 月广州亚运会开幕前实现通车！

广佛线起点为佛山市魁奇路，终点为广州市沥滘，线路全长 32.16km，均为地下线路。其中，一期工程（即首通段）为魁奇路—西塱段，线路总长 20.673km。亚运会将于 2010 年 11 月在广州市举办，佛山市是分会场，因此，亚运会前确保通车成为一项必须完成的任务。

日迈月征，朝暮轮转。立足大局，承前启后。

从首任总体欧阳长城、第二任总体贺斯进再到第三任总体周灿朗，他们犹如历经了一场艰难的接力赛。广佛线项目终于迎来了曙光，迎来了定心的一槌，但同时，也将周灿朗带领的总体组团队捶得不轻。广佛线项目重新上马带来的喜悦之情还停留在众人的脸上，工期的压力便扑面而来，压得总体组透不过气来。

要在极短时间内完成多项设计任务，总体组不得不与时间赛跑。

此时已是 2007 年 3 月 15 日，距离 6 月 28 日广佛线全面开工，只有短短 3 个月的时间。在这 3 个月，他们必须要完成纷繁复杂又盘根错节的准备工作。既要修改车站区间方案，又要修编工可研究报告，使设计同后期的预审查初步设计相匹配……

同时做工可研究报告、初步设计、招标设计，三管齐下，这对广州地铁设计研究院来说是史无前例的，对广佛线的总体组设计团队也同样是一次极限的抗压试验。本来设计的流程是一步一步深化，现在则要求同步完成。所有的工作都被压缩在极限的时间内完成，几乎要做到无缝对接，只要一步跟不上，就会步步跟不上。

多少事，从来急；天地转，光阴迫。一万年太久，只争朝夕。面对工期的压力，整个团队迸发出了空前的凝聚力和坚强的战斗力，广佛线就是他们实现梦想的舞台。由于工程停滞时间长，到项目重新启动时，广佛线沿线周边环境已经发生了巨大变化，很多地方翻天覆地，许多勘察设计都需要推翻重来。

要在 3 个月内完成不可想象的任务，他们变成了可移山的愚公。2007 年 4 ～ 6 月，完成了广佛线第一、二、三批招标设计工作；2007 年 5 月，广佛线总体技术要求通过了广州地铁总公司的审查；2007 年 6 月，广佛线工可研究报告通过了广东省发改委组织的审查，广佛线完成立项。

2007 年 6 月 28 日，广佛线正式开工。

客观地说，摆在总体组面前的每一个难点都是一座难以攻破的堡垒。面对时间紧、地质条件差、托换多等施工难点，总体组全员自上而下，群策群力，以抓铁有痕、踏石留印的韧劲和干劲，攻克了一个个难点。

2008 年上半年，广佛线才进入全面施工阶段，距离业主要求的通车时间 2010 年已不足 3 年。总体组根据业主动态要求，对设计方案进行了全面优化调整，力求在最短时间内完成任务。

首先，优化工法方案。根据实际情况，方案增加了盾构井数量，以方便施工过程中增设盾构机。原计划首通段共设置 7 个盾构施工标，投入 14 台盾构机，后期在多个站点区间增设始发井和吊出井。方案的提前优化最终派上了用场：首发段增设了 5 台盾构机。

当时，由于施工条件限制，广佛线土建工期有所滞后。为了顺利完成任务，由广佛线现场总指挥许少辉牵头，通过现场不断地调研和动态策划，广佛线管理团队提出一个大胆的想法：合同外增加 7 台盾构机，以保按期开通。最后，从 3 号线和 2/8 号线分别借调了 3 台和

2台盾构机，而操作盾构机的原班队伍也一起参与到广佛线的建设中。

根据实际情况增设盾构井的设计，被后来调任广州地铁设计研究院党委书记的许少辉赞誉有加。如果不是未雨绸缪提前设计，即使当时能调集到更多的盾构机，也无济于事。

广州地铁设计研究院原党委书记许少辉（广佛线现场总指挥）

在盾构施工效果不佳时，总体组也会果断调整。金龙区间右线隧道龙溪侧，施工较大范围处于坚硬岩层中，导致盾构施工滞后，严重拖慢进度。在与业主沟通后，采用增加矿山法对打的方案，最终将工期提前了一个多月。

其次，轨排井优化。一般来说，轨排井应外挂。但由于工期紧张，且前期工作滞后较多，为减小土建工期压力，总体组考虑增加轨排井的数量，以缩减铺轨工期。原设计首通段只有4处设置轨排井，分别是魁奇路、普君北路、金融高新区、西塱，后又增加桂城、龙溪两处。

此时，桂城、龙溪两车站方案已经稳定，主体结构施工图也已完成一签。增加轨排井，则必须增大车站规模，造成投资增加。不仅如此，牵一发而动全身，轨排作业可能与车站设备调试工期发生冲突。

这两个严峻的问题摆在了总体组面前。经与广州地铁建设事业总部的车站部、系统部沟通，总体组提出了一个优化方案：将轨排井和车站结合起来，预留一定空间，把轨排井布置在不需要进行设备调试的功能区域。如此一来，不仅没有过多扩大车站面积，还解决了最根本的问题：轨排施工及轨排井封堵不再是车站如期完工的阻碍。此外，他们还使用了一种树脂轨枕。这种树脂轨枕可以随意钻孔进行螺栓锚固，方便道岔的安装、定位，且安装时间灵活。

总体组的工作并非仅仅与设计和规划有关，对于施工期间遇到的任何问题都要全力配合解决。为此，总体组制定了施工风险的处理原则，主要针对不良地层中盾构端头加固、联络通道施工等重难点问题，内容涵盖溶（土）洞、液化砂层、深厚淤泥层等各种不良地层。

除此之外，总体组还在现场实践中纠正了许多问题。比如，核查发现蠕岗站顶纵梁、中纵梁、底纵梁配筋数量只有正常受力配筋的 1/8。这是重大安全隐患，一旦演化为事故，后果不堪设想。

为配合施工，总体组还经常会遇到调线调坡的情况，此时便需要给出新的调整方案。土建施工过程常遇侵限问题，发生时往往需要盾构停机，待调线调坡完成后再按照新的线路方案掘进。如何减少调线调坡的次数，加快调线调坡的设计速度，是总体组优化盾构区间施工配合的首要问题。

在广佛线盾构施工过程中，因侵限问题产生的调线调坡次数多达数十次，线路设计完成调线调坡方案不少于 80 个。仅普君北路站—朝安站左线区间的连续 3 次侵限中，线路比选的调线调坡方案就多达 25 个。甚至在此段施工过程中，发生盾构机姿态失控，超出调线调坡范围的情况。在广州地铁总公司“采取明挖法”的现场决策下，总体组组织设计单位一周内提交了基坑平面布置图、连续墙导墙设计图，短时间内陆续完成了基坑设计图、主体结构设计图、基坑两端加固处理与止水止砂方案图纸等。方案完成后，又克服明挖法可能带来的涌砂涌水等问题，组织工点单位，采用冷冻法封闭缝隙。总体组从总体、副总体到设计人员，长期扎根工地，提供了有效的设计与技术保障。

这些措施的应用效果是显著的。随着广佛线首通段车站和区间主体施工图、附属结构施工图、车站装修及设备招标施工图、系统施工图、装修施工图的完成，2010 年 11 月 3 日，广佛线首通段建成通车。

从 2007 年 3 月开始，在将近 1300 个日日夜夜里，广佛线总体组共组织会签图纸 10070 册，约 302200 张，组织设计出图 3360 册，约 100700 张；组织设计总体例会 118 次，组织技术问题处理会议 261 次，参加技术类工作会议 1170 次。这一连串的数字是枯燥的，谁也无法计算出它的背后凝聚了多少人的心血，但奋斗结出的累累硕果却让人无比踏实。

2010 年 11 月 3 日，广佛线首通段如期开通，成为连接广州、佛山两城的纽带，为广佛两地成功举办亚运盛会提供了重要交通保障。

担当线路的总体确实能锤炼一个人的意志。周灿朗之后总结说：“当一条线路的总体，就是要把这条线的工程做到你力所能及的最好，而你力所能及的最好，会有很多办法可以实现。比如一个分西瓜的故事，我们要把一个西瓜均匀分成两半。学数学的会去计算西瓜的椭圆度，通过数学公式计算从哪里下刀分成对等的两半；学物理的会先切一刀放到天平上去，不行就再补一刀，直到天平平衡为止；学管理的会说我来切你来挑，剩下的是我的。其实做总体也是一样，需要你完成这条线路的总体目标和总体功能。你解决问题的办法有很多种，可以以抓技术为主，也可以以抓管理协调为主。”

在广佛线上，总体组用不同的方式切好了这个“西瓜”。而最值得称道的，自然是为广佛线“保质保量”开通过程中采取的一系列创新措施。

创新，是一个永恒的话题，普通市民可能感知不到，但却可以体会到安全快捷的出行便利。而设计师则必须要在所有的约束条件下，尽可能地按照自己认为对的方式去做工作。一切创新都是为了施工过程的安全高效，为了之后的使用便利，为了低碳节能。

一个小插曲发生在 2002 年。周灿朗当时为广佛线魁奇路工点结构设计负责人，车站的结构设计一般都要设抗浮，但当时全国流行的设计都是加压顶梁，虽然可以满足抗浮要求，但他经过计算发现，这种做法不满足规范要求，如果把冠梁加宽后再采取一些相应的措施，既能满足抗浮要求，也能满足规范要求，对车站的抗浮设计极有价值。在他的这种改良后，短短几年时间关于抗浮的设计基本都采用了这种方案，反映了大家对这个创新方式的极大认可。

这是一件小事，但创新就是由这些点滴小事汇聚而来的。在广州地铁总公司一体化运营理念下，总体组针对广佛线工程特点进行的点滴创新，散布于广佛线全过程的设计中，大部分创新成果属全国首创。

按照运营行车功能及小交路折返点的要求，原来设计时每 8 ~ 10km 需要用一个站设存车线。带存车线的车站规模大，是设计过程中需要优化的重点。如何在满足基本功能的条件下控制土建成本？经研究判断，总体组认为双存车线在运营效率、事故处理方面比单存车线优势更明显，而两者所需要的线路长度、投资成本、对地质的要求等并没有很大的差距。于是，广佛线成为国内第一个采用双存车线的地铁线路。如今，这一做法已在全国推广，能做双存车线的地铁线路都已做成双存车线。

南海金融高新区站集住宅、零售商业、办公和酒店于一体，是国内首例在地铁车站及区间正上方竖向叠合，同步建设，实现“地铁、公交上盖物业”无缝衔接的城市综合体。这种集约化的设计，提高了土地的利用率，简化了交通流线，具有环保、节能、减排的特点，是一个很好的范式，极大节约了不可再生的土地资源。

广佛线大部分车站采用的是单端送风，导致大系统风管存在近风机端风口风量较大、风管末端风量较小的情况。为解决车站通风空调大系统送、回风不均匀的问题，南海金融高新区站试用了长距离均匀送风方案。

一般可知一条管一边供风，距离供风点近的地方风量越大，远的地方风量越小，所以车站到末端就基本没风了。广佛线采用的均匀送风技术，就是在离供风点越近的地方，孔开得越小；离供风点越远的地方，孔开得越大。因为离供风点近的位置气压最高，末端气压低。从工程测试的结果来看，均匀送风方案达到了设计预期，经进一步改进和优化后，可在新线长距离送风管路中大范围应用。

按照当时节约成本的要求，原来轨排井均外挂在外面，而如果放置到车站内，车站本身亦有设备占用空间，将导致附近的空间不能得到有效利用。为避免影响车站施工，总体组将车站和轨排井结合起来一同设置，相比轨排井挂到外面，可节省 10m 的长度，每一处节约 200 万元。

技术方面的设计并非全部，作为本地文化的重要载体，各地地铁公司都在审美上攒劲发力，希望地铁成为传统与现代艺术撞击新生的结合点，广佛线也不例外。总体组充分考虑了佛山市的地方特色，先期组织多家设计单位进行创作，最后以市民投票的方式，让代表传统艺术的剪纸与代表现代工业之美的陶瓷工艺一起点缀广佛线，让广佛线传承演变的历史之美。

广佛线节能坡的设计，是广佛线建设亮点中必须要提到的一笔。

在广佛线设计的诸多亮点中，最值得称道的还有两点，一是广佛线需要修改的设计问题比较少，二是广佛线是所有广州地铁线路里最节能的一条线。

广佛线出入口方案——粤韵琼花

广佛线柱面手工陶

在创新的路上，节能是总体组极为重视的突破口。总体组打破常规，对节能坡进行创新设计。根据计算，对车站两端设置合理的进出站坡度：列车进站上坡，即以坡道减速，动能转化为势能，将能量储存起来；列车出站下坡，此时势能转化为动能，释放储存的能量，从而减少牵引能耗。广佛线综合考虑了站位、线路条件等技术因素，在施工阶段实施了21处节能坡，充分利用了车辆动能和势能的相互转化关系，从而在线路设计上最大化地降低牵引能耗。

2008年，广州地铁建设事业总部从全局通盘考虑要求调整线路坡度，但总体组提供的设计方案在牵引能耗及运营费用方面均比要求调整的两个方案更低。在一连串的运行数据前，建设事业总部肯定了总体组关于节能坡的设计方案，并在多次调整节能坡会议后不再要求调整线路坡度方案。

广佛线的低能耗还表现在环控能耗低方面。总体组根据广佛线车辆4节编组、站台长度较短的特点，确定全线标准车站环控系统采用只在出站端设置活塞风道及大系统单端送排风方案，这在当时是全国首创。

此外，总体组还在车辆编组方面采用2M2T编组，降低车辆加速度，让启动的牵引能耗更低；采用绿色照明系统后节能效果显著；对于通信方面的服务器、工作站、交换机等能效等级，在满足功能需求的前提下，尽可能采用低功耗的产品……

由于采取了多个节能降耗措施，广佛线的能耗指标远远低于其他线路。广佛线1km能耗为1.5kW·h，是广州截至目前所有线路中能耗最低的线路。广佛线设计组正是从线路设计、节能坡、合适的站间距、中间惰行距离等方面全方位考量，才达到节能的最终目的。

时光抚琴，岁月如歌。广佛线总体组回首过往，他们由当初的迷茫、惆怅、焦虑，到后来的坚定、自信。这些变化，深深烙印在每一份设计方案里。

2010年11月3日，广佛线首通段开通，“广佛同城、携手共进”的梦想成为现实。它的建成，标志着珠三角城际快速轨道交通线网的建设驶入了快车道，标志着亚运会前广佛两地通达地铁的承诺得到兑现。

2011年前开通的广州轨道交通新线，包含2号线延长段、3号线北延段、4 号线北延段、8 号线、珠江新城 APM 线和广佛线等线路，全长 86km。至此，广州地铁形成总共 8 条线路、总长 236km 的规模，成为继上海、北京后，国内第三座地铁里程突破 200km 的城市。

而广州地铁设计研究院在佛山的这支设计力量，经过广佛线的历练后，从成立佛山分院开始，不断提升技术水平、拓展市场业务。2016 年 2 月，佛山轨道交通设计研究院有限公司正式成立，这家由广州地铁设计研究院与佛山市地铁集团有限公司共同出资组建的设计院，是佛山地区唯一具有市政行业（轨道交通工程）专业甲级资质的企业，其前身正是佛山分院。

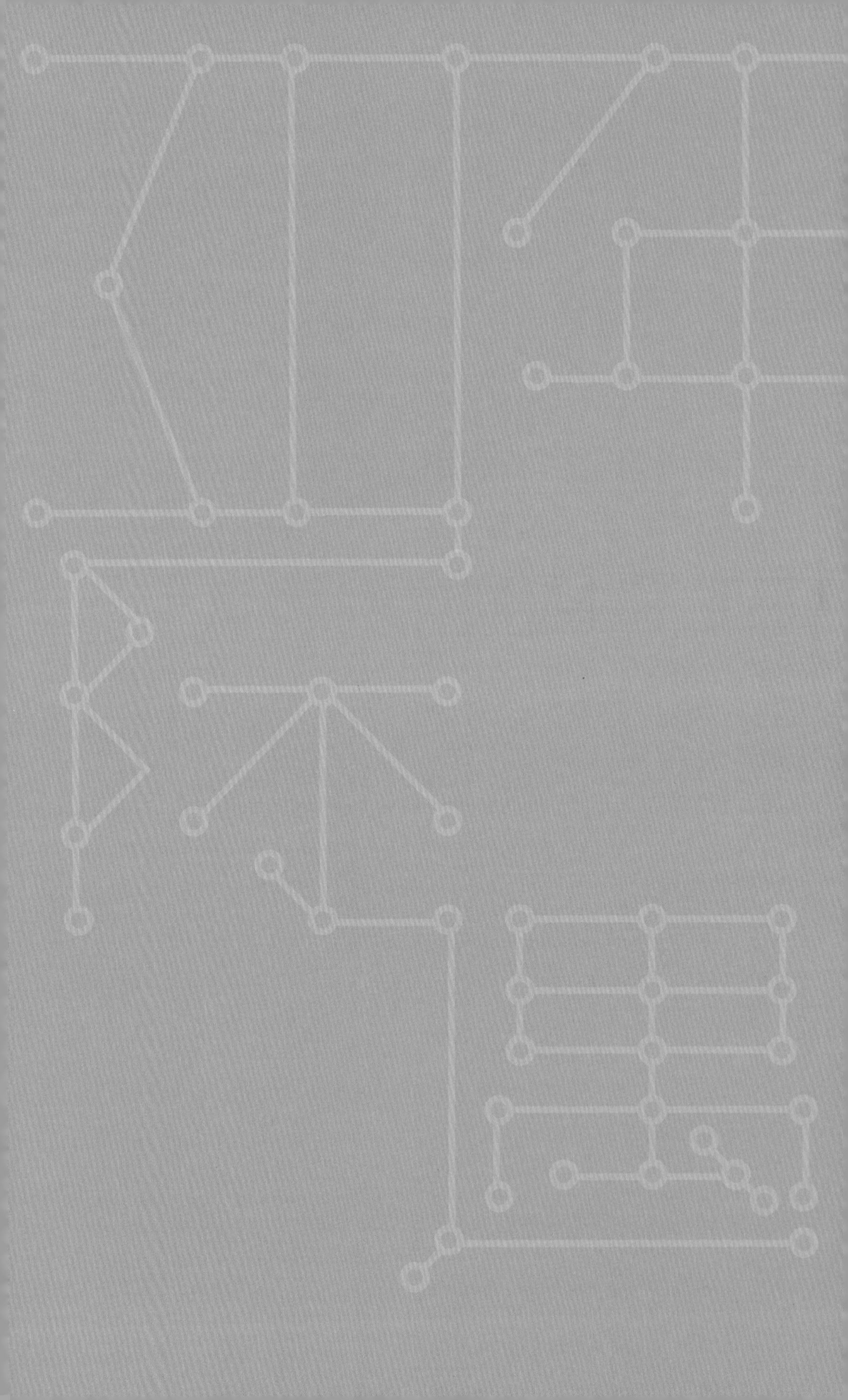

今天的奋起

今天，是进取，是赶超，是引领，是百尺竿头更进一步的奋斗不止。从设计穿越老城区建筑丛林的广州地铁 6 号线，到海珠新型有轨电车试验段在储能式有轨电车关键技术的集成；从坚定执行“走出去”战略的南宁地铁第一个外地总体总包项目，到深圳地铁 9 号线的勘察设计总承包；从广州地铁 14 号线的快慢车组合运营模式设计，到 18 号线、22 号线国内首批实现地铁服务水平 160km/h 的全地下市域快线……广州地铁设计研究院在外地和广州本地地铁市场树立了品牌，引领了行业，击水行业潮头。

第九章

地层深处的超然跨越

这里有广州地铁埋深最深的车站，他们如何保证如意坊站、海珠广场站等深埋车站的安全施工及运营？聚焦被称为“一条穿越老城区建筑丛林的地铁线”的广州地铁 6 号线，看建设者们如何破解征拆及深埋等巨大难题！

2010 年亚运会开幕式前，广州地铁完成了 8 条线路的建设，并顺利运营，为广州乃至广东的城市发展布局，奉献了自己的力量。这是广州地铁总公司取得的巨大成绩，也是广州地铁设计研究院一个令人瞩目的节点，这个阶段性的胜利，不是“躺平”的信号，而是奋起的号角。设计院没有停下脚步，百尺竿头，尚待进步。实际上，“今天”的奋起正面临着巨大挑战，这就是历时 9 年修建的广州地铁 6 号线。

没有哪一条线路会像 6 号线一样，时刻揪紧设计院乃至广州地铁总公司和相关单位的心，仅 6 号线一期工程，从工可研究到建成开通就整整花了 9 年的时间。这条号称“穿越老城区建筑丛林的地铁线”，是线网中第二层面的规划疏导型线路，因为要穿越密集的老旧建筑，为避免大量征拆，不得不在地下几十米的深处，完成一次又一次的超然跨越。

穿越老城区以及线路深埋，成为广州地铁 6 号线工程的显著特点。

2000 年 6 月，番禺、花都撤市设区。为了适应市区的拓展，广州市政府提出通过“南拓、北优、东进、西联”，将城市空间布局由传统的“云山珠水”跃升为多中心组团式网络型城市结构。

2003 年 10 月，新版《广州市轨道交通线网规划》通过广州市政府批准，明确提出广州市轨道交通由城市轨道线、市郊列车线、城际轨道线三层线网组成。其中，城市轨道线包括 15 条线路，总长 619km，6 号线即在此线网规划中。

实际上，6 号线是与 3 号线、4 号线、5 号线同期规划的线路，只不过 3 号线、4 号线、5 号线与 1 号线、2 号线组成的是广州地铁的骨架线，而 6 号线，则是一条加密线，其建设的时间跨度相当大。

2004 年底，设计院与铁二院组成联合体，中标 6 号线首期工程的总体总包任务。之后，开始了工可研究报告的编制。

这一次，设计院组建了一个以涂旭炜为总体的总体总包组。初上任的总体涂旭炜在受命之初忧心忡忡，甚至一度在心里打过退堂鼓。

他清楚地知道，自己虽然在设计院摸爬滚打了 10 年的时间，但土建不是他的强项，而 6 号线恰恰是广州市轨道交通线网中土建工程最难的一条线。本着对项目高度负责的态度，涂旭炜夙夜难安，生怕力有不逮造成损失。

严格来说，广州每一条地铁线路的土建工程都难，但 6 号线却尤其难。首期从浔峰岗到长湴，全长 24.5km，其中高架线 3km，其余为地下线。这条线中间需要通过老城区的距离之长，让设计者望而却步。

从中段的大坦沙站到如意坊站，再到海珠广场站，最终到燕塘站，这段线路全是老城区、老房子。而且此段线路沿着珠江，拆迁难度高、地质条件差。

在系统方面，同 4 号线、5 号线一样，6 号线也是采用直线电机。由于线网规划时，6 号线就是一条辅助线，所以与 4 号线一样，用的是 4 节编组的 L 型车。但实际上，6 号线的客流量远超预期，设计过程中颇费周折。

6 号线的立项、功能定位及首期起终点多次变化，给总体组一个下马威，车辆段和停车场选址的变化，造成起终点 3 次变化，最终完成了 3 版工可研究报告。

对于寸土寸金的广州市来说，车辆段的选址永远是让人头疼不已的问题，特别是线路还经过老城区。6 号线的起点在金沙洲，但金沙洲太小，实在找不出一块合适的地方作为车辆段地址。

总体组考虑往东到燕塘寻找合适的地方，但也没有找到合适的车辆“容身”之地。再往前到高塘石村，总体组眼前一亮，终于看到一块合适的地，但经过协商，最后还是没办法落实。

兜兜转转一圈下来，总体组所到之处不是没地方就是地方满足不了建设条件。迫于无奈，总体组只好找政府部门协调，最终还是回到 6 号线的起点位置金沙洲，在浔峰岗协调到一块地，建了一个比较大的停车场，后来二期在香雪又建了一个面积很大的车辆段，这条线的车辆才算有了“家”。

起终点的变化带来的是线路长度的变化。至此，6 号线首期的长度从 19km 调整到 20.8km，最后调整到 24.5km。到 2009 年二期建设规划批复，6 号线全长 42km。

6 号线沿途用地紧张的，不仅是车辆段。要建一条穿越老城区建筑丛林的线路，必然要不断与征地拆迁打交道。总体组从设计的角度分析，尽量减少用地，压缩车站规模。于是，总体组在工可研究阶段就组织了标准车站的方案研究。在满足工人施工的前提下，尽量把车站做小，从设计的角度解决用地拆迁的问题。

由于公共区的长度是固定的，总体组只能从设备用房、管理用房方面去想办法。车站规模压缩但功能需求不能改变，设备用房实行集约化布局。为此，总体组合并设备用房，把机电系统打乱来配套，如将通号房间全部合并，打乱一些 UPS（不间断电源系统）等来配套，调整后，房间数量可以减少，共用空间可以合用。虽然在管理上会稍有麻烦，但可以实实在在地把车站的规模压缩下来，达到少扰民、少拆迁的目的。自 6 号线开始，后面建设的线路也大多把系统打乱来配套。

而为了适应规模压缩的车站，本身占地面积很大的通风空调系统也势必做出改变。常规的车站一般两端都有活塞风井，如果采用常规的布置，附属的用房会比公共区域更大，这是不合理的。如何改变 6 号线的机房、新风井、排风井以适应环境，就是接下来要思考的重点。

在满足隧道内温度的前提下，通风系统采用了单活塞风井系统，即在车站一端的进出口端设置活塞风井，另一端只设置机械风井。这样，在路面减少了风亭的数量和地面工作的协调量，降低了对周边环境和居民的影响；而在车站内部，则减少了活塞风道和隧道风机的数量，利用车站埋深空间垂直布置隧道风井，土建规模大大减小。

设备方面也相应做出优化。由于 6 号线是辅助线，与其他线路有多处交会，总体组充分利用这一点，在换乘站从线网层面与其他线路的车站实行资源共享。在 6 号线建设时，广州市轨道交通线网经历了 4 个阶段的规划和调整，其规划成果很好支持了 1 号线、2 号线、3 号线的建设以及 4 号线、5 号线的工程设计工作。

广州地铁总公司很早就意识到线网整合的问题。随着多条线路同时开工，建设速度数倍于前，避免冗杂重复的建设是提速提效的关键。2003 年，广州地铁总公司从线网建设的宏观角度出发，提出共 12 个项目的“保持线网先进性系列专题研究”，这些研究成果直接被应用到广州地铁 6 号线的线路规划中，避免了系统的重复设置。比如 6 号线在东山口站与 1 号线换乘，通过改造 1 号线相关设备达到供冷的目的，不再另外设置单独的冷站，从而节约了大量的空间。

供电系统还实现了大环网的模式，避免了大量敷设电缆和用料。海珠广场站采用天然冷源的方式设计供冷，一方面节约了城市空间，另一方面提升了制冷系统的效率。另外，还有一些创新细节服务于后期运营。这些创新主要针对应用场景，在原来的基础上做了一些调整，比如无障碍通道、二期的垂直电梯等。

这些都是为了解决车站规模问题想的招数。就这样，通过合并设备用房，只设置一端活塞风井以及与其他线路实行资源共享等措施，6 号线车站规模得到了极大压缩。

车站规模问题解决了，深埋车站的消防防灾问题摆在了总体组面前。

6 号线沿线地质条件差，且老城区热闹繁华，特别是一德路、人民南路、南方大厦一段，皆是繁华商业区。周围都是商铺，如果要拆迁，花费巨大。为了降低对地上建筑的影响，也为了减少拆迁工作量，线路必须要深埋下去。

6 号线定位为第二层面的辅助线，要和多条地铁线路相交，工程实施时必须在安全允许的范围内。下穿交会既有地铁线路，如在文化公园站和2/8号线相交，在海珠广场站与2号线相交。2号线的海珠广场站本就已在地下四层，6号线势必比它的位置还要深。

6号线与线网中其他线路换乘点达到9座，其中如意坊、海珠广场、燕塘等站埋深达到35m左右。作为国内深埋车站最多的线路，其深埋方案减少了对路面交通、高层建筑的影响，但对地铁车站火灾时通风和排烟设计安全方面提出了更高的要求。

地下站台的火灾防排烟系统设计，一方面要保证起火站层烟气的有效排放，另一方面需保证不同站层连接的开口处能够起到形成一定流速、控制排烟流向的作用。

如意坊站等站点深、车站层数多，风压损失较大。在楼梯的开口处能不能形成向下的流速来阻止烟气向上蔓延？竖直井道万一形成烟囱效应怎么办？列车在车站隧道发生火灾时，深埋车站的烟气控制、站台客流疏散时间及电扶梯运行原则是什么？一旦发生火灾，车站屏蔽门、隧道通风系统、车站通风空调大系统的运行模式该怎样设计？还有，对于深埋暗挖车站，车站一端的疏散步行楼梯是否需要进行加压送风或排烟？这些问题时刻困扰着总体组，他们需要用科学的方法加以研究、分析和验证并解决。设计组针对性地做了设计方案。有些方案突破了规范要求，自然引来各方质疑。而解答质疑最有效的方法，就是以事实说话。

2005年12月，在广州地铁总公司的指导下，广州地铁设计研究院与中国安全生产科学研究院联合开展了题为“广州市轨道交通6号线深埋站点火灾安全模型实验与数值模拟研究”的专题研究。把设计完成的方案摆出来验证，先做模拟计算，看能不能通过，通不过就必须调整设计方案。

通过模拟计算，证明设计方案是可行的，但设计组依然不放心。为了使方案更加可靠，更有说服力，攻关小组决定再通过实验去验证。于是，他们又在中国科学技术大学火灾科学国家重点实验室搭了一个以 1:10 的比例缩小如意坊站的深埋车站模型。总体组通过模拟技术，对排烟的组织实施进行模拟，通过放火烧的方式来验证模拟计算和设计方案的可行性。

经过总体组半年的努力，“广州市轨道交通 6 号线深埋站点火灾安全模型实验与数值模拟研究”报告出炉。针对深埋车站，总体组提出了分别采用雷诺平均模拟和大涡模拟技术对深埋站点内的火灾烟气蔓延与控制情况进行数值模拟的关键技术方法；创新性地将火灾安全工程学和性能化设计的研究思想应用于地铁深埋车站防排烟设计中，通过对不同火灾场景、火灾功率、排烟模式、屏蔽门开关方式的火灾数据模拟，设计了火灾时有效的气流组织形式及通风空调系统、排烟系统的设计风量和运行模式等。

他山之石，可以攻玉。为了验证研究成果的相关结论，为了使深埋车站消防防灾的设计方案能够更具有可行性，由广州地铁总公司何霖带队，总体组走出国门，专门考察世界各地的深埋地铁，从莫斯科、圣彼得堡、哥本哈根一直到马德里、巴塞罗那，他们把这些城市的深埋车站一个不落地考察了个遍。

回国后，总体组立即对这次考察进行了系统的总结，形成了《地铁车站防灾考察报告》。考察报告涵盖了这些城市的地铁发展历史、最近规划、线网、具体车站风格、防灾设施、车站管理人员设置等各个方面，内容翔实。

2006 年 12 月 13 日这一天，对于广州地铁 6 号线首任总体涂旭炜来说意义重大。就是在这一天，“地铁深埋车站火灾模型实验与数值模拟研究”科技成果鉴定会在北京举行。由 11 名专家组成的专家组在听取了研究人员关于项目研究成果的介绍后，一致认定：

广州地铁 6 号线的深埋地铁车站的多层建筑结构设计方案、防排烟设计方案、人员疏散通道设计方案均具有首创性；提出了采用大涡模拟（LES）技术对深埋地铁火灾烟气蔓延与控制进行数值模拟的关键技术方法，研究了深埋地铁车站火灾的发生、发展过程及烟气蔓延规律；将火灾安全工程学和性能化设计的研究思想应用于地铁深埋车站防排烟设计中，研究提出了地铁深埋车站有效的气流组织形式、排烟系统运行模式、火灾时屏蔽门开关方式、疏散楼梯间正压保护、楼扶梯开口临界向下空气流速等结论，具有较大的创新性；研究提出了深埋车站火灾的模型律，以1:10比例缩小的深埋车站模型为实验平台，开展实验研究，科学地论证了深埋车站在发生火灾事故时安全、有效的气流组织形式和排烟送风模式；采用精细网格人员疏散动力学模拟技术，研究提出了地铁深埋车站火灾情况下的人员安全疏散准则、人员疏散时间指标和疏散策略，结论对保障深埋车站的人员疏散设计有科学指导意义。

项目以解决工程实际问题为目的，达到了国际先进水平，部分成果达到国际领先水平，具有推广应用价值。2009年8月,《深埋地铁车站火灾实验与数值分析》一书出版，对提高地铁运营安全性起到重要作用。

广州地铁从不畏惧打硬仗，具备打败一切困难的认真精神。总体组从设计方案到模拟计算，从重点工程实验室的试验到去世界上最有经验的地铁城市取经并形成最终的考察报告，每一步都走得扎实细致。人生的每一步都作数，总体组走过的每一步，也是如此。但解决了消防防灾问题，还有其他问题摆在他们面前。

作为一条穿行在老城区建筑丛林中的地铁线路，广州地铁6号线的土建工作必须处理两个维度的问题：一是迎战自然地质条件，二是与老城区和谐相处。

扰民问题成为一个迈不过去的坎，该怎么施工才能尽量做到不扰民？

6号线可谓集中反映了广州市全部的地质状况，沿线广泛分布岩溶、淤泥、淤泥质粉砂岩、联系珠江水系的富水砂层、花岗岩残积土，共 7 次穿越 6 条断裂带，通过 2 个褶皱，6 号线二期孤石密布，令设计人员感到崩溃。

6 号线的建设常常面临既不能封路也不能迁改管线的窘境。设计上，设计组启用了桥、特大桥、冷冻法、溶洞土洞地段盾构、全断面砂层盾构、淤泥层及砂层较厚情况下的大断面暗挖、花岗岩残积土内暗挖、先隧道后站、明暗结合车站设计、矩形顶管等多种工法来破解。在因地制宜，一地一策的设计工作中，6 号线的建设涌现了许多创新精品。

西端大坦沙、浔峰岗是高架线路，按理说，相比地下掘进，高架桥施工会相对容易些。然而，此处遍地溶洞给施工带来了极大的麻烦。但设计人员克服困难，将高架线路做得极具特色。设计首次采用了连续钢构的形式，整体形状非常美观，主梁梁高均为 2m，最大跨度 40m，极具轻盈感。150m 跨度的白沙河大桥，在 4 号线节段拼装基础上做了改进，成为目前广州市轨道交通线网中的精品。

再比如一德路站周边的骑楼。这种建筑形式是广州旧城肌理的骨

6 号线白沙河大桥

架，是建筑文化从古代向近代、现代转型道路上具有里程碑意义的标志物。所以，沿街的骑楼是绝不能拆的，只能见缝插针找一个有限的地方挖一个竖井下去，再通过站台暗挖把车站掏出来。为了体现车站所处的地理位置和历史环境，总体组还选取文化公园站、海珠广场站、北京路站、团一大广场站、东山口站、黄花岗站等 6 个特殊站做了文化设计。将交通与地方文化融合，在站厅层的墙面增加大幅的文化艺术墙，把西关窗花、千年商都、中国革命和老广文化融入地铁站的布置中，全方位展示广州悠久的历史文化底蕴。

东湖站上方是电器城，车站必须暗挖。下面是岩层，如果爆破，则必然会干扰周边的环境。其附近又是主干道，交通不能中断，地下管线又众多。为了解决这个问题，设计要求施工单位采用矩形顶管这种当时先进的技术进行施工，这个顶管设计被称为“广州第一顶”。

矩形顶管过街通道顶进段施工不开挖路面、不迁改管线、噪声小，对于这种地面交通疏解困难、管线复杂、明挖法难以试点的通道优势很多。其后，该工法还应用到文化公园站、海珠广场站、天平架站、长湴站等施工作业中。

设计组是一群有担当的人。再大的困难，都无法消磨他们勇毅前行的志气和决心，更无法阻挡他们逢山开路、遇水架桥的执着与坚韧。

设计组的工作贯穿始终，是一场漫长的苦行。一次又一次的方案修改，一次又一次的设计审查，让 204 大院 5 楼经常彻夜灯火通明。日夜流转，就在这一次又一次的推进中，总体涂旭炜病倒了。这是让人恻然生敬的工作强度，许多个日夜，总体组奋战到凌晨三四点，便随便用海绵垫子铺在冰冷的水泥地上，寝于单位一隅。第二天再重复这样的日子。

到如今涂旭炜都心有余悸地记得，每次设计审查后，仿佛渡劫的他，都要结结实实在家里躺上两天，才能缓过劲来，再投入下一阶段的工作。工作强度已经到了这种地步。日复一日，夙夜攻坚。幸好，这是一支非常优秀的队伍。王静伟、饶美婉、方刚、涂小华、李颖慧、丁习富、曾大勇、韦青芩、李隆平、蔡玉妙等都在这条线路上燃烧着自己的青春。联合总体铁二院也配备了实力强劲的技术骨干，整个联合总体组把“绳”紧紧拧到了一起，劲使到了一处。

从 2004 年底到 2009 年，涂旭炜一直担任一期、二期总体。一期做到施工图基本完成、土建开工建设了一部分，6 号线二期工程的工

浔峰岗停车场整装待发的车辆

可研究报告也完成设计。彼时，广州地铁总公司成立广州中咨城轨工程咨询有限公司。于是，涂旭炜脱离“苦海”，去了广州中咨城轨工程咨询有限公司担任总工。

6号线马拉松的接力棒，交到了第二任总体贺利工手中。在他的带领下，6号线迎来了一期工程的开通，二期工程的初步设计，最终迎来了首期、二期全线通车。

6号线的总体贺利工，也是随设计院栉风沐雨、共同成长的技术专家。建设2号线时，贺利工担任集中供冷系统的专业负责人，之后担任5号线机电副总体，直到6号线担任总体。在丰富的实战经验中，贺利工形成了一套关于总体工作的方法论。他认为，一位合格的总体必须要有综合性的认知，要有风险判断和关键点的预判能力，还要有多专业知识系统融合的能力。

理想和信念，坚守和奉献，绘就了地铁人人生最美的底色。

此时，6号线首期的建设工作已接近尾声，但有一个问题一直困扰着大家，那就是6号线4节编组的问题。

6号线首期规划长度是24.5km。由于城市的发展，特别是广州东部城区的发展快速，相关部门提出广州市轨道交通线网要向黄埔方向

发展的要求。此时相关部门就在决策，到底是 4 号线向东延还是 6 号线向东延。

经过一系列的考察分析，最后决定 6 号线继续向东延。但是 6 号线如果东延，其线路长度就变成了 42km。在原来的线网中，6 号线只是一条珠江北岸的辅助线，东延的决策对 6 号线的系统制式提出了更高的要求。

轨道交通的延伸会带来运能的变化，这对之前的车型和行车组织都提出了更高的要求。贺利工在接手首期工程总体工作后，在施工图设计阶段仍反复提出的问题就是 6 号线的运能到底够不够。

对于一条 42km 长的辅助线，其功能定位是否需要调整？外界对 6 号线运能的质疑声不断。因此在 2009 年之前，总体组一直在研究车辆编组能否扩编。总体组做了大量的分析，也提出了扩编的方法。扩编对 6 号线设计工期的影响巨大，还会带来中心城区更多的拆迁工作。

在这个过程中，还存在首期工程和二期工程同步推进的情况，总体组面对这些难题不说是焦头烂额，也绝对是感到困难重重。针对运能问题，最后总体组提出了一些解决方案，虽然不能说是突破性的，但起码解决了一些问题，有一定的创新性。

通常，在车型不变的前提下，提高系统运能有两种方式：一是加长列车编组，维持原有开行对数；二是列车编组不变，增加原有开行对数。这两种方法都难以实施，选择第一种方式，对于已经开展土建施工的 6 号线而言，需改造车站、增加拆迁、调整线路；而选择增加开行对数，由于大坦沙站—如意坊站区间和部分需要改造的地下车站已完成主体结构工程，也难以实现。

怎么办？总体组只有将解决办法纳入二期的措施中。比如，在植物园站预留拆解条件，以便在新的线网中能把首期工程运能不足的问题解决。若未来线网加密，客流增长未突破 6 号线系统运能，则维持贯通运营不变；反之，则在植物园站对 6 号线进行拆分，形成 2 条独立线路分别运营。

在植物园站以东，土建施工规模是按照 6 节编组来设计的，因广州东部的发展潜力巨大，从新一轮规划来看，未来广州规划发展的重点也是东部。现在看来，当时预留 6 节编组的规模、按照 B 型车的技术条件，是为未来线网做好了准备，打下了基础，算是一个解决方案和弥补措施。同时，这个措施也为新线网中 20 号线南向做了预留。

城市高速发展，线网不断织密。虽然预留拆解条件并不是一项可大肆推广的技术，但正是这些为未来系统做的点滴的深入考虑和预留，使得 6 号线首期和二期工程得以顺利推进。

车站的设计也和以往建设的线路不同。比如如意坊站，为环线做了换乘的预留，规模也比较大，站台宽达到了 26m。由于采用 4 节编组，车站的长度比较短，怎么与未来 A 型车的车辆进行换乘？换乘空间和换乘流线的组织都是设计的重点。

海珠广场站是 6 号线和 2 号线的换乘站，同样存在 6 节编组 A 型车和 4 节编组 L 型车运能的匹配问题。在如此大客流情况下，怎样才能保证乘客有序快速疏散？总体组在充分研究的基础上，提出了单向客流的组织方案——2 号线换乘 6 号线和 6 号线换乘 2 号线均单向组织。通过分析，单向的通道能力要比双向提升很多，不会出现对冲的情况，实际上提高了通道和换乘空间的通过能力。

海珠广场站还有一个特点。为了实现和 2 号线的便捷换乘，机电系统做了大量的“手术”。2 号线和 6 号线单向的换乘通道位置原来设有通信信号的设备房，但为了保证换乘功能，改造了 2 号线的信号用房。

要在不停运的情况下改造与行车相关的设备用房，难度是相当大的。为了保证换乘功能和换乘品质，总体组克服一切困难。由于 2 号线已运营多年，在把这些房间迁移到其他地方的同时还要保证 2 号线的正常安全运营是关键步骤。总体组通过努力实现了换乘功能，把既有 2 号线的设备房成功迁移并保证了 2 号线的不间断运营。

在有限的空间下，做好相应的流线组织来解决大客流的问题，整体运营达到了设计预期。历经漫长岁月，从 6 号线的规划设计阶段到后续的建设移交运营，设计院最终完成了建设任务。

6 号线的困难是多样化的，但因为一体化运营的理念，设计院有一个先天优势，就是能够不断收到运营部门有关列车运行过程中设计不足的反馈。总体总包的成果就是建设过程中不论遇到什么情况都可以不断修正，解决设计过程中存在的一些问题。6 号线二期建设能够及时调整行车组织、满足大客流需求，正是通过发现问题、解决问题实现的。

未来，随着线网不断织密，地铁的发展趋势必然是埋深加大。这意味着在超密的老旧房屋区域，在超深的地层深处，总体组将完成又一次的超然跨越。

第十章

储能式有轨电车的惊艳亮相

海珠新型有轨电车试验段在储能式有轨电车关键技术集成方面，达到了国际领先水平，在世界有轨电车项目中具有里程碑式的意义。

盛放如燃烧般的木棉花，团团簇拥于珠江之畔。而一辆辆有轨电车，穿梭在烂漫的花影中，延绵江畔而行，它的轨道藏在深翠的绿坪间，灌木矮山墙是它的围栏；它行驶掠起的风吹动四季的芳植，为它熏香增色。它是刻意雕琢的城市景观，它是绿色生态之友，它也是市民出游的惬意选择。

它就是广州市海珠新型有轨电车试验段，被中央电视台喻为“羊城最美的7.7公里”。海珠新型有轨电车试验段有何魅力，值得被如此肯定?

“羊城最美的7.7公里”

时间回到2012年。伴随着《广州市城市轨道交通近期建设规划（2012—2018年）》获批，广州地铁在2012年迎来了前所未有的战略发展机遇，进入了全面实施大规模建设、大线网运营、大物业开发战略的快车道，这也是继亚运会后拉开的新一轮线网建设的帷幕。

与此同时，2012年，广州市委、市政府提出，要将海珠区打造成为一座生态宜居之城。作为广州市的地理中心，海珠区四面环绕珠江，从高空俯瞰犹如一座岛。怎样才能让海珠区具有“生态城”之实？能不能环海珠岛建设轨道交通线路，把海珠区各区域通过环线的方式串联起来？

这个任务交给了广州地铁总公司，而广州地铁设计研究院作为设计总承包，立即快速响应，成立了以姬霖为总体的设计组。

担任设计院交通规划所总工的姬霖，本身专业即城市规划，在此项目上正好发挥专业优势。按照沿海珠岛建设环线的想法，她带领设计总包组开展了一系列的设计工作。

但经过多次实地勘察，设计组对原规划产生了疑虑。他们发现，海珠区各区域经济发展并不均衡，城市生态大相径庭。西边一些地段车道过窄，紧邻江边的一些地段甚至还没通路；而海珠区以东，又是万亩果园，生态风光宜人，环线建设会不会对环境产生破坏，违背绿色生态的初衷？

出于种种考虑，项目组最终在项目建议书里提出：在环岛线路中选取一段相对易于实施的区段，先建设试验段作为示范线。

经过一段时间的选线，项目组最后决定选择起始于万胜围终止于广州塔的一段线路作为试验段。该试验段全长 7.7km，共设置 11 座车站、1 处停车场。其中，万胜围站与 4 号线、8 号线接驳，广州塔站与 3 号线、APM 线接驳。

长 7.7km 的海珠试验段，是经过多方慎重考量的结果。这个试验段位于广州核心位置，线路大体沿江边布设，历经广州塔、琶洲国际会展中心、猎德大桥、琶洲塔等重点景观地区。无论是考虑未来的城市发展，或是现在的交通情况，海珠生态城的建设都需要有一条线路作为补充。现有广州地铁 8 号线在新港东路上，但对于新港东路到江边这一段，地铁不可能再补线。

考虑和地铁的接驳关系，再加上这条选线靠近江边，沿线环境比较好，正好作为一条生态示范线。示范线重点解决区内交通问题，兼顾旅游观光出行需要，满足低碳、环保、绿色、亲民的生态要求，将有利于优化公交出行，增大轨道交通的辐射范围，使海珠区成为更加适宜人居创业的地区。

选线一敲定，试验段系统制式及敷设方式的选择便成为首要解决的问题，这将导引许多设计工作的方向。

当时呼声比较高的是高架的系统制式，比如跨座式单轨、空轨等制式。但设计组经过考察发现，如果把这一段设计成高架形式，由于线路需在江边穿行，等于是在江边筑起屏障。试验段不能很好融入环境，后续还会产生很多问题。

这时，设计组想到了一个技术储备：有轨电车。对设计组来说，有轨电车并不陌生。早在 2007 年他们就和有轨电车打过交道。当时，广州市萝岗区（现已并入黄埔区）的交通问题日渐严峻，设计院受命做过相关项目建设书。围绕实际情况，设计院认为地铁和公交方式都各有缺点，最好使用新制式来解决萝岗区的交通问题。

这时候，有轨电车进入了他们的视野，这也是以姬霖为代表的项目组第一次真正接触、研究有轨电车。为了吃透技术，做好有轨电车这个项目，在院领导的带领下，项目组远赴海外，与多家企业沟通，实地走访了多家车辆生产厂，调查了解有轨电车在国外城市的应用情况。借助大量、翔实的调查研究数据，他们完成了萝岗区有轨电车的工可研究报告。

然而时运不济，2008 年，突如其来的次贷危机，为该工程按下了遗憾的停止键，但这并不是终点，黄埔有轨电车的设想雏形与调研成果，为设计院在有轨电车方面做了丰富的技术储备，也成了技术火种。

数年蹉跎，经年沉淀。2012 年，这点星火再次被海珠区试验段点燃。经过综合比对和详细分析，项目组在海珠区试验段的车辆制式上，最终决定采用有轨电车制式，而且尽量采用地面敷设的方式。

有轨电车能派上用场，自然有它的优势：编组灵活，可根据客流自由选择；地板面低，乘车方便且工程量小；可根据景观要求采用无接触网形式；可适应不同路权要求；采用弹性车轮，噪声低；可进行工业模块化生产。

对有轨电车项目先行先试，从技术上给后续的工程做好示范，海珠有轨电车试验段重任在肩。它将为城市公共交通开辟一条新的赛道，翻开一页新的篇章。话虽如此，但此时并非有轨电车的时代，国内大部分城市还是以建地铁为主，有轨电车制式在国内还属于新鲜事物。这种制式的选定必然会遇到极大的阻力。对于制式选型的压力，设计组是有心理准备的。人们又疑虑，一方面是因为对新技术感到陌生，另一方面是担心其对城市环境和市民的生活产生不利影响。

海珠试验段周边有地标，江边又是人们的休闲去处，慢行交通都在这片区域。在这个核心区域，稍有差池极容易产生负面影响。广州市人大也质疑：在江边地上，生生建出一条线，会不会破坏既有自然城市景观，占据人们的休闲空间？

要说服别人，首先要说服自己。以问题为导向，设计组不断论证，思路越来越清晰。有轨电车不是城市环境的破坏者，而是守护者。许多发达国家在这方面已经充分实践，国外多个城市将有轨电车引入古城内、古建筑旁边或者大型步行广场内，穿行于机动车不可能到达的区域，证明有轨电车可以成为城市生态的有益参与者。只要充分考虑周边环境因素、文化因素，灵活运用先进技术，完成高标准的设计，就一定能让试验段成为高规格的示范线，成为城市生态的亮丽一景。

为此，设计组提出了设计理念：将有轨电车与环境融合。环保、绿色、环境友好是试验段最醒目的标签，也是项目组选择有轨电车不变的初心，贯穿设计始终。

在国外，有轨电车基本采取完全开放式，但在国内是全开放还是封闭却争议不断。一步跨越采用全开放式，结合国内乘客的乘车习惯，很有可能不被接受，并且容易发生交通事故，从而引起负面影响。整条线路的安全问题怎么解决？如果有人逃票怎么控制？可如果筑起隔离的高墙，弄出一些冷冰冰的闸机通道，却又不符合与环境融合的初衷。设计组依然倾向于简约一体设计。只有拿掉这些额外的枷锁，才能让有轨电车成为亲民的江边新景。

最后，设计组采取了折中的办法。综合各方因素，设计组决定把轨行区和其他区域稍作隔离，这样既能有所区分又能体现简约化。在隔离材料方面，设计组结合江边绿化面积大的特点，采用绿篱的形式。

出于同样的原因，区间轨道部分采用绿化进行铺装。广州又被誉为花城，这里的花草生命力格外顽强，它们让整座城市充满生机盎然的自然之美。用绿意修饰孤零零的轨道才能和旁边的景观带完全结合起来，不至于突兀。于是就有了这样的景观：利用江边现成的绿植改造成绿篱，轨行区间变成了草坪，有轨电车行驶其间，摇花动绿，携香带影。有轨电车犹如树林中的小火车，让人感到惬意。

采用绿篱和绿化铺装使有轨电车融入环境

因为与城市生态高度融合，在国外，有轨电车的设计也常常能够展现出城市的特色，代表城市的形象。国外城市如法国的尼斯，就将有轨电车车头做成了香槟酒杯的形状，并且有七种颜色，这些对设计组都深有启发。广州市随处可见的木棉花，正是广州的形象之一，那就把木棉花直接设计在有轨电车车身上，作为亮眼的符号，当成广州市有轨电车特殊的识别码。

无数人在车站等待，车站被无数双眼睛观察打量。这些文化符号将潜移默化地灌输其中，与城市深度绑定。为此，设计组慎重推敲着车站的设计，最后确定采用单悬挑弧形钢结构雨棚形式，在满足基本的遮阳挡雨功能的同时也使车站建筑灵动活泼，还融入了趟栊门、满洲窗等广州的文化元素。

独具特色的车站

停车场的设计也尽显匠心。7.7km 的线路并不长，但有轨电车同样需要停车场。检修是保证车辆无障碍、确保安全运行的必要程序，停车场这只“麻雀”虽小，却要“五脏”俱全。在这寸土寸金的江边，要寻找一片合适的地方作为停车场，着实让设计组犯了难。

仅是选址就多达 10 多处，最后，设计组选择在磨碟沙公园内设停车场。这本是一个有所妥协的无奈之选，公园与停车场风格本身也不太融合，但是设计组决定化腐朽为神奇，用设计去调和这矛盾的组合。

一般来说，应是改造选址原貌去满足停车场的需求，但设计组另辟蹊径，围绕公园、茶室和大树植物等既有元素，让车辆段建设风格去贴合已有现状。为此，一个新奇的设计思路出现了：将停车场敞开来，与磨碟沙公园融为一体。

敞开式停车场与磨碟沙公园融为一体

这是多么大胆的设计啊！在国内，此前从未有哪个城市，敢把停车场设计成敞开式的。停车场保留了既有古树，并围绕既有古树的位置来布置厂房。停车场与公园无围蔽隔离，并向市民开放，成为与市民亲切互动的参观展示建筑，还采用减小体量的设计手法，控制构造尺度，使之造型轻盈、材料轻质、空间通透。不仅将二者融为一体，做出了庭院式的美观布局，还保护了古树。设计组还专门请国际艺术大师在停车场进门的墙上涂鸦，在旧有风景上，凸显了新兴的文化气息。

这些心细如尘的理念创新，并没有增加成本。相反，设计组采用移动式镟床、移动架车机等改进检修设备，极力缩小用地面积，没有占用磨碟沙公园太多的空间。因用地的集约化，这条线路也成为当时国内投资最低的线路。

磨碟沙公园内设停车场的无奈之选，竟在设计组的因势利导下，成为试验段的重大亮点，为有轨电车在城市内的选址提供了新的思路。以设计之力，化腐朽为神奇，设计组在交通功能之外也为城市生态融合不遗余力。

海珠新型有轨电车试验段的最大亮点，其实是“储能式”。

广州地铁供电一般采用刚性接触网，但是海珠试验段位置特殊，如果沿用区间架空接触网，肯定会破坏美观。所以设计组以无架空接触网的供电方案取而代之。其相关供电制式也有许多选项，比如地面接触轨、地面感应和超级电容供电等制式。结合国内中车株洲电机有限公司等相关车辆集成方面的研究成果，设计组又考察了国内相关电容厂后得出调查结论，在诸多供电制式中，对于海珠试验段超级电容更有优越性。

考虑到广州雨水多，如果采用地下蓄电池，把设备完全埋在地下，势必对设备有一定的影响，其安全性得不到保证。而储能式超级电容制式相对安全，还可以反馈 80% 的电能到网上。这种制式最大的优势是可以快速充电，停靠车站时只需要短短 30s 就能完成充电，且续航里程长，在区间运行时不需要额外充电，避免采用架空接触网方式对环境的破坏。

最终，设计组选择了储能式超级电容制式。

当然，启用一项新技术，特别是最初并不成熟的技术，自然也会引发一些疑虑。如果这么长的距离全线采用超级电容，可靠性到底会怎样呢？故障率会不会很高，会不会影响正常运营？电容充放次数增多，更换频率会如何？后期维护费用贵不贵？这种电容的安全如何保障？毕竟，超级电容从未在国内应用过。虽然在国外有超级电容供电的实例，但其应用里程极短，从未独当一面。

要负责任地解答这些疑问，只有不断进行方案比选、考察。设计组在设计车辆时，对于这种放置于车辆上的超级电容制式其实也仅停留在设计上，国内还没有一辆这样的车型。经过不断的尝试，中车株洲电机有限公司通过引进并集成西门子公司100%低地板技术和自主储能式电源技术，成功研制出世界上第一辆储能式超级电容有轨电车。

储能式超级电容有轨电车

新型有轨电车车辆宽2.65m，采用100%低地板，利用超级电容作为储能元件，区间实现无接触网运行，最高运行速度70km/h。路权采用半专用路权，平交路口简化信号系统，所有路口均实现了有轨电车信号的绝对优先，确保了整个系统的高可靠性。

新型有轨电车的特点显著：是全国首次采用超级电容作为储能装置的区间无接触网、车辆进站充电的供电系统；系统采用车载纯超级电容作储能装置，其储能过程可逆，车辆制动时产生的能量直接回馈至车载储能装置再次使用，制动能量回收率大于85%，能量的直接利用减少了能源转换过程中的消耗。新型有轨电车的成套充电装置完全自主设计、100% 国产化，技术领先；在国内首次实现了超级电容储能车利用停站时间完成充电，每次充电时间少于 30s。有轨电车仅在车站充电过程中利用站台范围内钢轨回流，解决了杂散电流对沿线管线及建筑物腐蚀的问题，对实现城市健康可持续发展有重要借鉴意义。

随着有轨电车后续的实际运营，不仅验证当时这种选择的正确性，还凸显了有轨电车的一系列优点。同时，也推动了超级电容技术在全国范围内的应用，武汉、深圳等城市相继引入并采用了这种制式。

虽然超级电容技术的实际应用让人振奋，但设计组根本无暇庆功。因为，有轨电车想要开通，还面临着其他重大挑战。

有轨电车的设计和建设过程，也是设计组与时间赛跑、与工期作战的过程。

2014 年 12 月 31 日，海珠试验段必须实现通车。时间不等人，但是该走的流程、该做的工作一样都不能少。仅是报建一项就占去了相当多的时间。相关政府部门对试验段同样存在疑虑，他们也要寻找试验段项目相关的程序和依据。有轨电车作为新鲜事物，面临的困境是国内无成熟的技术规范，无成熟的经验，也没有任何的案例可供参考。

2013 年 3 月才开始做前期项目建议书、工可研究及初步设计……流程走毕，整个项目正式开工已是 2013 年 11 月。也就是说，工期满打满算，也就一年。时间紧、任务重。因为没有人有经验，所以只能进行无数次的解释和讲解，无数次的方案设计和调整。正是在一次次的磨合中，项目才得以一步步推进。“难也是如此，面对悬崖峭壁，一百年也看不见一条缝来，但用斧凿，能进一寸进一寸，得进一尺进一尺，不断积累，飞跃必来，突破随之。”华罗庚如是说。

由于有轨电车试验段采取地面敷设方式，不仅涉及众多协调单位，沿线需要考虑的控制点也比地铁多。试验段沿线主要控制点有珠江治导线、琶洲大桥等桥梁、琶洲涌、磨碟沙涌水闸、会展鱼尾形过街天桥、220kV 高压电塔、广州塔水幕墙、珠江琶醍等。

特别是琶醍段，堪称整个设计过程中最大的难点。至今回想起来依然令亲身经历的设计者们生出喟叹。琶醍原是一个旧码头，有220m 属于悬空结构，有轨电车要从此处过必须解决几个问题：这种悬空结构能不能用，要不要拆？如果要拆，工期够不够？

而且，琶醍刚好位于整条线路的中部。工期赶不上，从琶醍到起点和到终点都是几公里，开通肯定成问题。号称“示范线”的海珠有轨电车线路如不能按时开通，还能被称为“示范线”吗？一想到这些，设计组就压力巨大。

琶醍这一段有很多酒吧，是把有轨电车架起来，还是把酒吧架起来？酒吧老板对此也有很大顾虑，害怕对他们的经营造成很大影响。酒吧老板希望这一段采用高架形式，把影响降到最小。琶醍段大部分在江边，水务部门对此也有相关要求—— 距江边 30m 内均为江堤的保护范围。但线路不是所有的敷设都离江边很远，有些离栏杆非常近，这些地方就涉及堤岸保护问题，如果不落实好对既有江堤的保护措施，水务方面是不会同意线路从此处过去的。

就琶醍段的敷设方式，同多方协调了一年多，这一段采用地面形式还是高架形式，是在琶醍段通过还是不得已绕开琶醍段，是否可以改到平行的另一条阅江路上？设计组考虑的是，如果这一段从地面而来，工期可以大大节省；再把这些酒吧店面架起来，视野会更好，对酒吧的生意有促进作用，这个方案应该可行。

琶醍原来的啤酒厂将进行搬迁。车站设计时对为啤酒厂服务的运煤通道及水泵房均做了保留，其中红色大桁架设置为遗址，水泵房原址保留了框架，改造之后成为车站，再重新为啤酒厂建水泵房。总体组要在极短时间内把所有改造上的事情全部做完，只能一次又一次协调和沟通，时任市长也亲自带队多次去琶醍段现场沟通协调。

经过多方努力，事情终于有了转机。2013 年 11 月，敷设方式最终确定：琶醍段采用地面形式。这是整个工程的一个重要节点。但对设计组来说，最重要的是这一段到底该怎么建，这一段旧码头到底该怎么办。为探究竟和寻求解决方案，设计组多次坐船下到珠江江面，专门研究这段码头的悬挑结构，220m 的长度不算短，如果全部拆掉重新建桥，要花相当长的时间。

在进场拆迁之前，设计组未雨绸缪，请院专家及领导一起研究方案，提前做好技术储备工作。

在方案的具体设计上，设计组先做了几个大类。围绕旧码头是全部拆除，还是部分拆除，对每一种方案都做了详细的预案。基于检测评估结论及现场情况分析，院专家及领导判断可以采取部分拆除的方案，而这种方案也能缩短工期。

但旧码头到底能不能利用还是要请专家做全面的评估。在评估会之前，设计组把几大类的几十个方案全部做得尽可能详细，保证专家评定其中任何一个方案，设计组都能立刻拿出具体实施方案，立即进入实施阶段。

幸运的是，专家评估的最终结论与院专家及领导的意见一致，专家们指出，对旧码头可以实施部分拆除，但后期要加强相关监测。此时已是 2014 年 10 月，再过两个月，海珠新型有轨电车试验段就要试运营。更紧迫的是，琶醍直到 2014 年 12 月 1 日才进场拆迁，但通车时间就定在了当月的 31 日，留给施工的时间实际只有 30 天。

倒计时的滴答声愈发紧促。在步步紧逼之下，设计组万不得已又做了一份预案：把琶醍站当临时的终点，两头出发到这里折返——从广州塔到琶醍之后就折返回去，从万胜围过来也需折返回去。

在大家的努力下，这一区间最终贯通。但因为车站位置拆得太晚，只有采取直接通过琶醍站的办法。12 月 30 日试验段试运营的前一天，这对海珠新型有轨电车试验段的设计总体姬霖来说，完全没有尘埃落定前的期待，只有忐忑与焦虑重重。

因为琶醍段进场施工实在太迟，在 12 月 30 日这一天，琶醍段的草坪甚至都还没铺上。

满场都是劳作的人群，这些人群中不只有工人，还有设计单位、业主单位的人员……所有人员都全副武装、齐齐上阵，所有人都在为第二天的试运营不遗余力，这洒满汗水的一天，是如此漫长又短暂。

2014 年 12 月 31 日上午 9 时，随着一声响亮的鸣笛，第一班有轨电车从广州塔站缓缓驶出，海珠新型有轨电车试验段开通试乘。有轨电车与周边的珠江、建筑融为一体，成为广州塔至万胜围沿线一道移动的风景。

在与自然合二为一的绿意下，在万般艰苦的跋涉之后，试验段交出了让人骄傲的成绩：这是世界首条全区间无接触网、采用超级电容储能式有轨电车线路，为国内有轨电车客流量最大的有轨电车线路之一；自主设计的成套充电系统，在国内首次实现超级电容储能车利用停站时间完成充电；自主设计了智能化信号系统方案；首创了高效减振降噪的轨道设备。这一系列技术的突破，攻克了工程建设与环境友好融合的世界性难题，一举达到国际领先水平，开创了轨道交通、地面公交多层次立体交通网络先河。

自 2014 年 12 月 31 日运营以来，线路综合能耗保持在惊人的每列车公里 2.75kW・h 的水平，仅相当于家用电热水器 1h 的能耗。线路设计极大减少了城市交通能源消耗和碳排放，为实现广州市能源中长期规划目标助力良多，兑现了环保绿色的承诺。

鉴于这些成就，项目先后获得全国优秀工程设计轨道交通一等奖，广东省市政行业协会科学技术奖特等奖，广东省优秀工程勘察设计奖一等奖，城市轨道交通技术创新推广项目，广东省优秀工程咨询成果奖二等奖，广州市优秀工程勘察设计大奖、一等奖。获得发明专利 1 项，实用新型 12 项，计算机软件著作权 2 项。

它不仅仅是一条硬核且先进的轨道交通线路，还是国内首条低碳、环保、绿色、亲民的人居生态线，加快了广州城市的可持续发展步伐，提升了广州宜居城市生活品质，写满了人与自然和谐相处的寓意与祝福，是奔驰着的地域美学与地区历史文化。

001A

第十一章

“走出去”战略的巨擘蓝图

“走出去”战略，是广州地铁设计研究院未来发展的关键一步。广州地铁设计研究院在积极推广广州地铁建设经验，助推轨道交通事业蓬勃发展的同时，也为自身的可持续发展增添了强劲的动力与活力。

1993—2003 年，是广州地铁设计研究院的第一个 10 年。他们奋力追赶，从“跟跑”到“并跑”再到“领跑”，这是迎难而上、砥砺奋进的 10 年。他们追逐光，也成为光。从 2003 年到 2013 年，这是广州地铁设计研究院的第二个 10 年。他们以苦干实干的姿态、勇于创新的精神，敏锐捕捉翩然而至的时代际遇，再次成就了一个非凡的 10 年。

每 10 年相当于一个时代，与城市大发展同步，总有里程碑式的遇见。一张交错有序的大局网，一条飞驰不息的地下长龙，带着地铁加速梦想下的融合与共生，广州地铁设计研究院始终笃行不怠，丹心如故。

前瞻，才是战略。如何踏准广州地铁建设的每一个 10 年，是广州地铁设计研究院从战略层面要思考的问题。从广州地铁 1 号线“三站两区间”的工点任务，到广州地铁 2 号线作为联合总体总包的牵头单位，设计院从没有辜负任何一次成长的机会。屏蔽门、刚性接触网的创新应用，70% 国产化目标的实现，2 号线获得国家科学技术进步奖二等奖实至名归，它是中国轨道交通建设的典范。

2003 年，国务院颁布《关于加强城市快速轨道交通建设管理的通知》，将中国轨道交通发展带入增长的“快车道”。在广州获得 2010 年亚运会举办权后，一系列配套建设迅速规划启动，广州地铁必须在亚运会开幕式前完成 6 条地铁新线的建设。这 6 条地铁线路，成为设计院积累经验、培育人才、创新技术从而实现腾飞的重要契机。

通过广州地铁 3 号线的第一次独立总体总包，设计院创新设计出时速 120km 的地铁快线；广州地铁 4 号线，采用了全世界首个中大运量的直线电机运载系统；广州地铁 5 号线的“先隧后站”；运营中的 2/8 号线成功拆解；全国第一条无人驾驶的 APM 线；国内第一条全地下的广佛城际线……

前方路程曲折，但广州地铁设计研究院从未止步。面对诸多挑战，广州地铁设计研究院秉持“敢为天下先”的英雄气魄，不畏艰苦，团结一致，科学组织施工，突破一个又一个技术难题，在“不可能”中创造出一个又一个奇迹。每一个项目都是考验，也是不断夯实设计院乃至整个广州地铁技术储备和人才培养基础的过程。设计院立足前沿、不断拓展深化团队，与时俱进。在这些渐进式的加压“锻炼”中，培养了一支技术精湛、勇于创新、具有强烈企业责任感的年轻设计队伍。在他们身上，“朝气、才气、正气、和气”四气俱备，尤其是不惧艰苦，敢于吃苦，更是难能可贵的品质。这支设计队伍是整个广州地铁的人才与技术储备库，承载着现在和未来广州地铁业务创新规划的重任。源远则流长，根深则叶茂。广州地铁设计研究院深挖青年人才“蓄水池”，持续推进人才战略，推动自身高质量发展，为走向更远的未来做好充分的准备。

广州地铁集团原副总经理刘光武

未雨绸缪，遇事方从容。早在广州地铁 3 号线、4 号线建设正酣时，设计院领导便已经开始考虑未来发展之路。此时，由于总工陈韶章年岁渐大，集团副总经理刘光武开始分管设计院，刘光武于 1995

年进入广州市地铁总公司开始广州地铁1号线的建设工作，对广州地铁设计研究院的发展历程一清二楚。

刘光武对设计院可以说是“又爱又恨”。“爱”的是设计院虽然年轻却一身拼劲，在短短十数年内，稳扎稳打，完成了广州地铁交给他们的每一项任务，从籍籍无名之辈，到逐渐崭露头角，未来可期。而“恨”的是设计院体量实在有限，人员配置偏少，专业覆盖不够齐全，难以全面回应总公司的服务要求。

此时，广州地铁总公司负责划拨1/3的工程量给设计院，保证设计院“饿不死”，但要“吃得饱”，则需要设计院自力更生。

走出广州地铁，走向祖国广袤的山河，布局全国市场的思路开始出现。但这是一个极其艰难的决策过程，是一个矛盾体。一方面，广州地铁多线建设，设计院任务繁重，再要抽调人员布局全国市场，确实是应接不暇，但设计院如果一直局限于广州本地，无疑对未来的发展极为不利。广州地铁总公司领导为此展开了多次激烈的讨论甚至是争论。最终，从大局出发，广州地铁“走出去”战略赢得了更多认可，如果能走出去，那必然是一个双赢的局面：全国的市场需求将为设计院可持续发展注入源源不断的生机，而广州丰富独到的先进技术和优质的服务也将助力全国轨道交通建设。

“走出去”战略，成为广州地铁设计研究院发展的关键一步。这是一条漫长、崎岖却前景灿烂的新征程，草蛇灰线，伏脉千里，在一个个历史际遇到临之时，彻底改变了设计院的未来。

大浪淘沙，惟坚韧不拔者勇立潮头；中流击水，惟奋楫笃行者一马当先。

由于市场规模、创新、行业地位都不能走到最前端，设计院遇到了发展的瓶颈，设计院要发展，仅仅局限广州一隅是不够的。“走出去”到全国广阔的地铁市场，这条路必然荆棘密布。在决定未来命运的十字路口，2005年，广州地铁总公司总经理卢光霖和陈韶章、丁建隆两位副总商量后决定，委任总公司副总工徐明杰和工会副主席张小嬿为新一届设计院领导班子。这一着棋出其不意，甚至让人不明就里。此时，徐明杰已经到了退休年龄，而张小嬿出身行伍，履历也与设计院本职经营“不沾边”，这种安排合乎常理吗？

对总经理卢光霖来说，他在用人方面首要考量的是一个“德”字，无论是丁建隆、何霖还是竺维彬、刘应海、张志良等一大批地铁公司分管领导，他们都具备优秀的品质：人品好。同样，在广州地铁1号线杨箕站—体育西路站区间的一次抢险中，通过与徐明杰近距离相处，卢光霖发现，徐明杰不仅人品好，知识面广，综合判断能力也很强。虽然他是机电专业出身，但对土建类也相当熟稔。卢光霖正需要一位在技术上镇得住、在领导上拢得住，能够跟外界充分交流的管理人才。

广州地铁设计研究院顾问院长、第四任院长徐明杰

确定院长人选后，设计院党委书记的配备也同样重要。当时设计院年轻人多，年轻则气盛，如果单靠一个纯技术人才去管理这些思想活跃的下属，管理上可能会出一些问题。这时，卢光霖看准了工会

副主席张小嫦。她从部队转业到广州地铁总公司后，先在运营部门工作，后来又去了工会。她善与人交流，特别有亲和力，容易与年轻人打成一片。对于“人”的工作张弛有度。虽然张小嫦对设计院的了解尚待加强，但她在协调大局方面展现的工作能力，还是被独具慧眼的总公司领导发现了。

冬去春来竞朝晖，自强不息展宏图。徐明杰院长和张小嫦书记这两位不寻常的领导者，组成了“黄金搭档”，带领全体员工谱写了属于设计院的“出埃及记”。

广州地铁设计研究院原党委书记张小嫦

徐明杰和张小嫦到任不久，就坚决提出了“走出去”战略：广州地铁设计研究院现在不走出广州，到国内其他城市开展设计项目，别的设计院等到时机成熟就会去，那么，广州地铁设计研究院将会失去最好的发展时机。他们认为，“走出去”战略，其实就是迫于形势，没有豪言壮语，没有远大的理想，只有迫于“活下去”的压力。你不亮剑，谁懂得你？

市场就那么大，你不去占领，别人就会占领。何况机遇从不等人，一旦错过了市场的风口，没有打造出属于自己的品牌，就失去了蝶变的最佳时机。虎踞龙盘，天翻地覆，再想入局只怕为时已晚。当时，许多人没有明白“走出去”的深意，到后来才渐渐懂两位领导前瞻的视野与格局。

如果不走出去，广州地铁设计研究院就是一个地方院，在整个大行业产能严重过剩的情况下，随着地铁建设热潮褪去，其或许被收购，或许在市场份额慢慢萎缩中艰难挣扎，甚至最后消亡亦有可能。只有把体量做大，市场盘活，才有赢的机会和活下去的机会。而最终，所有的竞争一定会回归到核心能力的竞争，设计院的创新能力也将决定它能做多大、走多远。

国际化尽管征途漫漫，但与国内相比，海外蕴藏着巨大的市场需求。走出广州，走到全国甚至世界的舞台，设计院可以获取最新的资讯和技术。对于广州来说，设计院实施“走出去”战略及获取的这些先进经验，可以反过来促进广州地铁质量更优、更具技术先进性，对广州的自我造血也极有意义。

虽然外地的地铁市场竞争激烈，但广州地铁设计研究院有自己的特点和优势。一是先进的技术与丰富经验，二是设计院想要以“新变求新生”的驱动力，三是外地市场需要这支充满活力、技术精湛、敢于创新的队伍。

点灯守护，共赴山河。一个开明有为的领军者，在“走出去”的过程中常常发挥着关键作用，广州地铁总公司历届领导正是如此。他们开放的思想对设计院是极大的支持，无论是总经理卢光霖、董事长丁建隆还是党委书记吴慕佳等，在设计院承担着广州市轨道交通线网建设的繁重任务时，依然全力支持“走出去”战略。何霖作为主管运营的副总经理，后来担任广州地铁集团的总经理，他曾经说过：广州地铁设计研究院不是一千多人的设计院，而是 3 万人的设计院。他把集团 3 万多员工视作设计院坚强的后盾。

广州地铁集团原总经理何霖

漫步于峥嵘岁月间，广州地铁设计研究院彰显着它的芳华荣绩。

广州地铁设计研究院有别于其他设计院的一个明显的优势就是广州地铁一体化的运营模式。通过这种模式，设计院可以随时了解运营存在的问题、痛点和需求。设计的产品在运营中有哪些需要完善改进的地方，运营部门会第一时间给出信息和资料。如果设计院在外地碰到一些运营的困惑和难题，都及时会派技术人员前去解决。在项目涉及运营的组织架构、运维的策略还有培训等困难时，广州地铁总公司亦鼎力相助。

有广州地铁总公司作为坚实的靠山，广州地铁设计研究院在“走出去”战略中底气十足。徐院长又开始更深远的思考：设计院该怎么做才能走出去?

“走出去”的工作千头万绪，而最重要的，是展现设计院自身强大的竞争力。如何向新客户全方位展现广州地铁设计研究院的优势呢？标书便成了最关键的载体、最亮眼的名片。针对每一个项目，设计院都以近乎严苛的态度，围绕城市地域与项目本身，依托广州地铁十数年的成功经验去回应各地业主最迫切的需求，力争打造出让业主满意的标书。除此之外，面对面的深入沟通，也是必不可少的宣传渠道。设计院以锲而不舍的精神，反复与各地业主沟通，一是不断彰显设计院引以为傲的人才队伍建设成果，以及作为强大后盾的广州地铁总公司带给设计院的资源禀赋；二是陈述宣告设计院有别于其他竞争者脱颖而出的优势，这便是依托人才、项目与宝贵实践经验等资源，广州地铁设计研究院所具备的强大设计能力，能够快速回应业主的诉求。

开拓外地市场的首站是成都。刚开始，外地市场对广州地铁设计研究院是有偏见的，他们认为一个地方设计院，如果不是背靠广州地铁总公司是无法存活的。对广州地铁设计研究院的这种印象和看法，充斥在设计院“走出去”的整个前期。这让院长徐明杰感到难受，但并没有浇灭他的热情，反倒激发了他的斗志，何况他一旦认定了某件事情就会无所畏惧，排除万难。就是这份执着与责任，在以后的岁月里，对设计院的未来产生了深远影响。

功夫不负有心人。成都地铁 186 万元的 AFC 标，成为设计院在外地的第一个项目。对于这样一个小标，一些当地设计院劝导广州地铁设计研究院最好不做，否则机票费都有可能不够。但设计院对于这个来之不易的首个外地项目非常珍惜，尽管项目小、费用少，但还是咬着牙把这个项目做了下来，即使亏本也要交出一份满意的答卷，这是设计院走出广州至关重要的一步。现在回头看，在今天如此大体量的设计院面前，186 万元不过是九牛一毛，但在当时，却是举足轻重。这个小项目，撬开了广州地铁设计研究院走向外地市场的大门。曾经的一小步，却是未来迅猛发展的一大步。

其后，在武汉地铁市场，设计院同样如此，小项目也是项目，虽然是小步前进，但不积跬步无以至千里。自刘智成和农兴中担任副院长以后，农兴中分管本地的生产经营，外地的生产经营交由刘智成负责。院长徐明杰、党委书记张小嫱、副院长刘智成组成了一个最强的组合，他们顶着各种反对的声音，外拓的思想出奇一致。

院长徐明杰是享誉全国的知名专家，解决了行业内的很多技术难题，党委书记张小嬿在鼓舞士气方面起了很大作用，副院长刘智成市场意识很敏感，用最小的资源换取了最大的市场：“只要有一条很小的缝，我就有信心、有能力把它不断扩大并打开，进入里面广阔的天地。”虽然广州地铁设计研究院是地方国企设计院，有着天然的劣势，但副院长刘智成依然用自己的专业赢得了别人的信任，在外地有需求和困难时带领团队及时顶上，不拘小节。

设计院领导层首先把眼光投向了西安和南宁，徐明杰院长带领贺斯进等精兵强将亲自操刀，通过方案竞赛的方式，对西安的文物保护、地裂缝等特殊的技术难题提出了自己独到的想法，获得了西安地铁的信任和好感。2006 年 7 月，设计院在西安地铁 2 号线中标了 5 站 4 区间、4 个机电系统的工点标，虽然只有 800 万元的设计费用，但设计院依然全力以赴。

2007 年 10 月，设计院成功中标南宁地铁 1 号线、2 号线工可研究和设计总体总包项目，合同额超过 1 亿元，这是广州地铁设计研究院在外地拓展的第一个总体总包项目。

南宁地铁 1 号线、2 号线工程签约仪式

2009 年 9 月，设计院中标国内地铁行业最大的设计项目——深圳地铁 9 号线勘察设计总承包，6.47 亿元的天价合同额，让深圳地铁 9 号线成为全国设计“第一标”……

业务繁荣之后，另一个矛盾却凸显出来。承接外地的业务，意味着设计院的员工必须要频繁出差。一个项目前后历时数年，负责项目的员工都需要远离广州，常驻外地许多年。这对许多员工来说难以接受。他们当中许多人，原本就来自五湖四海，选择留在广州，本身也是深思熟虑后的抉择。现在前脚刚落地，后脚便要离开，重新过上“颠沛”的生活，大家还是有情绪的。

该派哪些员工去外地，哪些员工驻留本地？本地业务和外地市场如何取舍平衡？如何说服员工、解决他们的后顾之忧，并为他们提供一切可能的帮助？

2011 年 1 月，刘智成接任院长，和党委书记农兴中组成第五任领导班子，随着外地市场份额的进一步扩大，“走出去”战略的必要性和困难也一并凸显。领导经过深思熟虑，决定实施三个政策倾斜：向外地倾斜、向一线倾斜、向工程技术人员倾斜。

一方面，人员晋升提拔，原则上需要有外地工作经历；另一方面，努力提高外地的待遇，提高出差补贴的梯度，由原来 120 元 / 天提高到 160 元 / 天，甚至 180 元 / 天。后来又进一步优化，为鼓励长期出差，将出差时长划为几个档位，出差时间越长的，每一天的补贴、差旅费、公杂费标准就越高。经济效益、晋升空间和思想工作多管齐下，不愿意出差的问题得到了解决。没有了后顾之忧，设计院的外地业务拓展速度飞快，从成都、武汉、南宁、西安逐渐波及全国 40 多个城市。

2013 年，设计院新的领导班子成立，许少辉由广州地铁总公司调任设计院任党委书记，加强了设计院与总公司的联系，组成了以董事长徐明杰、院长农兴中、党委书记许少辉为主的第六任领导班子。班子人员在交替，然而历任院长和领导班子，都坚定地接过巨擘画笔，共画这张开拓进取的蓝图。

他们坚定地接力贯彻“走出去”的战略，在可持续发展的路上稳健前行。直到今天，以现任党委书记、董事长农兴中和现任院长王迪军为领导的设计院班子，依然从未放松过对“走出去”战略的部署。经过数年研究和实践，他们对全国区域市场的战略布局更加成熟，外地市场份额稳步扩大，与各地方的合作进一步加深。

如今，广州地铁设计研究院在全国设立了华东分院、西部分院、华南分院、东南分院、中南分院、华北分院，每个分院对设计院来说，都有其独特而重大的意义。

在西部城市的布局上，随着西安工点项目的成功，2011 年 2 月，设计院迎来了在西部的第一条总体线——西安地铁 4 号线。其后，设计院成功中标西安地铁 15 号线、西户铁路改造、郑州地铁 6 号线等总体线路，郑州、成都、洛阳、徐州等西部 6 个分院陆续成立，统一划归西部分院管理。设计院从此扎根西部，一个最靠南方的设计力量能被当地接受，非常难得，设计院在西部的探索和发展，在设计院的发展历程中具有标杆意义。

对于南宁等中南地区的拓展也是如此。南宁作为东盟博览会的永久举办地，是“一带一路”沿线的重要城市，自设计院南宁 1 号线、2 号线总体总包成功中标后，南宁分院承揽了 7 条总体总包线路；长沙分院将长沙地铁 4 号线、5 号线、6 号线等 5 个总体总包项目收入囊中；在南昌地铁市场，不仅取得了两条线的总体总包任务，还和业主成立了合资设计院。在中南片区，总体总包数量达到十几条线路，能够成为一条地铁线路的设计总体总包，本身就是对设计院能力和服务的最大肯定。

华南片区同样没让业界失望。从全国第一条全地下的城际轨道交通线——广佛线开始，到 2009 年 9 月设计院中标深圳地铁 9 号线的全国设计“第一标”，成绩的背后永远是不断的付出和不断的挑战。其后，基于车车通信的深圳地铁 20 号线总体总包等总体总包项目，设计院实现了辐射华南的战略目标，成立了深圳分院、东莞分院和佛山分院，统一归华南分院管理。2016 年 6 月，由广州地铁设计研究院和佛山市地铁集团共同出资组建的佛山轨道交通设计研究院正式成立，翻开了深化合作的新篇章。

华东分院作为广州地铁设计研究院在华东区域的分院，是非常重要的一个分院。长三角、珠三角、京津冀三大城市群，是中国经济最发达的地区，也是轨道交通最多的城市群。在华东地铁市场，2010 年，设计院中标南京地铁机场线，2014 年 7 月 1 日，南京地铁机场线通车，成为设计院在外地总体总包第一条通车的线路。苏州分院则在短短几年时间，实现了苏州地铁 5 号线、6 号线、8 号线等 5 条地铁线路的总体总包，战斗力爆表。宁波地铁 3 号线、无锡地铁 3 号线、济南地铁 9 号线等战果丰硕。由此，南京分院、苏州分院、宁波分院、无锡分院、常州分院、济南分院归属华东分院。

在东南片区，随着福州地铁 2 号线、4 号线、滨海快线等 4 条线路的总体总包项目落地，东南分院总体总包市场占有率居六大分院前列。不仅如此，福州地铁 4 号线是福建省首条采用国际自动化最高等级 GoA4 的全自动运行线路；滨海快线是福建省首条实现公交化运营的城际铁路，也是广州地铁设计研究院第一次中标设计的城际铁路。随着福州分院、厦门分院、泉州项目部以及漳州办事处的相继设立，设计院在东南片区展现出蓬勃发展的态势。

而在位于祖国心脏的华北地区，设计院也成立了北京分院和天津分院，一系列的设计任务正在有序展开。由此，设计院辐射华南、面向全国的目标已经实现，六大板块错落在祖国各地，拼成了一幅完整的版图。设计院的六大区域分院，对其在新阶段的可持续发展，起到了奠基式的作用。

这项伟大战略的成功归功于所有的执行者们——每一位常年奔波客乡的同仁们。即使“走出去”战略配套了激励政策，给予了上升通道，但员工们对组织的付出，依然让人感动。为了执行这项战略，他们有的错过了孩子成长阶段的一个个重要环节；有的在汶川大地震时坚守工地，负责汶川震后的重建工作；有的刚分配到广州，就远赴各地项目部……

即使多年后，当年的院长刘智成已经成为广州地铁集团的董事长，说起这段经历时依然感慨良多。自从 1994 年 7 月本科毕业，他就来到了设计院，从此一干就是 19 年半，对设计院有着强烈的归属感。从副总体、室主任到总体再到总体部的副部长，从设计院的副院长再到院长，不论是专业的成长还是管理能力的提升，他都对设计院怀着感激与深情。

刘智成和当年一起打拼的伙伴们在回忆过去时，由衷地说：我当时是“骗”了你们。第一是把你们骗出去了；第二当时出差制度是 3 年，但后来好多人超过 6 年、9 年，甚至十多年。他掐指一数，刘健美、唐文鹏、廖景、孙增田、蒋盛钢、覃正刚、张羽、王丹平、吴梦、王世君、袁江、罗文静、贺斯进等书之难尽的员工都在外地长期工作过。其中，唐文鹏、孙增田、罗文静、袁江、王丹平、覃正刚、王世君等直到现在还在各分院坚守，无论是设计院领导，还是所长、地方院长这一层级，很多都有外地的工作经历。

正是凭借着这些不懈努力的接力坚守，广州地铁设计研究院“走出去”原本空白的版图，经无数人的走笔描线、涂染上色，前景煌煌。

“走出去”战略是一场内外的互哺。设计院到任何一个城市都毫无保留地和兄弟城市共享广州地铁创新的成果、建设运营的经验。而事实证明，“走出去”不仅带回了市场和抗压力，也带回了自我造血、自我驱动的机会。设计院把经验广泛传播至全国各地，也把其他城市的好经验带回广州，促进了全国范围内的资源共享。广州地铁设计研究院延伸了广州地铁的品牌，而设计院成立的各地分院，正是广州地铁文化传播的使者，是技术交流的载体，也是形象交流的窗口。从各地截然不同的海量案例实践中，完成了技术的突破和升华。

自 2006 年迈出第一步起，广州地铁设计研究院凭借一个个具体的项目，在祖国广袤而多变的地上与地下历练了自我，积蓄了宝贵经验，培育了综合人才，打响了广州地铁的名号，擦亮了广州地铁的金字招牌。这些累累硕果，既得益于此前十余年人才的培养，得益于人才、经验与技术共同作用迸发的创新力，也得益于广州地铁集团和设计院历代领导们多看一步的高瞻远瞩。

有一句耳熟能详且蕴含深意的格言是“机遇总是留给有准备的人”。“走出去”战略正是在稳步上升的时期，毅然跳出舒适区，所谋划的一场面向未来的深远布局。日拱一卒，功不唐捐，正是这种即便面临艰难险阻也要坚决执行的“走出去”战略，让设计院奠基以待，在历史际遇降临之时，能够顺势而上。

志之所趋，无远弗届，穷山距海，不能限也。

际遇·地铁设计 30 年

第十二章

外拓市场
历史性的一步

南宁地铁 1 号线、2 号线总体总包项目的成功实施，标志着广州地铁设计研究院在产业外拓方面迈出了历史性一步。随后，南宁地铁 3 号线、6 号线以及长沙地铁 6 条总包线路的相继推进，南昌、武汉等分院的正式成立，共同谱写了广州地铁设计研究院在中南区域发展的辉煌篇章。

人生很长，但是关键的只有几步。“走出去”战略，就是广州地铁设计研究院关键的一步。在具备走向全国基本条件的前提下，设计院面临广州新线建设工期紧、任务重，技术人员数量不足的矛盾。在本土与外地、守成与发展之间，设计院统筹兼顾，在保证广州新线建设服务的前提下，毅然选择了后者。

战略已定，不能做行动的矮子。“走出去”战略，催动设计院从过去“在家等活”转变到现在“出门找活”。不论任务大小、不管专业强弱，首先是能树立品牌，拓展市场。2005 年，是设计院对外拓展的元年。设计院在强手如林的成都和武汉地铁市场拿到了设计项目，虽然规模不大，但却为设计院“走出去”战略拉开了序幕。

而南宁地铁 1 号线、2 号线作为广州地铁设计研究院在外地的首个总体总包项目，其连续两站的同站台平行换乘、人性化设计、对南宁特有圆砾层地质条件的处理等创新设计，成为设计院“走出去”战略的桥头堡。

2005 年“十一”黄金周刚过，就在广州地铁 5 号线、6 号线建设得如火如荼时，南宁地铁一行人来到了 204 大院。他们是南宁地铁建设部门的相关领导，抱着学习的态度来广州调研和寻求合作。此时，广州地铁设计研究院在经过广州地铁 1 号线、2 号线、3 号线、4 号线的实践后，有了走向全国的强烈需求，而南宁同样需要这支充满活力、富有高度责任感的年轻设计队伍。

设计院及时抓住这个机会，成立了以欧阳长城副院长为代表的项目组，派出广州地铁 5 号线总体鲍风和行车组织方面经验丰富的孙元广等一行人，帮助南宁地铁开始线网规划的编制。

南宁的项目非常特殊，广东、广西虽毗邻，但是广西地铁起步比较晚。广西地铁业主非常信任来自广州这个改革开放前沿城市的合作伙伴。南宁地铁的建设过程，也是设计院和南宁地铁业主一起成长的过程。设计院全程见证了南宁地铁从 0 到 1 的全阶段，深度参与和服务了南宁地铁从规划理念、建设方案到实施路径的整个过程。

高负荷的工作是艰苦的。那时的鲍风和孙元广等人，住在南宁市规划管理局附近的小区里，一心埋首南宁地铁的线网规划和建设规划任务。工作从白天干到夜里，再从夜里干到白天，电灯与日光交替照亮他们的案台。在工作与起居共用的斗室里，他们知苦而不觉苦，因为每个人都明白眼下这份工作的意义。他们代表广州地铁设计研究院真正离开了过去的舒适区，去攻下一个新兴的市场。此时所做的一切，都在为设计院探索未来发展局面，创造崭新而有力的业务增长点。因而他们考虑的，是站在业主的角度，更好地规划、建设南宁地铁。设计院真诚的服务受到南宁地铁业主的好评。可以说，设计院能在南宁地铁建设市场取得较大份额，离不开一开始的用心经营。

努力终有回报，随着设计院在南宁地铁市场的不断深耕，2007 年 10 月，在时任院长徐明杰的带领下，设计院成功中标南宁地铁 1 号线、2 号线工可研究、设计总体总包项目，合同额超过 1 亿元，这在当时是规模较大的设计合同。而且，南宁是东盟十国与中国团结合作的聚会地点、“一带一路”沿线的重要节点，项目的意义已超越本身的经济效益。

南宁地铁 1 号线、2 号线总体总包项目，是设计院在省外的第一个总体总包项目，标志着广州地铁产业外拓迈出了第一步。这一步，是设计院发展的重要节点，是广州地铁向全国乃至世界展示其智慧力量的历史性一步。

事实上，南宁地铁在当时的前景并不明朗，地铁建设耗资巨大，南宁市委、市政府对于建设地铁还存有疑虑。对此，广州地铁设计研究院完全理解，从一开始，他们就不为一时的业绩所限制，并不着眼于单纯的市场份额，而是把广州地铁先进的设计经验带给南宁，以做好线网规划服务为切入点，为其提供先进的技术、规划、咨询等服务，真正做到以甲方为第一位。不管能不能建、什么时候建，不管南宁市政府层面经历了多少轮换帅，设计院始终以超脱利益、专注服务的理念，反复与南宁市委、市政府沟通交流。

作为第一家进入南宁地铁市场的设计院，在这漫长的服务时段中，广州地铁设计研究院彰显了以业主需求为先的做事态度，最终打动了业主。双方长期业务合作关系因而建立并得到巩固，广州地铁也借由南宁市场，打响了自己在业界的“好口碑”。

后起之秀南宁地铁 1 号线、2 号线的开通惊艳了所有人，品质高、人性化设计是南宁地铁 1 号线、2 号线的显著特点。作为南宁首批骨架线网的 1 号线、2 号线，实现了高品质的开通，连续两站的同站台平行换乘意义极为重大。全国现在有 50 多个城市建地铁，其中能达到连续两站平行换乘这个水平的，南宁地铁是第一个。

设计院在 2005 年编制南宁地铁线网规划时发现，朝阳广场和火车站是南宁最繁华的地方，也是人流最集中的地方，这两条线的线网规划就是两条线连续换乘。2007 年，设计院成功中标南宁地铁 1 号线、2 号线的总体总包任务后，设计组便开始考虑，既然是两个连续换乘车站，就必须保证 8 个方向都连续换乘。为此，设计组设计了 9 个方案，唯一的目的就是要保证换乘的便捷性。

连续两站的同站台平行换乘

由于两条线都要换乘，换乘方案有多种组合。如火车站前面有条道路比较宽，可以考虑双站台平行换乘；朝阳广场周边比较狭窄，如果采用平行换乘，车站将无法布置。2 号线要过邕江，对埋深有要求，可以考虑叠岛换乘（叠岛换乘有上下、平行等多种形式）。思路明确后，再考虑线路怎么去交叉。这些都需要结合周边的环境条件进行组合设计，确保组合后的换乘效果最好。国内的换乘站换乘一般是一个平行换乘，这种平行换乘只能满足两个方向的换乘，第二个站连续换乘要换过线来才可以平行。这样两站两线平行换乘，所有的人四个方向都可以同站台换乘。纵观国内外，当时只有香港地区的金钟站和港岛线能做到。

城市轨道交通线网往往先构建骨架，所以广州地铁 1 号线、2 号线客流量通常是最大的。南宁地铁在骨干线网中实现了连续两站平行换乘的功能，完美适配了这种情况，给南宁乘客提供了最便利的换乘条件。南宁地铁 1 号线、2 号线在线网的客流强度、线网的完整度方面表现优异，线网的先进性排名全国前列。仅仅这一项，就足以令时任南宁地铁 1 号线、2 号线总体的罗文静倍感自豪。此外，南宁地铁 1 号线和 2 号线的出入口、母婴室、双扶梯和少设柱等人性化设计，也是亮点频出。

南宁地铁 1 号线和 2 号线出入口方案的选择虽然历经一波三折，但最后确定的方案却效果出众。其设计简约实用，外形美观大方，与环境完全融合，两侧是透明的钢结构，装饰有壮锦元素，体现了南宁作为少数民族聚居地的特点，彰显出浓浓的壮族风情。南宁地铁的出入口是全国最漂亮的地铁出入口之一，主要原因就在于其鲜明的地域特征。后来，南宁地铁的其他出入口也都采用了壮锦这种极具民族特色的设计。时至今日，从设计和装修品质上评价，南宁地铁出入口依然是建筑的艺术精品。

除此以外，考虑乘客出行便利和未来拓展的可能性，南宁地铁 1

号线和 2 号线的出入口都做了双扶梯设计，即使没有双扶梯也预留了双扶梯的建设条件；在站厅方面，不刻意追求无柱，但尽量少设柱，其整体效果之好，视觉之通透，人性化之突出，让人震撼。

南宁地铁极具民族特色的出入口

尽量少设柱的南宁东站站厅

母婴室和洗手间的设计也是人性化设计之一。总体组的所思所想，都是怎么让南宁地铁成为高品质的地铁，比如设置母婴室的灵感，就来源于一次台湾考察之行。周到的人文关怀，体现的是广州地铁设计研究院与南宁地铁的社会责任感，也让乘客深刻感受到地铁公司的诚意，有助于提升地铁的服务质量，打造了南宁包容友好的城市形象。

其实，在具体施工中，南宁的地质情况也不容乐观。圆砾层是南宁特有的地质条件，正是这个地质条件给设计组带来不少困惑。南宁圆砾层分布极广，水量丰富，最大厚度达 30m，具有松散、强渗透性的特点，圆砾层的施工主要涉及结构问题。

实事求是地说，在前期设计时，由于附属结构离房屋近，设计组对圆砾层又不了解，所以并不确定附属结构该怎么设计。为此，设计组专门做了试验，通过总结提高了地质参数。而圆砾层很厚，不可能让地下连续墙进入下面的不透水层，那样代价太大。鉴于水很多，渗透性又大，总体组提出做降水试验，待水降下去以后视其对周边环境的影响再做决定。

业主南宁轨道交通集团有限责任公司联合同济大学、广东省基础工程集团有限公司、广州地铁设计研究院等多家单位，针对圆砾地层这种南宁邕江两岸典型的强透水复杂地层，开展专题研究，结合水文地质资料、设计和施工经验进行总结和提升，形成了在圆砾层地段施工的具体应对措施。

对明挖深基坑，采用连续墙兼做止水帷幕提高防水效果；采用冷冻加固技术，确保联络通道开挖施工安全；采用密闭钢套筒，解决盾构始发到达的涌水涌砂问题。这一整套圆砾层施工技术体系，解决了圆砾层深基坑参数取值、施工渗漏水、降水及高效开挖等难题。

南宁地铁 1 号线圆砾层强透水层的处理，确保了南宁地铁自 1 号线建设以来数百个富水圆砾层深基坑工程的顺利、安全实施并形成地方标准，其成果在国内外 15 座城市约 300 个工程中推广应用，产生了巨大的经济和社会效益。圆砾层强透水层的技术成果，获得南宁市科学进步奖一等奖、广西科学进步奖一等奖。这些奖项，建立在大量的水文地质资料、设计施工经验总结和提升的基础上。

南宁地铁 1 号线、2 号线一个个亮眼的设计，为广州地铁设计研究院争取到南宁地铁 3 号线的总体总包任务打下了坚实的基础。

在南宁地铁 3 号线的设计施工中，青秀山站格外引人注目。圆砾层、花岗岩残积土的地质条件，以及不得已的 65.4m 最大埋深车站设计，都让青秀山站建设难度陡增，成为 3 号线最大的挑战。

青秀山站 26.4m 的超长斜扶梯

青秀山站，是明暗挖结合的车站。站台到站厅的提升高度为 26.4m，扶梯一次性完成了提升。总体组设计时特地做过调研，大连地铁有一个出入口的提升高度是 21m，而青秀山站的扶梯一次提升高度达 26.4m，堪称惊人。

青秀山站的惊人之处不仅表现在 26.4m 提升高度的一次性扶梯，车站最大底板埋深达 65.4m，这个数字更惊人，青秀山站如此埋深，实属无奈之选。车站附近地势高差大，青秀山两边的道路标高 100m

有余，而不远处竹溪大道道路标高只有 70 多米，骤降 30 多米。车站站前、站后区间又先后下穿青秀湖和邕江。这个深埋车站还受到周边环境的影响，对于重要设施，设计必须要避开。凡此种种，最终形成 65.4m 的深埋车站。

对于这座华南地区最深车站，总体组经过多次实地踏勘及方案比选，最终采用明暗挖结合工法，综合利用站位所在山体地形，最大限度减少土方量及工程造价，确保了车站功能和工程投资的平衡。

南宁地铁 3 号线的地质条件和 1 号线一样，也属于南宁地区高渗透性富水圆砾层的复杂地质条件，上面还有比较厚的粉细砂，这种粉细砂和广州的花岗岩一样，都很难处理。在条件这么差的地下，怎样才能把埋深这么深的车站做出来？一般而言，地铁车站常规的埋深也就十几米，像青秀山 65.4m 的埋深，地下施工承受的土压力和水压力都会很高，整个工程的难度和安全风险都很大，只能采取矿山法施工。

要保证安全，这本身就是一个很大的难题。而青秀山的地层条件格外恶劣，有一层花岗岩残积土，其物理性质为遇水就崩解，像沙子一样软，没有水就坚硬如混凝土，是最难对付的一种地层。青秀山站这么大的体量，要安全挖出来的艰难程度可以想象。

设计院在广州地铁建设中积累的丰富经验在此时发挥了关键作用。应对青秀山站特有的花岗岩残积土问题，设计院借鉴了在广州地铁 3 号线建设中遇到类似挑战时的处理经验。在广州，花岗岩残积土一旦软化，其性状与普通残积土或全风化土类似，都会变成类似稀泥的状态。在设计前期，总体组制定了多个方案，基于在广州地铁设计和施工中的积累，他们认识到在南宁地铁 3 号线的高渗透性富水圆砾层中，必须实施降水措施。若未能有效降低水位，则可能引起土层的扰动。

总体组从注浆、超前钻探到暗挖施工工艺的论证都进行了系统的创新和研究，针对青秀山站所处遇水易软化的半成岩地层及大埋深明暗挖结构提出了半成岩大降深群井降水技术、长大桩柱高精度定位及控制技术、地下群洞立体互通施工组织新技术。

除此之外，由于青秀山站依山而建，总体组在设计伊始就考虑车站与环境的融合，比如将风亭完全融入青秀山的景观中；提前考虑恢复被挖开的山体，避免填土时滑移，以还青秀山一片清秀。西边的出入口并非简单地采用架空设计，总体组还在出入口的上方实施了绿化，下方也同样进行了绿化处理，并增设了花槽以融入周边景观。此外，还特意设计了 60cm 宽的走道，方便日后的维护。青秀山站的这些精细化和人性化设计，体现了环境融合和维修便利的设计理念。

在南宁地铁 3 号线的技术创新中，实现了多个“首次”：首次采用明暗挖结合方案建设青秀山站，开挖深度达 65.4m；首次下穿运营地铁既有线；首次建成并使用海绵车辆段；首次采用声呐探渗技术处理围护结构渗漏；首次采用盾构出土实时监测技术防止超挖；首次提出地铁工程绿色建造技术等。

2009 年，广州地铁设计研究院在南宁正式成立了南宁分院，并先后完成南宁地铁线网规划和建设规划的编制与报批工作，承揽了 10 条线路的工可研究、7 条线路的总体总包工作及多个工点设计工作，全过程参与南宁地铁 1 ~ 5 号线的规划、设计、建设及运营工作，见证了南宁地铁从无到有的全过程。

2023 年 4 月，南宁地铁 3 号线在获得中国建设工程鲁班奖之后，再以轨道交通工程第一名的成绩获得中国土木工程詹天佑奖。这枚沉甸甸的奖章，实现了南宁乃至广西该奖项零的突破，也是对广州地铁设计研究院南宁分院多年奋斗的认可。

南宁地铁市场的战斗方兴未艾，广州地铁设计研究院通过全盘的考量和详细的分析，开始了对全国地铁市场的布局，在全国建成华东分院、西部分院、华南分院、东南分院、中南分院、华北分院六大区域板块。每一区域板块又再细分城市分院，其中，中南分院包括南宁分院、长沙分院、南昌分院和武汉分院，2007—2009 年，广州地铁设计研究院在武汉、长沙和南昌先后挂牌成立设计分院，成为地铁设计行业绝对的早行人。

在长沙地铁市场，广州地铁设计研究院从咨询服务做起，从成功承担长沙地铁 4 号线的总体总包项目，到在 6 号线建设中的出色表现，争取长沙地铁市场的过程，其实也是广州地铁设计研究院由小做到大、由弱做到强的写照。

长河滚滚，沙洲雁落。2009 年，长沙地铁 1 号线和 2 号线项目同时启动，2 月 28 日，广州地铁设计研究院第四任院长刘智成和中南分院院长罗文静一同参加了长沙地铁两条线的启动会。设计院在长沙地铁 1 号线、2 号线负责咨询设计工作，罗文静担任总咨询负责人。虽然设计院并非主力设计团队，但工作成果扎实可靠。

长沙地铁的发展非常迅速，3 号线、4 号线再次同批启动。这是广州地铁设计研究院在长沙再进一步发展的重要机遇，他们摩拳擦掌，展开了以拿下总体总包为目标的攻坚行动。虽然设计院的兢兢业业给业主方留下了好印象，但“走出去”战略开始并没有几年，广州地铁设计研究院的金字招牌远不如现在夺目，长沙分院也主要从事咨询设计等工作，论资历、论排位，长沙地铁业主对广州地铁设计研究院并没有足够的信心。在设计院本部的大力支持下，长沙项目团队并没有因不利的开局而气馁，他们以详尽的标书为名片，以真诚、坚持不懈的精神向业主介绍设计院的优势，以打消他们的顾虑。这样一次又一次的接触，渐渐打动了业主。最终，经过综合评比考量，深思熟虑的长沙地铁业主将长沙地铁 4 号线的总体总包任务郑重地交到了广州地铁设计研究院的手上。这是广州地铁设计研究院坚决执行“走出去”战略的过程中，以自身的特点和优势赢得市场的一次典型案例。

作为开拓外地地铁市场的领军人物，院长刘智成对设计院的战略前景充满了信心。他深知，外地的市场尽管竞争非常激烈，但出身于广州地铁集团的设计院，依靠集团一体化的运营模式，对业主的服务和需求有深入的了解，依然有强劲的优势。

广州地铁集团在国内成立得早，通过多条线路的实践，发展迅猛，积累了丰富的地铁施工经验，并持之以恒地将这些经验总结提炼、运用转化，培养了一代代有生的人才力量，源源不断结出技术创新的硕果，这正是设计院能够在外地进行市场拓展和技术服务的底蕴。

通过广州地铁设计研究院为长沙地铁 1 号线、2 号线提供的咨询服务，长沙地铁业主了解了设计院的服务水平与精神，并为之惊叹。在一体化经营模式下，广州地铁设计研究院始终以业主利益为先，服务至上、品质至上，执着追求地铁技术的更新和创新，无论是咨询设计这样的小项目，还是总体总包这种大项目，设计院都一视同仁，始终秉承艰苦奋斗的精神，拿出最大的热忱为业主单位排忧解难，这是长沙地铁业主把这么重要的总体总包任务交给设计院的主要原因，也是确保设计院在外地市场能够安身立命的最重要因素。

有别于其他一些外地分院，设计院所有派驻外地市场的分院院长都由设计院经验丰富的人员担任，他们有多条地铁线路的设计经验，能够带领分院员工实现和总院一样的设计技术水平，这也是设计院在外地地铁市场备受业主肯定的重要原因。

长沙地铁业主对广州地铁设计研究院这个新的总体总包单位充满期待，广州地铁设计研究院自然不会让业主失望。设计院派出了久经沙场的技术骨干雷振宇作为总体组的总体，迅速投入到长沙地铁 4 号线的总体总包任务中。雷振宇曾担任过广州地铁 3 号线北延段和广州地铁 11 号线环线两条线路的总体，作为一个年轻的“老总体”，他自然明白院里这么安排的深意。

这是一个超强的总体组，他们在长沙地铁 4 号线的总体设计过程中，无论是方案设计能力还是技术能力、执行能力，都赢得了好口碑，业主也从之前的疑虑转变为后来的折服。通过长沙地铁 4 号线工程赢得的好口碑，广州地铁设计研究院彻底打开了长沙市场，以雷振宇为总体的总体组果然没让总院失望。

凭借良好的口碑和持续优质的服务，长沙地铁业主对广州地铁设计研究院青睐有加。自 2011 年设计院进入长沙地铁市场，这期间，长沙地铁共发布了 10 条线路的总体项目，广州地铁设计研究院不负众望，成功承接了其中 6 条线的设计任务，占据长沙地铁设计项目的“半壁江山”。长沙分院的工作得到业主的广泛认可，连续十多年被长沙地铁评为先进集体，这种荣誉只长沙分院一家。

口碑、服务说来简单，设计院究竟凭什么得到了长沙地铁业主的青睐？凭什么能在强手如林的设计市场拔得头筹？

技术可靠是关键。地铁是一项极复杂的系统工程，涉及几十个专业，需考虑安全、便捷等方方面面。技术领先是长沙地铁业主权衡轻重的重要尺度。做总体，只有能够达到一流水平的设计院才能担此重任。放眼全国，能入围总体总包角逐的，也不过寥寥数家。

有技术水平，还要有服务意识。长沙地铁 4 号线总体组全过程投入，与地铁业主、施工单位共同解决建设过程中的各种难题，在工程安全经济的情况下，保证工期按时完成。地铁是一个民生工程，同时也是一个市政工程，有投资的要求，也有安全的指标和进度的要求。

长沙地铁 4 号线的口碑是从规划做得非常合理开始的。由于长沙地铁 4 号线是一条骨干线，解决了组团中的串联问题，服务功能非常强大，包括高铁组团、市中心几个片区组团、大学城湖大师大等“千年学府”的组团和景区组团。建一条地铁线，要满足客流的时间与空间的速度目标，规划要做得非常合理、恰如其分。

总体组通过合理规划，平衡各种经济体需求，克服了诸多技术难题。长沙地铁 4 号线在中心城区实施，需要穿过水体、重大建筑物、铁路和重要的核心景区，地层的千变万化，穿越湘江和岩溶区时的安全、可靠和经济性，总体组都要对此做很好的平衡。全线有 30 多个车站，每个车站都有各自的难点需要克服，设计人员要做大量的技术论证和决策工作。

在论证车站站位时，由于湖南大学是“千年学府”，岳麓书院和主要景区都在那里，对车站的设置，总体组除了考虑技术、经济等因素时，还从文化方面充分考虑，跟属地的湖南大学做了很深入的交流和沟通，以获得师生的认可。后来湖南大学站开通以后反响非常好，方便了师生和游客的出行，对整个片区的提升和改造作用明显。

十多年后，总体雷振宇再次回到湖南大学，许多曾经交流对话的领导、专家已经退休，让人乍有几分时过境未迁、物是人却非的感叹。但在当年与领导交流的过程中，雷振宇依然感觉到，他们对湖南大学站这个民生工程心怀感激，他们清楚地知道当年的设计组、建设者们是如何站在全校师生的立场，认真地为他们考虑，并毅然克服诸多如工程建设、地质条件等困难，把便利带给了一代代师生。雷振宇对湖南大学站的建站细节记忆犹新。他记得，因为要穿越许多重要建筑，所以对这一站点、区间的要求多，标准高。他们从线型、线位等多方面考虑，对敏感地区采取特殊措施进行避让。又如湖大实验室，有极高的防振要求，设计采用了国内最高等级的钢弹簧减振装置。凡有所求，尽力为之。

也许，乘客不会知道这些往事，更不会知道建设者们曾经为了这些素未谋面的乘客做出的努力，但湖南大学站却永远记下了这曾经的责任和温情。

站在时间的节点，每一次回望，都有着特别多的感动。建设者们用汗水谱写无悔青春，用信念铺就通向理想的轨道，用行动展现广州地铁设计研究院的责任与担当。

长沙是古城，在古城中施工难度非常大，长沙地铁 4 号线第二任总体、长沙分院院长唐文鹏对此深有体会，他把西安地铁 4 号线文物保护经验应用到长沙地铁的设计中，既实现了地铁的便捷、安全，也把干扰控制在允许范围之内。

由于是广州地铁集团一体化带出来的队伍，总体组对业主关心的问题也同样重点研究、重点关注。对业主关注的问题，总体组会提前关注并提出解决方法，这是一个正向循环的过程。业主对总体组更加放心，总体组做出来的成果和口碑也就更好，口碑和服务都做好了，自然就能持续取得机会。

长沙地铁 4 号线，在获得中国土木工程詹天佑奖之际，擦亮了广州地铁集团和设计院的品牌。长沙地铁 5 号线、6 号线、1 号线北延段、4 号线北延段、5 号线南延段这 5 个总体总包项目的获得，充分体现了长沙地铁业主对广州地铁设计研究院的认可。

这 5 个总体总包项目自然也没让长沙地铁业主失望，针对一些重大的技术难题，业主主管技术的领导对设计院的建议都相当重视。比如长沙地铁 6 号线的总体王睿带领总体组在烈士公园站的设计施工中的表现，正是让业主放心的典型案例。

长沙地铁 6 号线全长 48.1km，是当时国内一次性开通长度最长的线路，也是长沙市轨道交通线网已批复建设规划中跨区县最多、涵盖区域面积最广、换乘站最多、建设难度最大的首条直达机场的地铁线路。

6 号线的地上地下环境都很复杂，地上要穿越中心城区、武广高铁和京广铁路，地下要穿越湘江与浏阳河河道，又与此前 5 条地铁线路有换乘交叉点，要交叉穿行诸多既有线路。特别是烈士公园站，周边设施建筑众多，北方正对湖南博物院，博物院东侧有马王堆古迹，前有下穿隧道。原本的线路设计，是从博物院东侧近距离下穿，再经过游乐场与年嘉湖隧道，到达烈士公园南门，烈士公园站（跨年嘉湖隧道）设于迎宾路的烈士公园南门。但这个方案要在原烈士公园南门设站，不仅会因路况复杂造成施工困难，还会对烈士公园南门影响较大，甚至需要把烈士公园大门拆掉才能建站。大门南侧一直有两棵古树，不能轻易移动，而北侧需移栽的树木数量更多。

如此一看，调线已成定局。经过详细规划与反复比选，广州地铁设计研究院在众多方案中确定了烈士公园站的优化方案。该方案线路将从德雅路下方穿过烈士公园，随后转向东风路，并从博物院西侧下方继续前行，最终穿越市政协宿舍至迎宾路。调整后的线路顺直，缩减了长度，工作量锐减。这个方案无须下穿烈士公园东北角，避免了对文物的潜在影响；在烈士公园西南角设站，能更有效地服务于客流；不需对公园大门进行大规模改造，确保游客游览不受干扰，并且可避免迁移百年古树和桂花林。但该方案也有一些不足，一是距离纪念塔太近，最近处仅 55m；二是，该线路必然会下穿敏感区域，处理不好，影响较大。

为了证明地铁施工不会对博物院和重要建筑设施的安全造成影响，长沙分院组织多项专题研究。博物院也自行组织了多次专家会，邀请故宫的文物专家进行论证。相比旧方案东侧穿博物院，优化方案虽然会下穿博物院西侧车库入口，但距离核心文物较远。经过翔实的数据论证，证明下穿的影响是可控的。

烈士公园站只是长沙地铁 6 号线诸多困难中的一个缩影，作为长沙地铁第一个采用 A 型车的线路、第一条 PPP 线路，长沙地铁 6 号线在整个设计施工过程中遇到的难题和需要克服的障碍不再细说。这些常年在外出差的技术力量，无数次彻夜达旦攻坚，无数次错过亲人重要的人生时刻。

如今，长沙地铁 6 号线隆平水稻博物馆站、文昌阁站等都是打卡地，这些车站装修极具特色，在普通装修的基础上做文化墙，是广州地铁的经验在长沙的传承。

与长沙一样，南昌和武汉地铁市场，也是广州地铁设计研究院中南分院勒石燕然之地。

长沙地铁 6 号线隆平水稻博物馆站

长沙地铁 6 号线文昌阁站

广州地铁设计研究院在南昌展现出的优秀技术能力和卓越服务品质，赢得了业主的信赖，双方合作创立了合资设计院——南昌轨道交通设计研究院有限公司。为确保合资设计院的顺利组建与高效运作，广州地铁设计研究院选派了专业团队，全力提供技术支持与协助。在南昌地铁建设的 5 条线路中，广州地铁设计研究院成功承接了两条线路的总体总包任务，成为南昌地铁市场的主要设计单位之一。

南昌所有已建或在建线路，都少不了南昌分院的影子。从南昌地铁1号线的咨询服务、6站6区间的工点设计与两个系统设计；到2号线的战果扩大，12站14区间及1座综合基地的工点设计，机电系统开发；到总承包，到线网规划，到TOD，到智慧地铁研究，一步一个脚印清晰可见。

南昌分院的设计师们见证过脆弱的老城建筑环境，纾解了堵塞不堪的城区交通；他们克服了恶劣的自然地质，创造了最长隧道下穿赣江的奇迹。他们设计出的这些优秀作品，既连通南昌西站与火车站两大综合交通枢纽，也用延伸的线路将东南城区紧密并入了交通网。

而在武汉地铁市场，由于铁四院[①]大本营就在武汉，广州地铁设计研究院在武汉的定位就是做出特色。对重大的工点，包括车站、TOD上盖，业主都比较认可。

求新求变的第一步总是艰难的。中南市场作为“走出去”战略的第一步，承载了太多责任，也担负着许多期盼。中南地区很特殊，在所有片区分院中，中南分院负责的4个城市中有3个城市总体及总体的数量做到了第一。南宁第一，长沙第一，南昌并列第一，总体达十几条，六大片区分院达到这个水平的主要是中南分院。

意志剑指之处，就是走出去的方向，虽山海不能阻。

① 指中铁第四勘察设计院集团有限公司。

第十三章

深圳6.47亿元的历史机遇

深圳地铁9号线是全国最大的勘察设计总承包项目，也是广州地铁设计研究院在深圳承担的第一条勘察设计总承包线路，它的成功建设，并非偶然。其背后是广州地铁设计研究院举全院之力编写的1760页标书，以及在面对区域地质条件极其恶劣时所展现的决心和勇气。

1980 年，与香港一水之隔的深圳被划为经济特区，携载着全国的希望，借助政策的倾注扶持，曾经寥无人烟的“小渔村”，迸发出惊人的发展速度。城市的规模在平面空间向外拓宽的同时，立体空间也在不断扩大，高楼次第拔起、高低错落。

也许是对天空云上的千年向往，人们总是更容易津津乐道于作为城市地标的高楼广厦，如同帝国大厦之于纽约，哈利法塔之于沙特，平安国际金融中心、京基 100 大厦之于深圳。人们望着这些直冲天际的巨物，既惊叹其所折射的现代工业水平，也有感于其作为城市发展力的象征标识。

但立体空间的拓展方向，不仅指向天空，也指向地下。早在 1993 年，深圳就表现出发展地铁的决心。1998 年，深圳地铁一期工程开工建设。短短十余年时间，深圳地铁持续发力，多条线路陆续建成，为深圳搭建起畅通的地下通道。

时间来到 2009 年 7 月，深圳地铁 9 号线作为深圳地铁三期工程中的一条线开始招标。其中，勘察设计总承包的合同额高达 6.47 亿元，天价的合同额，让深圳地铁 9 号线成为名副其实的全国设计“第一标”。

广州地铁设计研究院在此之前都是做总体，负责技术的统筹。但勘察设计总承包这种类型，是业主将整条地铁线路的先进性规划与设计重任全权委托给一家设计单位，对广州地铁设计研究院来说，这是一项重大突破。

面对全国设计“第一标”，广州地铁设计研究院铆足了劲，以工程可实施性、与规划的协调一致性、运营的安全高效经济性及“建地铁本质上是建城市”的理念为标的，交出一份 1700 多页的精品标书，其工可研究成为行业典范。

2009 年，此时的广州地铁设计研究院通过广州地铁多条线路的磨砺，通过“走出去”战略的多点开花，已经完成了技术的原始积累，培养了自己的技术人才，并取得了一些阶段性成果。但深圳地铁 9 号线的勘察设计总承包招标对设计院来说依然是一个全新的挑战。

对于深圳地铁市场，广州地铁设计研究院此前只做过深圳地铁 2 号线的工点设计。已在深圳市场深耕多年的铁三院①、铁二院、上海院②等同行抱有势在必得的决心，他们具有先发优势；广州地铁设计研究院是后来者，但对其而言，这是当时进入深圳核心设计市场的唯一的机会。是机遇更是挑战，深圳是华南地区的重要“战场”，具有重要的战略意义，竞争必然进入白热化。

时任副院长刘智成是“走出去”战略的主要执行人，负责外地地铁市场的拓展。他知道，对于近在咫尺的市场“重镇”，对于深圳地铁 9 号线这个全国最大的设计“第一标”，设计院必须不惜一切代价拿下它。

做好设计的第一步是充分了解业主的想法，并用自身的技术去实现业主的意图。这是设计院不变的宗旨。

副院长刘智成多次出差深圳，与深圳地铁业主频繁沟通，以充分了解他们的想法。亲自上阵的刘智成依靠自己深厚的专业技术和丰富的经验，牢牢把握住了深圳地铁业主关注的重点，迅速抓住深圳地铁 9 号线的关键点和工程难点，并将自己的理解和对工程的承诺，及时充分地反馈给业主。如此一来，深圳地铁业主逐渐加深了对广州地铁设计研究院的好印象，广州地铁设计研究院在深圳的影响力也与日俱增。

工作，不仅要志存高远，更要脚踏实地。

即使力量悬殊，即使胜算渺茫，广州地铁设计研究院依然竭尽全力。迅速组建起由副院长刘智成为指挥长、全院各部门领导领衔的投

① 指中国铁路设计集团有限公司。
② 指中铁上海设计院集团有限公司。

标项目组，赶赴深圳集中办公。当时，赵德刚是广州地铁设计研究院深圳分院的院长，故立即成立了以赵德刚为项目经理的投标小组。投标小组的目标很明确：必须中标。

他们秉承着专业、严格、细致的工作原则，不断创新工作思路，为项目全程服务。为了交出一份无懈可击的标书，项目组对深圳地铁 9 号线的特点、与上位规划的关系、线路周边环境制约因素、线站位选择、工程重难点等进行了深入细致的分析和穷尽可能的方案比选，以期最优。副院长刘智成很细心，每次投标，他都以极清晰的思路把握大方向，检查细节。他甚至会审核 PPT 文件，对关键地方进行重点梳理，因而忙到凌晨三四点是常事。

刘智成带领项目组在细节方面苦下功夫，因为他们知道细节往往决定胜负。为使工程筹划更具可操作性，工程筹划章节的编写也得到了广州地铁建设事业总部的帮助。同时，项目组还在标书中融入广州和其他城市地铁建设、运营创新成果，以工程可实施性、与规划的协调一致性、运营的安全高效经济性及“建地铁本质上是建城市”的理念为标的，交出一份 1760 页的精品标书。

宏伟蓝图鼓舞人心，时代号角催人奋进。

直到今天，设计院所有参与深圳地铁 9 号线投标工作的员工都深有感触，举设计院全力做的标书，其整体性、完整性、先进性，至今很难有其他标书能超越。这份 1760 页的标书内容结构明确，细数地缘优势、设计院力量的投入等六大优势，分析回答了设计院有什么资格中此标。评标专家不仅看标书质量，还让项目经理进行封闭式的答辩面考，双管齐下，“考生”与“答卷”都淋漓尽致地展现了项目组乃至设计院对该项目的深刻理解和清晰可行的工作思路。

2009 年 9 月，广州地铁设计研究院凭借最优的技术方案、高质量的标书，中标深圳地铁 9 号线勘察设计总承包，拿下了当时国内地铁行业最大的设计项目，也拿下了高达 6.47 亿元的勘察设计费。

广州地铁设计研究院作为勘察设计总承包单位，负责工程勘测、前期工程设计、主体工程设计和各专题研究工作，设计工作覆盖从工可研究至施工配合的整个过程。

深圳地铁 9 号线工可研究总承包项目合同签订仪式

中标固然令人激动，然而中标才是真正的开始。深圳地铁 9 号线西起红树湾，经福田区，止于罗湖文锦路，线路全长 25.46km，共设 22 座车站，一段一场，全部为地下线路，共设 10 个换乘站。设计院在承担深圳地铁 9 号线工程设计任务时，也将创新作为工作重点，贯穿设计全过程。

为此，深圳地铁 9 号线设计组开展了大量的调查、研究工作，总结全国各地地铁建设经验。深圳地铁 9 号线的设计过程，是理解工程所处环境特点、线路本身特点及工程管理特点的过程，也是克服各种困难、不断提升的过程。在这些调查研究的成果之上，作为王梦恕院士的大弟子，赵德刚带领团队写了一个让他非常自豪的工作策划，从工作流程、工作方法、工作内容到分包，无一不有。

在这些常规工作逐步推进的同时，时任院长徐明杰、副院长（指挥长）刘智成作为最高决策者，经讨论研究，作出了一项重要决定：系统不分包。可以说，这项决定造就了现在的广州地铁设计研究院。设计院在广州虽然也做过一些系统，但没试过整个一条线的系统全部由设计院来完成，显示设计院整体水平的时刻来到。由此，设计院再一次发挥“集中力量办大事”的精神，倾尽全院之力，采撷过往技术与创新的成果精粹，以刘智成为指挥长，史无前例地组建了一支超强阵容的 13 人正副总体组，个个都是实力拔尖的精兵强将，涵盖各个学科专业。

这 13 人分别是邓剑荣（结构）、丁先立（结构）、罗俊成（结构）、孙菁（结构）、陈用伟（结构）、谢国胜（概算）、陈小林（供电）、胡自林（环控）、湛维昭（弱电）、王仲林（线路）、翁德耀（建筑）、王亚平（车辆段）、浦绍乾（车辆段）。他们带来了设计院成立以来的所有技术成果，与当年人才稀疏的创业期比，已是云泥之别。内部笑称这十三人为“十三太保”。太保是古代官名，职掌辅佐太子之要。保者，保护辅佐之意也。所谓“十三太保”，就是要为深圳地铁 9 号线全程保驾护航。

邓剑荣，作为从广州城建科技开发研究中心调入广州地铁设计研究院的一员大将，在广州地铁 2 号线就是三元里站的工点负责人，到广州地铁 4 号线时已是副总体，后来作为设计院副总工分管广州地铁 4 号线、6 号线的技术工作，在关键岗位工作多年，经验非常丰富。作为设计院副总工，邓剑荣担当起深圳地铁 9 号线总体的重任。而设计院副总工兼深圳分院的院长赵德刚则任项目经理，负责做好筹划。两人一个专注技术决策，一个负责处理好各方统筹工作。两员副总工级别大将镇守现场，互相配合，足见设计院的重视。为了总体能更好地统筹全局，刘智成还特别嘱咐过，总体邓剑荣虽是结构专业，但不能囿于老本行，必须对其他专业有足够的了解。于是指挥长刘智成推荐邓剑荣查看地铁机电系统方面的书籍，意思很明确：机电方面可以不精通，但要学习，便于以后做管理。

作为全国最大的项目，深圳地铁 9 号线自然吸引了许多国内外专业人员的关注。能不能一炮打响，意义重大，设计院精心组建的深圳地铁 9 号线总体架构，其实是以实际行动向业主传递信心。

工作伊始，设计院面临着“人生地不熟”的问题。相比铁二院、铁三院两位“老大哥”，深圳地铁相关政府职能部门并不怎么熟悉初来乍到的“新面孔”。怎么改变这种局面?

一方面，总承包组在前期工可研究上下足了功夫，先“踏熟了地”。仅是全长 25.46km 的线路，总承包组就走了好几遍，正是这种实地走访的较真劲，让他们加深了对深圳地铁 9 号线的认识，包括线路走向、线路埋深、投资以及工程是否可实施、环评能否通过等。

另一方面，总承包组又设法“混熟了人”。贯彻细节见真章的理念，为了让汇报变得生动直观，总承包组积极尝试各种各样的新工具、新事物，利用汇报等机会让深圳业主熟悉、认可自己。比如，他们用航拍来直观反映全线的地貌特征，只为让严谨的数据更加生动，便于理解。又比如，两广人说普通话难免口音偏重，设计总体邓剑荣在汇报工作前，会多次练习自己发音不准的字眼，实在改不了，就另择类似词汇表达。这并不是什么影响大局的要紧事，但是一丝一脉，他们都努力做到。

在设计方案的深度上，深圳地铁 9 号线的工可研究已经是按初步设计的深度去做了，总承包组的图纸，也是在反复设计反复返工中不断完善，有些方案甚至做了十几个。总承包组的同志们不怕返工，他们知道，这比施工时返工强多了。

努力是有回报的。两个多月后，在深圳发改委组织的大会上，总承包组的工作得到了肯定：广州地铁设计研究院虽然年轻，但其做工作的深度、汇报的手段、技术力量的配备和对工作的态度，大家都要学习。此言一出，既是鼓励，又是更深的鞭策，耳提面命，让人不敢放松。

深圳地铁 9 号线工可研究，成为一个样板和典范。此后，这支由设计院两位副总工带队的勘察设计总承包项目组，针对深圳地铁 9 号线穿越填海区、城市密集建筑群、既有运行线路等复杂环境条件，一路披荆斩棘。随着设计工作的逐步开展，总承包组在这条线的“样板和典范”也越发增多。

深圳地铁 9 号线线路条件差、曲线和急弯陡坡段多，站点密、环境敏感点多，如何在现有的线路条件下，提高线路的平顺性、乘客的舒适性，降低对环境的影响？这个难题摆在了设计组面前。

9 号线 22 座车站中有 10 座车站与其他线路换乘，占总数将近一半。和这么多条线实现换乘，换乘的顺畅度、车站的规模、换乘的楼梯数和位置、上下行的扶梯等都需要深入谋划。

设计组对车站布局的设计思路，是紧凑、不浪费空间，进行精细化设计，如同装修自己的家一样，尽量削减不必要的设备，实现机电的紧凑化，把站台和站厅空间最大化留给乘客，如此一来，乘客行动疏散时的体验感和效率自然会上升。

设计组在之前的设计工作中就意识到，车站在实际运行过程中，有时会面临高峰客流、突发性大客流等情况。而经过多年设计、建设、运营的全周期实践，他们发现，楼扶梯布置的疏散点越多，沿列车方向线性分布越均匀，越有利于乘客疏散。但成本和效率之间，必须达成一个平衡点，工程不可能无视经济性，这就是设计的意义。

要找到最佳平衡点，首先要确定车站客流密度。在目前地铁车站行人设施规模和布局已确定的条件下，常规采用的静态容量计算方法，无法反映客流动态情况。设计组根据广州、深圳等地区既有地铁车站公共区布局及客流疏散，创新用“客流仿真模拟”进行分析，得出一系列宝贵的数据：正常工况下的空间利用率，高峰客流密度分布及平均行走距离，事故发生时从站台到站厅的疏散时间。

通过客流的模拟，保证换乘的规模、设备是合理的。目前，9 号线车站公共区域布置方式已经在广州、深圳地区按标准进行推广，其他城市也在推广之中。

换乘方式也是疏散客流的一个重点。9 号线 22 座车站中有 10 座是换乘车站，换乘模式的选择对方便快捷的换乘功能至关重要，设计组通过对这 10 座换乘车站梳理和分析得出，最方便快捷的换乘是同站台换乘。

比如红树湾南站，由于 9 号线与 11 号线两线平行，换乘客流量大，而且红树湾南站靠近红树湾公园，节假日客流量必然增多，根据综合分析，决定采用“同层式岛岛平行换乘”方案，并对这种换乘方案进行客流模拟，利用基于个体的人员动力学模型 LEGION，建立红树湾南站的地铁车站疏运模型，设定客流量时间曲线、进出站通道、闸机、售检票模式、限流方案等，对客流进行数值模拟分析，在对建筑拐角进行优化、适当增加进站闸机后，确保乘客能够安全、便捷地快速疏散。

红树湾南站 9 号线和 11 号线同站台换乘

设计组系统分析了上下重叠换乘、水平平行换乘、十字换乘、丁字换乘、L 形换乘和通道换乘几种普遍的换乘方式，有针对性地在各个车站采用不同的换乘方式，如在车公庙站 9 号线与 7 号线右线及两线的左线，实现大客流同站台换乘。红岭北站根据现场情况，采用十字换乘方式，通过客流模拟，9 号线这些换乘车站的乘客以最快速度进行疏散，方便快捷的换乘功能得到极大体现。

除了布局、客流这些乘客较熟悉的设计内容，9 号线的设计还在施工技术等多方面颇有建树，涌现出一大批新生事物。

创新常常是受迫的。这句话在 9 号线设计工作中多次得到了印证。现实情况带来的阻力，让设计组被迫去改变思维，创新克敌。对于 9 号线，设计组采用了地铁桁架双块式轨枕和新型高平顺道岔技术，首创设计了高精度液体阻尼预制钢弹簧浮置板，提升了性能、效率，保障了安全性，降低了噪声、振动等污染影响。这些创新成果，共同实现了线路服务的多样化功能。其中，为地铁量身优化的“桁架双块式轨枕”和国内首次全线应用的“盾构区间预埋滑槽技术”尤为亮眼。

设计组注意到，由于地铁施工环境复杂，对轨枕的要求较高。地铁中普遍使用的轨枕类型有两种——混凝土短轨枕与混凝土长轨枕。短轨枕结构简单，但整体性稍差，施工时轨距及轨底坡难保证；长轨枕整体性好，但轨枕与道床新旧混凝土的接触面积大，施工时易产生裂缝。

怎样解决这个问题？设计组留意到在高铁上广泛使用的“桁架双块式轨枕”，可保证轨底坡、施工精度及轨道结构的整体性，但客专用双桁架结构复杂，精度要求高，造价高。如果将轨枕的“双桁架结构”改为“单桁架结构”会不会更好呢？设计组开始了摸索，地铁车辆轴重较小、速度相对较低，如果调整好桁架钢筋在外力作用下变形引起的轨距变化，改良桁架钢筋的生产工艺，那这个问题将迎刃而解。在解决这些工艺问题后，“单桁架双块式轨枕”轨排重量与传统短轨枕相当，但轨排刚度及铺轨精度与长轨枕无异，达到了使用效果。“单桁架双块式轨枕”既有短轨枕结构简单的优势，又具有长轨枕整体性好的优势。不得不说，正是设计组对每一细节的充分考量，才使得每一项创新都能恰到好处，都是“及时雨”。

总承包组在深圳地铁 9 号线上，国内首次全线应用盾构区间预埋滑槽技术，实现后期设备“零钻孔”安装，改善作业环境，提高工效及结构安全性和耐久性。

滑槽本身的技术含量并不是太高，简单说就是在滑槽上任意位置通过配套螺栓就可以固定支架或直接安装固定设备。但实际上其价值太大了，这项技术避免了在结构上进行破坏性钻孔，从而提高结构的耐久性和安全性；可总体上提高设计与施工水平，实现精细化管理、精细化施工；可缩短工期，节约人工成本；可改善作业环境，让工人健康得到保证。

如今，预埋滑槽技术在地铁建设中已经普遍应用，预埋滑槽技术也成了深圳地铁 9 号线一张耀眼的名片。

总承包组在抛石填海地区采用了地下连续墙、小直径高承载树根桩既有桩基托换等关键技术，解决了复杂环境和空间受限情况下的技术难题。而总承包组自主设计、制造，获得国家发明专利的“城市轨道交通线网全局火灾联动控制系统”和“应用于城市轨道交通的弱电综合 UPS 电源系统及供电方法”，则打破了国外技术垄断与壁垒。

2011 年，“应用于城市轨道交通的火灾联动控制系统及方法”获得国家发明专利。这项国家发明专利，是国内自主设计、制造的地铁综合消防联动控制系统，打破了国外技术垄断与壁垒，实现了众多的原创：建立了程式化的针对地铁线网全局的消防联动控制系统；提出了地铁线网全线消防救灾应急预案，是国内第一个系统化地针对地铁线网全局的消防救灾方法；构建了主控系统统一的综合信息平台，实现了层次化的针对不同地点的消防救灾方法；创建了智能低压系统，大大提高监控管理能力；创建的消防联动控制系统规模大、效率高；在可靠性方面，消防报警信息与维修信息分别传输，火灾模式指令采用代码传送机制，创建了后备联动方式等。

这项自主设计的技术，实际上推动了行业的技术升级与民族工业的发展，确保了乘客安全出行，保障了人民生命财产安全。

2018 年 6 月 2 日，“深圳轨道交通九号线设计与建造关键技术研究”项目科技成果评价会在北京召开。深圳分院副院长丁先立汇报了项目主要技术内容，专家组认真审阅了研究报告。最后，评价专家组一致认为项目成果整体达到了国内领先水平。其中，新型高平顺道岔技术达到了国际先进水平。该结论充分肯定了设计院在复杂环境下建设深圳地铁 9 号线所取得的显著成绩。

这些项目成果，不仅在深圳地铁 9 号线成功应用，在广州、佛山、南宁、长沙、苏州等多个城市的轨道交通建设项目中也得到推广和应用，取得了显著的经济及社会效益。深圳地铁 9 号线总承包组的努力与成果，福泽地铁产业的现在与未来。

其实，深圳地铁 9 号线的技术创新与影响又何止上述所言。由于线路狭窄，项目组在罗湖做了叠线处理，春风路道路红线宽仅 24m，两侧高楼林立，属于早期罗湖开发区段，建筑基本无退缩，且高架桥沿春风路架设，有 1.2km 与地铁共走廊，线路敷设非常困难。因此，向西村站采用叠线形式，创新了叠线隧道的设计形式。

为了寻找合适的车辆段，项目组打破了车辆段和停车场一般建设在地上的常规操作，来来回回走了不知道多少趟，最终决定将车辆段放在侨城东，停车场则创新地放在笔架山公园地下，施工时占用公园一块地来施工，施工后回填。这样一来，解决了很多用地的问题。

当时国内做车站都要压缩规模，设计院根据深圳实际客流量，敲定了 6 节车厢的 A 型车编组。当时梅林客流的断面达到 4 万人，足够支撑 A 型车，今天的客流情况证明当初的设计完全正确。

车辆段上盖绿化恢复施工

为了打破人民南站场地限制，设计组打破 12m 车站的标准，在该站首次设计了车站 9m 站台大跨度无柱结构，利用无柱设计使视野宽广，在缩小场地的同时，保证了使用空间，也给乘客提供了舒适的体验。

人民南站无柱站厅

凭借深圳地铁 9 号线，设计院以后发优势，靠实力和努力，高姿态进入了深圳核心设计市场。他们不负众望，全过程有效控制设计质量，为工程提供优质服务，项目最终获得 2019 年度全国行业优秀勘察设计奖一等奖、2020—2021 年度国家优质工程奖金奖等国家级大奖。

其后，设计院陆续取得包括深圳地铁 20 号线总体总包在内的设计项目。在深圳地铁 20 号线设计中，设计院率先采用新一代基于车车通信的全自动无人驾驶系统，并构建系统创新测试平台，实现了其辐射华南的战略目标。

一个个项目工程正如一部诗集，过程本无韵律，但在设计院几代人的努力下，经过时间与汗水的凝结、匠心雕琢，将美好蓝图打造为恢宏的现实城市蓝本，又何尝不是一种征程万里风正劲、重任千钧勇担当的诗意人生。

第十四章

三大世界性难题之下的涅槃

广州地铁设计研究院在西安地铁市场的拓展从参与工点标项目起步，逐步深耕，最终成功中标西安地铁4号线总体总包项目，使西安成为设计院在西部获得总体总包项目的首个城市。此后，设计院又相继承揽郑州地铁6号线、西安地铁15号线总体总包项目，以及西户铁路改造勘察设计总包项目，这些成就进一步丰富了西部分院的发展画卷，使其更加绚烂多彩。

诗人笔下，长安曾是理想之都，是云端之梦，是月光高悬于上的青砖古城。长安见证盛世之貌，也看遍历史沧桑。千余年，那些在历史上曾经赫赫有名或寂寂无声的城坊，星罗棋布，散列四方，但如今大多随风作尘，封尘在典章辞歌的故纸堆里。

此时，车轮滚滚，浩浩汤汤，连绵不绝穿城门楼洞而去，唤醒了我们畅游历史的幻想与思绪；清晨的太阳在高低错落的现代建筑玻璃上闪耀，像一盏盏探照灯，告诉你：这是 21 世纪的西安。

“走出去”战略，不存在轻松的“躺赢”。广州地铁设计研究院以西安地铁市场为起点，从工点标起步，设立第一个地铁分院。

2006 年，广州地铁设计研究院正式落户西安

2006 年 7 月，广州地铁设计研究院在西安建设的第一条地铁线路 2 号线项目中中标了 5 站 4 区间、4 个机电系统的工点标，虽然只有 800 万元的设计费用，但设计组依然全力以赴。其后，又中标了西安地铁 1 号线和 3 号线的一些工点标。

陪同“走出去”战略远行的，还有一些年轻实干的才俊。孙增田就是其中一位。到 2006 年，孙增田已在设计院待了 7 个年头，又恰好是陕西人，院里决定把孙增田这位了解西安情况的西北汉子派驻西安，任副院长，负责西安地铁的设计任务。

此时，设计院在西安的任务只是工点设计，但是技术含金量却不容小觑，比如钟楼站的设计。西安钟楼是中国现存同类建筑中规模最大、建筑年代最久、保存最完好的建筑，地位可想而知。作为全国重点文物保护单位，钟楼位于明城墙内东南西北四条大街的交会处，车流量巨大。设计院在对钟楼站及相邻的区间隧道进行工点设计时，就遇到钟楼保护和车站建设如何平衡的问题，设计组为此采取了很多措施。

为确保钟楼安全，施工采用隔离桩有效隔断地层沉降；地铁运行时，隔离桩使振动波大幅衰减并向四周扩散，降低振动对钟楼的影响，实现文物保护和轨道交通建设的和谐共存。

西安地铁 1 号线、2 号线的车站全部是地下站，到 3 号线时有 7 座高架站，得益于广州地铁走在前面的原因，7 座高架站都由广州地铁设计研究院设计。设计院结合西安历史、区域特色，秉承“尊重自然、体现生态、融合环境”的设计理念，匠心打造了香湖湾站、保税区站等车站外观。就这样，西安地铁业主对广州地铁设计研究院的认识逐渐加深，给设计院的任务也逐渐加重。其后，更是迎来了合作历程中的辉煌篇章。

2011 年 2 月，广州地铁设计研究院迎来了其在西安甚至西部的第一条总体总包线路：西安地铁 4 号线总体总包设计任务。对于西安来说，这是城市布局的重要一步；对于广州地铁设计研究院来说，这更是梦起飞的地方。在西安分院孙增田的带领下，4 号线第一任总体唐文鹏、第二任总体于文龙纷纷就位。

4 号线线路长 35.2km，建成之后将缓解西安地铁 2 号线的客流压力，进一步优化城市结构布局、拉开骨架、开辟新区、疏解旧城，这是 4 号线的使命。线路途经西安北站、大明宫国家遗址公园、西安火车站、古城区（五路口、大差市）、商业区、大雁塔、大唐芙蓉园、曲江池遗址公园等历史文化景点和城市地标，客流量大。

建设地铁，每一条线都有一些标志性的难题。4 号线所遇世界性难题就有三个：一是文物保护，二是湿陷性黄土，三是地裂缝。前者是文化之难，后两者是自然之困。总体组在线路选线上首先高度融合西安城市九宫格的布局，随即针对 4 号线的特点、难点展开了一系列工作。

对湿陷性黄土不进行处理，即使浸了水也不会湿陷，不会出现工程风险。这句话说起来简单，却是对湿陷性黄土的一个重要处理手段，更是总体组和广州地铁设计研究院对湿陷性黄土地区的重要贡献。

陕西地区的工程项目常年受湿陷性黄土的困扰。所谓湿陷性黄土，在住建部颁布的《湿陷性黄土地区建筑标准》（GB 50025—2018）中是这样定义的：在一定压力下受水浸湿，土的结构迅速破坏，并产生显著附加下沉的黄土。用通俗一点的话来解释，就是这种土质一旦遇水，就会结团塌陷。湿陷性黄土又分自重湿陷性黄土和非自重湿陷性黄土。前者在上覆土的饱和自重压力作用下受水浸湿会产生显著附加下沉，而后者则在同样情况下不会产生显著附加下沉。这种土质在西安虽然常见，但西安地铁在 1 号线、2 号线、3 号线的建设过程中，需要穿越湿陷性黄土的区段并不长，不超过 2km，采取的应对方法相对简单——地基处理或者加大埋深。前者费钱，让预算骤升不说，还对道路有一定的影响。而后者不仅仅会增加造价，还会提高施工风险和运营成本，降低乘坐体验。

但 4 号线就不一样了，线路在南端整整有 6km 的超长距离，分布有 25m 厚湿陷性黄土。不仅如此，地形还伴随极大起伏的特征，地面高差接近 100m。涉及范围如此之广，已经不可能再用此前的方式来处理湿陷性黄土这个难题。为了更详细地了解湿陷性黄土的脾性，

4 号线第二任总体于文龙带队专门拜访编写《湿陷性黄土地区建筑标准》（GB 50025—2018）的作者罗宇生。这位老先生严谨治学的风范至今让于文龙记忆犹新：偌大的办公室内，除了一小块可以办公的地方，所见都是厚厚的资料和书。经过老先生的解惑，总体组对湿陷性黄土有了更清晰的认识，但是在此之前，有关湿陷性黄土地区施工建设的既有经验，多是针对地面和民用建筑的，并不完全适用地下工程。

在这种地质条件下，如何建设车站和附属工程？绝知此事要躬行。换一句通俗的话说，就是实践出真知。这里的实践，首先是试验。总体组与西安地铁界的知名勘察单位联合开展了大型试坑浸水试验，选择了两个具有代表性的场地进行现场试验。具体做法是挖一个大坑，每天注一定量的水，观察大坑不同深度地层在不同时间的沉降量。通过试验，总体组非常严格地分析了湿陷机理，机理作用的两个前置条件，缺一不可：一个是浸水，另一个是要达到湿陷起始压力。

依托扎实的试验数据，总体组掌握了湿陷起始压力实测数据值、现场浸水实测值，对比分析了室内试验与现场试验的差异后，首次提出了湿陷土不连续分布和沉积时代对黄土湿陷特征有重要影响的观点；同时分析了地铁的受力特征，即地铁的建设是先挖隧道再做结构，结构的重量没有挖的土重，就不会对地层产生附加的压力。综合地铁隧道修建前后应力分布特征，在分析了湿陷机理后，重新判定了湿陷等级，并划分了风险，得出了新的设计理念——此段 6km 长的线路不进行任何处理，直接穿越。

对湿陷性黄土不进行处理，这是一个看似大胆、实则稳扎稳打的设计方案，不仅成功解决了 4 号线建设中关于湿陷性黄土的世界性难题，节省工程投资高达 1.5 亿元。对于湿陷性黄土的处理，其方法在后续的 5 号线、6 号线、9 号线和机场城际铁路等工程建设中得到了广泛的应用，累计节约投资 3.8 亿元。

地裂缝是大自然留给西安地铁建设的第二道难题。总体组在地裂缝“分段处理、预留净空、柔性接头、特殊防水”16 字处理方针的前提下，采用了骑缝的设置方式，创新了地裂缝的设防理念。

地裂缝引起管线错断

地裂缝引起房屋开裂

地裂缝是土体、地表岩石受外在因素的影响，在地表形成裂缝的地质现象，若这种现象经常发生在人类活动范围内，便可成为一种地质灾害。在我国，西安的地裂缝数量最多，影响范围较大。目前，已经探明的地裂缝有 14 条，面积约 150km^2，均分布在黄土梁洼地貌范围内，东过灞河，西至皂河，横断西安。这 14 条地裂缝排布之密，延展之广，让西安地铁 4 号线的建设避无可避。

地裂缝是西安典型的地质灾害，威胁到地铁工程的施工和安全运营。在此之前，西安地铁在 1 号线、2 号线、3 号线的建设中，都不同程度地与地裂缝打过交道，并形成了对地裂缝“分段处理、预留净空、柔性接头、特殊防水”的 16 字处理方针。4 号线先后 13 次穿越 11 条地裂缝。让设计更可靠、施工更便捷，是设计院的出发点。

当地铁隧道与地裂缝正交时，地裂缝的活动会导致分段隧道结构产生两个方向的位移，即垂直方向和轴向位移。当地铁隧道与地裂缝斜交时，由于受斜交夹角的影响，地裂缝的活动会导致分段隧道结构产生三维空间位移，即产生垂直方向、横向和轴向三向位移分量，从而引起相邻分段隧道结构在平行和竖直两个方向彼此错位，拉伸变形。反映到隧道结构上，斜交条件下分段隧道将产生明显的三向位移，引起其内部净空减小，进而严重影响列车的行车安全。也就是说，地裂缝会导致隧道衬砌变形，但是地裂缝的活动速度比较缓慢。

以此为方向，设计院以地铁建设为基础，对地裂缝展开了详细研究，与 4 号线相交的 11 条地裂缝，目前活动速率较小，在 100 年内上盘向下沉降和下盘往上提升的幅度大概有 50cm，总体组设计时必须要预留出这些地裂缝的变形，避免轨道受地裂缝的挤压。为此，在 16 字处理方针的前提下，总体组创新采用了骑缝的设置方式，而原来则是对缝设置。比如，原来地裂缝是 80° 或 85° 倾角，施工时要在地下 20m 处通过一个倾角找出它的位置，尽量将设计的变形缝与地裂缝重合。施工过程中，若作业区域恰好位于地裂缝上方，由于地裂缝区域常有水分补给，往往导致施工难度加大。相比之下，采用骑缝施工则显得尤为高效与便捷。此方法无须考虑该段变形缝的间距是 15m 还是 10m，也无须强求变形缝与地裂缝的完全重合，只需在中间设缝。这种创新性的施工方法不仅简化了施工流程，提高了工作效率，还开创了地裂缝防护的新思路。

穿越地裂缝的关键技术研究成果，已卓有成效地应用于 4 号线的 13 次地裂缝穿越实践中。随后，该技术更是被广泛采纳，成功助力 5 号线、6 号线、9 号线等后续工程完成总计 44 次的地裂缝穿越作业，并进一步延伸至 8 号线、15 号线等三期建设工程的 31 次穿越项目中。这些成果不仅显著缩短了施工周期，有效节约了地裂缝段的投资成本，还大幅提升了地下线路在穿越地裂缝区域时的安全性能。

对文物保护这个世界性难题则伴随了总体组对西安地铁 4 号线的整个设计过程。

作为古代 13 个王朝的建都之地，西安无疑是中华民族历史文明发展的一个缩影，是深刻在中国人心中无可取代的印记，有着中国乃至世界范围内规模最大、保护最完整的城墙古迹。秦中自古帝王州。正因为这极特殊的历史地位，国家文物的保护一直是西安地铁建设的重中之重，备受中央关注。

在 4 号线的预可阶段，总体组就到西安市文物局、陕西省文物厅以及陕西省文化遗产研究院，去了解文物的分布和具体情况。文物，涉及文物本体、文物保护范围和建设控制地带，这是三个逐渐扩大的概念。经过了解，于文龙他们知道了文物的大概区域以及应该如何处理。

4 号线沿线国家级文物多达 5 处，涉及唐长安城遗址、西安城墙和平门、大雁塔、世界文物遗产大明宫遗址公园和西安事变遗址西京招待所。穿越了十几处省级文物保护单位和市级文物保护单位。

这些文物主要分布在地面以下 10m 范围内。在这个范围内，总体组的想法是在平面上尽量避让，对一些文物遗址能绕则绕，近而不进：车站站点靠近文物景点，方便游客观赏文物；区间隧道远离文物，降低建设与运营对文物的影响。进入工可研究深入阶段后，随着线路走向的逐步清晰，总体组对沿线文物古迹的等级及其与区间隧道的距离关系进行了更为详尽的梳理与明确。针对 4 号线建设过程中可能涉及的文物保护问题，特别是线路是否会从文物下方直接穿越或与其保持一定距离，西安地铁指挥部高度重视，特别委托总体组绘制了详尽的文物与线路关系图，以支持后续的文物保护上报审批工作。

在常规工程项目中，总体组绘制的图纸往往侧重于简化示意，以达到快速出图的目的，但在 4 号线的项目中，他们严格遵循西安地铁指挥部领导——一位深谙建筑学且为博士生导师的专家的要求，采用黑白图纸表现文物和车站及区间的关系图，并用线条的虚实、粗细来表达文物的美。这一做法深刻体现了总体组与西安地铁领导在文物保护理念上的高度契合：文物就是文物，每一块砖、每一条缝都要做细。

纸上得来终觉浅，为了把文物关系图画得更加清晰，总体组设计师薛景专门跑到和平门城墙边，对城墙上有多少片砖、有多少层，这些砖是怎么分布的，城墙的文匾和砖的相互关系等，都做了详细的调查。

事必躬行的结果，自然不会让人失望。通过细致的摸查，在经过多轮画图后，总体组做出来的图清晰到每一块砖、每一条缝。同时，总体组委托陕西省文化遗产研究院等在文物研究方面比较深入的部门做文物保护的专题，评估地铁建设对文物可能造成的影响。

在探讨地铁隧道能否下穿明城墙的议题上，总体组遇到了相当大的阻力，一些老专家极力反对。确实，这些文物一旦损毁，再不可复制，在方案选择上一定要慎之又慎。于是，西安地铁业主委托专业文物调查单位对已经掌握的文物进行摸查走访。在文物调查单位摸查之后，总体组再对工可研究阶段的成果报告进一步深化，以便快速获得国家文物局和陕西省文物局的批复。

2013年，在西安的一间会议室，西安地铁4号线工可研究报告的正式评审会正在进行，一位年轻人在做系统汇报，吸引着与会者的关注。专家组组长沈景炎、中国城市轨道交通协会周晓勤等20多位专家和领导认真听取报告后，对这份工可研究报告的全面性、到达初步设计的研究深度、汇报的清晰度极为肯定，认为这是他们见过最好的、最深刻的工可研究报告之一。汇报人正是唐文鹏，广州地铁设计研究院西安地铁4号线总体总包第一任总体。虽然仅有一个小时的汇报时间，但业内人都清楚，“功夫在诗外”。最后，评审终于通过，经过不断的努力，选线方案得到国家文物局、陕西省文物局的最终批复：原则上同意西安地铁4号线工可研究阶段文物保护可行性方案的设计。

获得批复之后，总体组根据工可研究阶段的成果报告进一步深化方案。对文物采取的主要措施已基本上定型，即在平面上避让、竖向加大埋深；对与文物有关联的地段，采用盾构工法和特殊减振措施；采取预处理加固措施；提出施工阶段的控制风险和进行长期监测的理念与要求。

“平面避让、加大埋深、盾构工法、特殊减振、长期监测”20个字，是总体组对西安文物保护的设计精髓所在。对一些避无可避的保护单位，如西安城墙和平门，首次提出了正穿门洞、加大埋深、盾构工法、拱架支撑、预留注浆、钢弹簧浮置板道床等一套完整的单体文物建筑保护措施。

为确保文物的安全，总体组在施工图阶段还进行了大比例的模型试验，高精度的文物本体扫描，以事实来说话，以数据来支撑。工程完工后再做全寿命周期的损伤评价，为后续线路文物保护应该采取的相关措施指明了方向。

在西安的文物保护工作中，众多单位部门都参与其中，普查、工可的专题研究、后续的长期监测等每一环都缺一不可，而总体组作为其中一颗钉子，发挥着重要作用。文物保护事业，功在当代、利在千秋。但一个城市还是要发展，发展和文物保护不应该是矛盾的组合体。

其实，文物保护的难题来自两方面，即施工阶段的沉降控制和运营阶段的振动控制。所以，总体组对文物的保护工作不仅仅存在于设计修建期间，而是伴随运营的全过程。为了验证之前工点设计的文物保护效果，工作人员在晚上地面没有交通时，测试一列空载列车通过和两列空载列车同时通过时钟楼的振动情况；在分析得知振动影响很小的基础上，又在白天道路交通繁忙的时段去测一列空载列车、两列空载列车通过钟楼时的振动情况；在再次分析振动数据得知振动影响很小的基础上，又在白天，在两列列车满载沙袋叠加地面交通的双重作用下，测试其对钟楼站可能产生的影响。测试结果显示：地面交通叠加满载地铁列车的振动对钟楼的影响很小；地面交通对钟楼的振动影响更大，地铁列车振动影响很小，隔离桩效果显著。同时，后期监测单位将三维激光扫描、地质雷达、模态测试等技术成功应用到古建筑测试及损伤程度鉴定中，建立了古建筑无损勘查方法。基于数值仿真计算与实测验证，建立了地铁振动对古建筑影响的预测、评估成套技术，实现了对古建筑振动响应的准确预测。通过理论研究和现场实测，首次建立了基于震源减振、屏障隔振、古建筑防振性能提升的多道防线振动控制成套技术。

建设地铁也是保护文物。地铁建设和文物保护不是此消彼长的博弈，减轻周边的交通压力，发展民生工程，可以和保护历史殊途同归！2017 年 6 月 2 日，央视二套在《经济半小时——西安：满城遗址如何保护》栏目中，专门对西安地铁中的文物保护工作和成果进行了采访和报道。对文物负责，总体组做到了！

此外，总体组还把西安深厚的历史，通过新的表现形式焕光烁丽。他们把风格各异的文化符号引入地下，以车站为载体，重点在车站的装修中表现该站附近的文化历史。

让历史说话，让文物活起来。4号线以“丝路长安”为主题，采用连廊的建筑表现手法，将天、地、墙进行一体化设计，使得较为狭长的轨道交通建筑室内空间从视觉上变得宽敞、明亮，凸显现代交通建筑的科技感、时尚感，让人耳目一新。装修风格独特，个性鲜明，融汇古今文化，力求在追求整体统一的风格中体现历史文化名城内涵，营造出精致、古朴、简洁、典雅的氛围。西安北站、大明宫站、大雁塔站、和平门站、大唐芙蓉园站作为全线的重点车站，结合周边建筑环境及车站特有文化特点，提取创意造型符号，用现代材料结合文化元素进行空间装饰，制定具有西安地方特色的车站装修方案，营造出宽敞明亮、大气宏伟的车站空间。

4号线纵贯南北，穿越汉唐文化区。车站公共区装修、人文景观墙设计浓缩了西安厚重的历史文化，并彰显西安现代活力，获中国建筑工程装饰奖。

西安北站站台实景

大唐芙蓉园站站厅实景

和平门站站厅实景

东长安街站站厅实景

2018年12月26日，广州地铁设计研究院承担总体总包设计的西安地铁4号线如期开通。西安地铁业主选择广州地铁设计研究院作为地铁4号线的总体总包单位，他们看中的，正是广州地铁设计研究院优秀的技术力量、先进的理念、快速设计响应速度、储备充足的设计力量。西安地铁4号线工程在获得西安市优质工程奖（雁塔杯）、陕西省优质工程奖（长安杯）的基础上，通过精心准备、工程整改提升，2020年12月1日正式获得国家优质工程奖；2022年1月12日，又荣获中国土木工程詹天佑奖，两项大奖均为西安地铁第一次获得，为西安地铁建设赢得了创新性的荣誉。同时，广州地铁设计研究院已累计荣获7项中国土木工程詹天佑奖。

西安地铁4号线的建设，成为一大批优秀设计师学习、质变、腾飞的契机，孙增田从西安分院院长成长为统管西安、郑州、成都、重庆、徐州、洛阳六个分院的西北分院院长。第一任总体唐文鹏，现任广州地铁设计研究院长沙分院院长。第二任总体于文龙，现任广州地铁设计研究院郑州分院院长。

人才的储备令人欣喜，是设计院持续发展的基础。但对于当下来说，更重要、更直接的影响是业务量的迸发。现在，西安地铁15号线、西户铁路改造、草堂货运线、郑州地铁6号线这4个总体成为西部分院的重点总体线路。

第十五章

叩响华东之门

南京地铁机场线是广州地铁设计研究院在外地总体总包项目中第一条通车的线路，其后，宁波地铁3号线，苏州地铁5号线、6号线、8号线等总体线路的多项国内首创技术，使广州地铁设计研究院的品牌影响力深入华东。

背倚广州，广州地铁设计研究院的足迹踏遍佛山、深圳，又远行成都、南宁、西安……广州地铁设计研究院在不断做大做强的同时，需要更广阔的市场，华东市场就是这样绝佳的舞台。华东地区虽然有上海作为中国地铁事业的急先锋，但是，这片富庶之地还有太多城市的地铁建设刚刚起步，天地广阔，正待来人。

南京地铁机场线

南京作为江苏省省会，具有广阔的地铁市场，设计院决心从南京开始撬开华东地铁市场的大门。实际上，在南京地铁 1 号线建设过程中，广州地铁人就已经在南京留下了足迹。广州地铁集团原常务副总经理竺维彬、广州地铁设计研究院原副院长叶建兴、现任广州地铁建设管理有限公司总经理王晖，都曾作为广州地铁监理公司代表被派驻南京。这批广州地铁人扎实的技术底蕴、严谨的工作作风和对工程技术难题钻研到底的执着态度，给南京地铁业主留下了深刻印象。

而广州地铁设计研究院与南京的缘分，最早始于南京地铁 2 号线东延线。2007 年，广州地铁设计研究院和华设设计集团股份有限公司组成联合体，中标南京地铁 2 号线东延线的几座高架站，该项目获得了南京市优秀工程勘察设计奖一等奖。

其后，设计院开始独立投标南京地铁 3 号线，并成功中标夫子庙站等相连的 5 个车站。夫子庙是南京的重要地标，客流量大，设计施工要求也高。而位于老城区的南京夫子庙前后站点的自然社会环境也给设计和施工带来很大挑战，有 3 个站点正处于秦淮河的古河道下方，常府街站—夫子庙站—武定门站区间要下穿许多历史悠久的老建筑，这些建筑一般是砖混结构，施工风险极大。

设计院已经设计过一些比较经典和标志性的车站，如郑州二七广场站、西安钟楼站等，从名字就能感受到这些车站在当地的地标作用和重要地位。这些车站一般都在市中心，施工条件复杂，对工程要求极高。

设计院队伍“十年磨一剑”，畏难显然不是他们的作风，通过精细设计平稳通过了该区间。这些成绩，既是授予不断发展的广州地铁设计研究院此阶段的奖章，也让南京地铁业主认识到一支“敢啃硬骨头”的队伍。

2010 年，设计院大力拓展外地市场。此时恰逢南京地铁 6 号线、4 号线、宁和线同时招标，广州地铁设计研究院受邀参与投标。

基于良好业绩和技术的积累，设计院中标南京地铁 6 号线。但在设计中期，线网发生了变化，南京地铁 6 号线单纯指市区部分，而设计院中标的这条线，则改名为南京至高淳城际轨道南京南站至禄口机场站段，也就是南京地铁机场线。

工期短是南京地铁机场线的显著特点。广州地铁设计研究院针对南京地铁机场线的情况采取了一系列措施，派出两位副总工程师坐镇南京，开始了一系列的创新。

南京地铁机场线全长 35.8km，其中高架段长 16.9km、地下段长 18.9km，全线共设置车站 8 座、车辆段 1 座、控制中心 1 座、主变电站 2 座。南京地铁机场线不仅是连接高铁南京南站和禄口机场这两大枢纽的线路，更是 2014 年第二届青奥会的重要配套项目及窗口工程，在青奥会举办之前开通是必须完成的任务，所以，南京地铁机场线最大的特点是工期紧。

由于工期短，南京地铁机场线从一开始就让设计组感受到了难度。中标之后，理论上的建设期一般是 5 年，但南京地铁机场线从工可研究、初步设计、总体设计、施工图设计、施工配合到通车，总共只有 4 年半的时间。工期紧迫意味着施工配合和质量要求更为严格。在有限的时间内，设计方案无法进行反复论证和修改。因此，设计前期就要考虑周全，不能有大的颠覆性变化。需要尽快确定设计方案，尽快进入实施阶段，否则后期时间紧迫，修改方案将变得非常困难。

南京地铁机场线要满足京沪高铁通车的需要，这是必须完成的目标。为此，设计院委派了王建和王丹平两位副总工程师坐镇南京。和深圳地铁 9 号线一样，这是少有的 2 位副总工程师同时在一个项目上督阵的情况，可见设计院对南京地铁机场线的重视程度极高，也侧面说明南京地铁机场线的建设难度极大。

王建作为设计院南京分院的院长，任机场线的项目经理，负责工程项目管理和工程结构上的审定工作，南京地铁 3 号线几个标志性车站，正是由他主导完成。王建经验丰富，在多个城市都有引以为傲的代表作，如成都地铁 2 号线中医大省医院站、广州同福西站等。

王丹平担任南京地铁机场线的总体，负责建筑上的审定工作及其他设计方案的制定。南京地铁机场线中标时，王丹平是设计院建筑专业副总工程师，负责技术审查工作。早在广州地铁 5 号线，王丹平就通过竞聘上岗，成为 5 号线的建筑副总体。由于设计院已经在很多城市开展工作，没等到 5 号线通车，王丹平就被派到深圳负责设计院在深圳地铁 2 号线的具体工作，在其指挥下 2 号线东延线设计任务圆满完成，同时深圳分院得以成立。

这两位副总工程师齐聚南京，说明设计院对于南京地铁机场线的难度是有心理准备的。对于只有 4 年半的工期，怎么办？结合南京地铁机场线的特点，只有向管理拿进度，向技术创新拿进度。

总体组对于南京地铁机场线的系统选型和行车最高速度的设计因地制宜，在经过综合比对后，时速 100km 成为机场线的首选。

南京地铁机场线长 35.8km，但总体组考虑的却不止这个长度。南京地铁 6 号线还要往北延伸，北延段有 60 多公里，对不同车型、不同编组、不同时速也做了充分的论证，在时速方面，提出了时速 120km、100km 和 80km 三种方案。

当时，国内普遍采用时速 80km，机场线相对慢一点。但为满足 30min 到达机场的目标，设计院拟采用时速 120km。时速 120km 可将全程时间缩短 4min 左右，对于全程时间的控制更有保障。

但采用时速 120km 存在一个问题。由于排烟要求，一般长大区间要设中间风井，列车快速行驶时会造成压力的变化，人在车上会有耳鸣的感觉，给乘客带来不适感，广州地铁 3 号线采用时速 120km 后就存在这种情况。

南京地铁机场线共 8 个站，其中高架站 3 个，地下站 5 个。平均站间距为 5km，最长的一个区间站间距为 7.9km，是典型的长大区间。国内很多城市都在研究怎么解决长大区间压力的问题。

深圳地铁 11 号线采用时速 120km，得出的结论是：对于内径 5.4m 的普通盾构机，这种问题解决不了。结合动力学分析，在高速情况下加大盾构半径，可以减轻乘客在地下区间的不适感。但国内在高速区间很少采用 6m 内径的盾构机，这种大直径盾构机的生产时间、配套管片的生产设备等都要改变，不仅增加了造价，建设周期也将增加 10 个月。

因此，在论证南京地铁机场线时速 120km 时，专家都比较谨慎，认为时速 120km 并不可行。既然时速 80km 和时速 120km 都不可行，那就只剩下时速 100km 了，在工期相当紧张的情况下，总体组提前做了方案的预判，同时做好了这三种方案。时速 100km，可以实现设定的 30min 通达目标，这是机场线最适合的系统选型。

采用时速 100km 6B 编组的列车，在南京轨道交通线路中属于首例，禄口机场站到南京南站所需时间为 27.27min，满足了功能定位及时空目标需求，同时结合工期、能耗等综合比较，确定其为最优方案。

由于城市隧道地面接线段建设与环境保护之间的矛盾日渐凸显，总体组在南京地铁机场线突破传统工法设计，创新性地在地下区间中采用地面出入式盾构法隧道技术，缩短了明挖段长度。

地面出入式盾构法隧道技术，顾名思义，盾构机从浅埋导坑始发，可在无覆土条件下施工隧道，最终到达浅埋导坑内。盾构掘进正常比较深，必须要保证一定的土层厚度，盾构机才能利用四周的土压达到自平衡。如果土层厚度不够，则产生不了这种平衡。

地面出入式盾构法隧道技术通过精心设计和优化盾构机的构造及施工工艺，使得在土壤覆盖层较薄的情况下，也能高效、安全地进行隧道挖掘作业。而以前，覆土不足的地层只能采用明挖法施工。机场线是高架、地下各占一半，在一些地段需要控制埋深，地面出入式盾构法隧道技术正好可以解决高架和地下衔接段覆土较浅的问题。应用这项技术，可以将明挖段的长度大大缩短，此为国内首创。

地面出入式盾构法隧道技术的项目研究成果，在正方中路站—吉印大道站区间进行了应用，这种工法突破了传统盾构法隧道对覆土的限制，实现了地面道路与地下隧道连接段的一体化设计与施工，为隧道工程出入地面段可持续发展的建设在源头上提供了解决方法。其利用盾构掘进替代暗埋段明挖，可节约开挖面积约 50%，减少搬拆迁和对周围环境的影响；以地面出入式替代深大工作井，可缩短建设工期 10% 以上。

地面出入式盾构始发

孙钧院士、钱七虎院士等知名专家认为研究成果创建了全新的浅覆土和无覆土条件下衬砌隧道结构变形控制、隧道抗浮控制、盾构姿态控制和隧道防水技术体系，并第一次成功应用于轨道交通地面出入段隧道建设，其整体施工工艺达到国际领先水平。刘建航院士认为研究成果为特殊环境下的隧道线路规划设计提供了一种全新解决方法，该技术成功应用于轨道交通地面出入段隧道建设，属国际首创，其整体施工工艺达到国际领先水平。

为解决高架区间环境保护和景观协调的难题，总体组在全线高架区间上部结构采用了国内先进的 U 形梁设计理念。

现浇连续 U 形梁现场应用

U 形梁是一种用在高架结构区间的薄板式结构，该梁型在南京地铁机场线的应用是总体组在国内机场线的首次采用。南京地铁机场线在国内既有 U 形梁线的基础上做了进一步的创新，首次采用连续山形梁技术和 U 形挡板渐变箱梁技术，成功解决了 U 形梁跨越大路口及与道岔区桥梁景观衔接的难题。

这种结构优点在于，结构混凝土轻薄，成本相对较低，降低了轨道交通整体结构高度。而且 U 形梁腹板结构具有阻隔轮轨噪声的作用，其结构本身不会产生箱梁与箱体的共鸣，可有效降低噪声；结构 U 形梁上翼缘和腹板具有箱梁栏杆和中央疏散平台的功能，可作为声屏障、接触网立柱的基础和电缆桥架立柱，显著提高桥上附属结构的施工质量和使用寿命。

南京南站是国内最大的高铁站之一，南京禄口国际机场也是超大型机场，总体组在高铁站和机场两大枢纽间实现了无缝连接。

南京作为省会城市，辐射作用显著，通过高铁、飞机的联运，辐射到南京周边的城市，极大缩短了时空距离。南京地铁机场线对南京南站、禄口机场站这两个枢纽的连接意义重大。

南京南站是 4 条地铁线和高铁线的换乘站，设计理念领先。总体组在其原有基础上把宁和线组合起来，与既有 1 号线、3 号线形成换乘流线，原来没有预留接口，设计组做了改造后，与现在的高铁站实现了无缝连接，形成非常好的换乘流线。

南京南站

机场线南京南站和南京地铁 3 号线换乘时，要从既有 1 号线、3

号线下面穿过。但 1 号线、3 号线基本是平行的，下穿难度非常大。1 号线、3 号线的站台到机场线站台有 250m 的走行距离，涉及消防问题及如何布置付费区和非付费区的问题。这两个区怎么连通？付费区的问题又如何解决？其中还隐含一个问题：售票机怎么排布？

按照传统做法，如果全部是非付费区换乘，那么闸机数量会非常多，可能要摆满非付费区，所以机场线南京南站与换乘线的连通问题必须解决。总体组想到一个方法，就是把非付费区换乘改造为付费区换乘，这样可以极大提高乘客使用的便利性，单就一个换乘，总体组就设计了 3 个方案。

在禄口机场站，非付费区分为南北两个集散厅，北厅和南厅分别方便 T1、T2 航站楼的客流使用，乘客通过集散厅乘坐连接扶梯可以直接抵达交通中心地面层，而后分别通过 T1、T2 航站楼的连接通道直接抵达机场 T1、T2 航站楼的出发及到达大厅。

在闸机的布置上，付费区进出闸机均集中布置，进闸机靠近售票机设置，扶梯上下行方向与站台主客流方向对应，进出闸机与扶梯上下行方向相对应。通过合理布置车站人行通道、车站付费区和非付费区，合理布置售、检票系统及楼梯和扶梯，将进、出站客流进行合理分流，最大限度地避免了地铁车站各种客流的相互干扰。

对于南京地铁机场线下穿京沪高铁等高架线路，总体组通过设置隔离桩等措施确保下穿过程中沉降得到很好地控制。

南京南站到翠屏山站区间盾构隧道下穿京沪高铁高架桥等 6 条铁路高架桥，下穿处的铁路高架桥均为预应力钢筋混凝土连续梁桥，桩长约 29m，下穿段盾构隧道外边缘与京沪高铁高架桥桩基距离最近为 6.4m。

对于下穿高铁，广州地铁设计研究院和南京地铁机场线总体组都具有丰富的经验。但毕竟是下穿京沪线，总体组非常谨慎，设计了多轮多个方案，采取了很多安全措施，与原上海铁路局也进行了多次对接，设计方案通过对线型的精细设计，保证了线路穿越的位置为距离桥墩最安全的位置。在这个基础上又对地面和桩承载周边采取了保护和加固措施，充分保证施工期间不产生沉降。

由于高铁保护标准极其严格，设计组在隧道通过前对京沪高铁设置了隔离桩，隔离桩采用直径 1.2m 的钻孔灌注桩，桩长嵌入隧道下方，有效隔开隧道开挖的影响区域，方便控制盾构掘进过程中地层的扰动范围。

在设计阶段，总体组将线路压深控制在距离桩侧不小于 6m，从隧道底不超过桩长的区域穿越，从而有效稳定了桥梁结构的基础变形，确保桥梁结构本身的安全性。施工过程中，严格控制土仓压力，尽量保持土压平衡，通过同步注浆、二次补浆等措施，合理控制浆液配合比、注浆量及注浆压力，以填充开挖空隙，使地表沉降得到较好控制。

同时，严格控制掘进姿态，及时检查及更换刀具，合理控制推进速度，通过施工前及施工期间对桥墩基础、地面沉降等的实时跟踪监测，及时调整盾构施工参数，确保施工过程中信息的及时反馈。在采取一系列措施后，下穿京沪高铁计算出来的变形是毫米级的，后来施工后实测不到 5mm，确保了穿越过程中高铁桥梁的安全。

在南京地铁机场线的控制中心实行资源共享和提前预留接口方面，总体组根据经验提前采取了措施。

根据南京地铁区域线网规划，共设置 4 处控制中心。其中，南京南控制中心是城南区域线网控制中心，从城市南部地铁线网规划考虑，控制中心主要管辖 3 号线、5 号线、南京地铁机场线（宁高城市轨道交通一期）、宁高城市轨道交通二期、宁和城际线、宁溧线共 6 条线路。

设计组受广州地铁运营指挥中心这种先进模式的启发，将南京南控制中心的调度核心区按 6 条线同时接入进行了设计，行车调度、综合设备调度、维修调度及每条线的总调度均布置在同一中央空调室内。因此，控制中心设计前期需对 6 条线进行资源共享建设研究。这种设计使得土地资源、基础设施及设备和管理用房、人员与物力资源配置等多方面实现了共享。

南京南控制中心

除此之外，总体组在南京南站和翔宇路南站都预留了接口。总体组最初设计时就在南京南站预留好了接口，南京南站预留的延伸条件、灵活的行车组织模式，使得工程即使在设计到一半时发生变更，6 号线也一样既可以单独运营，也可以和机场线一起运营。在禄口机场站前一个站翔宇路南站也预留了去高淳的条件，正因为设计组在配线方面考虑周全，后面线路虽然发生了一些变化，但对线网的影响不大，实现了平稳过渡。

南京南站—翠屏山站区间，线路复杂，既要下穿既有线和高铁的多条股轨道，又存在小半径问题。为了让业主放心，总体组将这个区间通过真实数据生成三维模型进行演示，打消了业主的顾虑。

在 4 年半内，南京地铁机场线在节省工期方面不断创新，以前盾构始发井、吊出井是紧邻车站设置的，只有等到车站基坑建到一定程度时才能提供始发或吊出条件，设计组利用中间风井做始发井，极大节省了工期。

在南京地铁机场线项目中，设计院展现出了深厚的专业实力，面对方案的多变性，设计院始终能够精准把控，确保核心方案的正确实施；与业主保持了良好的沟通与配合，业主对设计院的评价，作为最直接且客观的反馈，无疑是对设计院工作最为中肯与真实的认可。

南京地铁机场线在 2014 年 7 月 1 日正式开通，如期兑现了在青奥会前开通的承诺。虽然它不是设计院在外地城市承担的第一个总体设计项目，但作为第一条成功开通的总体线路，其重要性不言而喻。

南京地铁机场线雄姿

南京地铁机场线荣获 2015 年度广东省优秀工程勘察设计奖一等奖，2015 年全国优秀工程勘察设计奖市政公用工程一等奖。2018 年 6 月 3 日，第十五届中国土木工程詹天佑奖技术交流会暨颁奖大会在北京隆重举行。南京至高淳城际轨道南京南站至禄口机场段工程（S1 线一期）从 139 个申报的优秀项目中脱颖而出，荣获中国土木工程詹天佑奖，充分肯定了该项目在技术创新方面所取得的显著成绩，意义重大。

现在，由设计院总体总包的南京地铁 11 号线正在紧锣密鼓地施工。而从南京地铁机场线第一条总体线到苏州 5 号线、6 号线、8 号线，到无锡地铁 3 号线和宁波地铁 3 号线再到济南地铁 9 号线，设计院在华东片区实现了长足的发展。

南京地铁机场线，不负众望叩响了华东市场之门。

宁波地铁 3 号线

华东市场确实是有无限潜力的，设计院在成功拓展南京地铁市场的同时，也参与了宁波地铁的建设。2009 年 4 月，在中标南京地铁机场线的同一时期，设计院在宁波也成功中标宁波地铁 3 号线工可研究。项目组在 3 号线工可研究中的专业性和敬业精神，给宁波地铁业主留下了深刻印象。

2012 年 9 月，设计院最终以自身的优势中标 3 号线工程总体总包项目，3 号线成为设计院在宁波承接的首条总体总包线路。3 号线一期全长 16.728km，作为贯通城市南北的交通大动脉，在串联起各繁华商圈的同时，又打通了甬江科创大走廊、体育馆、儿童公园、宁波博物馆等城市地标。

3 号线是一条名副其实的“黄金经济线”，也是名副其实的挑战线，其设计施工难度与重要性一样突出。一条线如果要穿越人口众多的老城区，则不得不面临两个问题：其一，施工可占用的地上开挖面积小，周边环境复杂，对施工问题非常敏感；其二，会穿越大量拥挤的老建筑，对地下工程要求高。

总体总包设计团队的组建非常重要，设计院派出华东分院院长廖景担任总体，从苏州项目急赴宁波，组成了以王丹平、王世君、李云飞、魏铁民、唐敏、廖佳仪、廖振宁、沈永洋、曾庆立等为主力的总体总包组团队，全力以赴投入 3 号线的设计工作中。

3 号线一期为宁波第二轮轨道交通建设的第一条线，与 1 号线、2 号线相比，相关设计规范有了很大变化，从舒适性、科学性上对设计提出了更高的要求。3 号线不仅下穿多处老城区的桩基群，还下穿甬江等河道江流 20 余次，多处与甬台温高铁、甬台温高速公路、南环高架等要线交叉，特别是高铁线路对地下施工引起的沉降非常敏感，稍有不慎便可能引发严重后果。

面对宁波特有的淤泥质软土地层，总体组进退维谷，而类矩形盾构成了一剂对症下药的良方，也以“产学研”的形式实现了国产技术振奋人心的突破。

设计组早在工可研究时就意识到，宁波地铁施工遇到的难题除与地面因素有关外，还与地层深处的地质条件有关。

广州地铁集团原常务副总经理竺维彬提出，任何地下工程首先都要以地质为基础。宁波地处滨海平原，属典型的淤泥质软土地层。这种软土的主要特征是，很容易受力的影响而产生压缩形变，支撑性很差，施工过程中易产生差异沉降。因而不能像北方城市或广州一样采用暗挖工法，这种软土地层的地质条件，能采用的工法除了盾构法就是明挖法。所以，宁波地铁 3 号线的 17 个区间中，有 15 个区间采用的是盾构法施工，其余 2 个区间采用明挖法施工。

在 3 号线出入线段的工法选择上，设计组遇到了困难。由于出入线段有 4 条轨道并排，因而断面非常宽，而盾构法施工达不到这么大的断面。且出入线段的埋深一般较浅，正常来说，非常适宜采用明挖法施工。3 号线的出入线段还有一个特点：它设置在江的对岸，线路要穿江而过。如果采用明挖法，则要截断滚滚甬江水，需要付出高昂的成本代价。

设计组陷入了三难的境地：由于是软土地层，暗挖法不可行，盾构法施工适用的隧道断面不够大，明挖法施工有甬江这个“拦路虎”。为减少盾构施工对周边环境的影响，宁波市轨道交通集团有限公司首先在全国提出了研发类矩形盾构机的设想，“类矩形”在隧道领域是一个新术语，相当于日本文献所称的“复合圆形盾构机”，其断面由数条光滑、可导的曲线构成，形成类似矩形的封闭轮廓。

这是一个大胆的设想。为了落实类矩形盾构机的研发，业主单位、施工单位、设计单位联合大学科研力量一起发力。在这个过程中，设计院对隧道的尺寸、内外的距离、管片的尺寸和要求以及限界等一系列技术问题提供了很多有益的设计，为类矩形盾构机的适应性打下了基础。

2015 年 9 月，第一台全断面切削类矩形土压平衡盾构机（简称“类矩形盾构机”）顺利研制完成，被称为“阳明号”类矩形盾构机。两个月后，“阳明号”类矩形盾构机在 3 号线出入线段投入使用。宁波的类矩形盾构机采用了“2X+I”的方案，“X”为辐条式主刀盘，“I”为 4 曲轴偏心多轴刀盘，填补主刀盘的切削盲区。错层分布，可实现 100% 全断面切削。

这是国内首台应用于城市轨道交通隧道的类矩形盾构机，采用其建设的隧道也是世界上最大断面的类矩形土压平衡盾构隧道，断面尺寸为 11.83m × 7.27m，比常规圆形隧道节约了 35% 的地下空间。这种通过“产学研”联合攻关，自主研制的集机械、液压、控制和通信技术于一体的类矩形盾构机，填补了国内空白，并形成了衬砌设计与试验、装备研发和施工工艺研究三大核心技术。

在衬砌设计及试验方面，设计院综合考虑衬砌拼装、全断面土体开挖、结构受力合理性、结构厚度、周边环境影响等因素，确定了 4 条光滑相切的圆曲线，形成了成拱效果明显的“类矩形”隧道断面形式。在结构受力、开挖断面利用率及盾构刀盘全断面切削之间寻求平衡，较双线单圆小直径隧道和单圆大直径隧道对周边环境的影响更小。

在首创研制 11.83m × 7.27m 类矩形盾构机的同时，创新研发了类矩形盾构机法隧道施工成套关键技术，开发了自动导向系统和施工纠偏控制方法，实现了盾构姿态实时高精度控制，解决了针对类矩形盾构机一次成型双线隧道姿态控制难度大等施工难题。

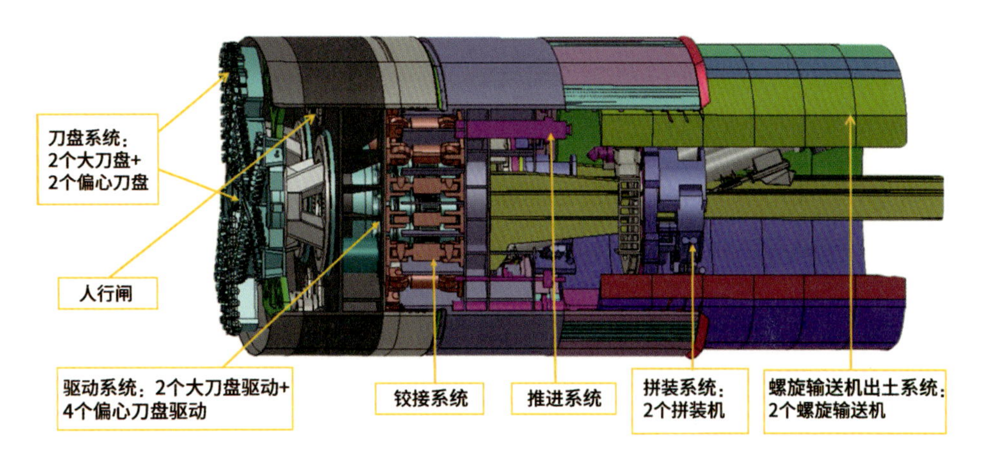

类矩形盾构机关键组成部分

2016 年 11 月，类矩形盾构隧道贯通。类矩形盾构机形成的集结构设计、装备研发、施工工艺于一体的成套建设技术，对整个盾构法隧道产业形成强大的推动作用，给企业和行业发展带来巨大的经济和社会效益，对我国富水软土地区城市旧城区功能升级与再造有深远的意义。

宁波地铁 3 号线伴随全线的淤泥质软土地层，不断给设计院提出挑战。机械法联络通道施工和与之相适应的内置泵房，正是基于这种地质条件的创新。

根据疏散要求，国内盾构法施工在盾构隧道区间中要设置两条联络通道。作为区间内连接两条隧道的通道，联络通道一般位于区间隧道中间相对较低处，起到排水、防火和应急疏散的作用。联络通道一般只有几十米，短的只有十几米，主要由通道口、通道主体和集水井（有的通道不设）组成。联络通道属于辅助工程，工程量很小，导致人们形成一种惯性思维，认为联络通道不重要，仅是附属小工程。实际上，联络通道对于工程的总工期策划非常关键，影响主体隧道的后续施工。同时，联络通道结构接口复杂、施工空间狭窄、集水井深于主体隧道，所以施工风险大，具有“小通道，大风险”的特点。

此前，区间联络通道主要采用非机械工法施工，即“加固 + 矿山法”的组合形式。先冻结联络通道的一段土体，再打开联络通道两头的隧道管片，通过矿山法完成通道挖掘。这种工法以人工开挖和冻结为主，采用人工开挖施工形式，危险性非常大。特别是在宁波淤泥质土的地质条件下，周围都是泥浆，即使采取了冻结措施，采用传统工法开挖风险依然很大。为降低风险，总体组在儿童公园站—樱花公园站区间、鄞州区政府站—南部商务区站区间的两个联络通道率先采用了机械法施工。

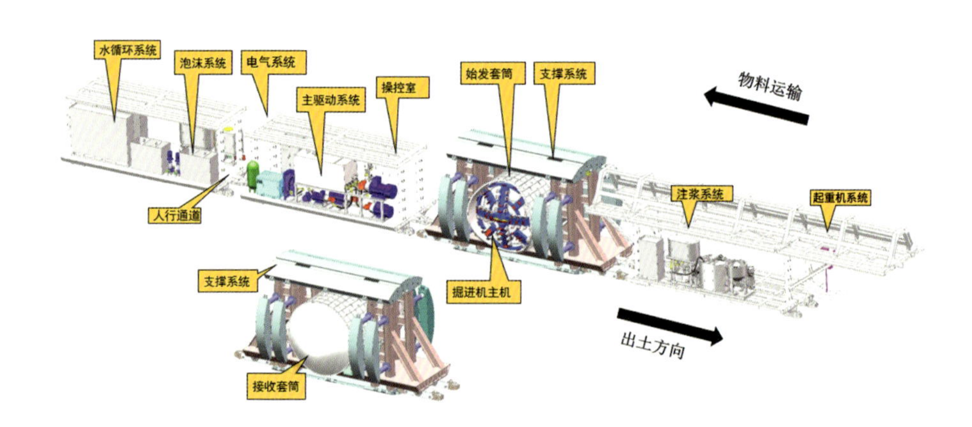

掘进机布置图

联络通道采用微型直径盾构机开挖，类似小盾构机，但以前没有应用的先例。机械法联络通道施工具有三大技术创新点：首创了集约型模块化适应性盾构机，包含可切削管片锥形刀盘和伺服内支撑体系；首创了微加固的联络通道管片结构设计技术体系，包含大隧道镶边混凝土复合管片及复杂洞门的 T 形接头设计；集约空间高性能拼装机，首创解决了轨道交通盾构隧道狭小空间的机械化联络通道施工技术难题，建立了完善的施工技术控制体系。

机械法联络通道技术作为一种创新性技术，与非机械法施工相比，可在一定程度上缩短施工工期，且无须进行大面积的加固，可降低加固成本。同时，可消除冻结加固冻融引起的结构损害及环境影响。具备安全、优质、高效、环保等技术优势，为城市轨道交通盾构隧道联络通道施工提供新思路。

机械法联络通道技术的研发和应用，是地下工程向全机械化发展、盾构工程向全系统化发展迈出的坚实一步。如今，机械法联络通道技术已经推广到广州、苏州、无锡、杭州等地，并将逐渐推广到全国。

解决了机械法联络通道的问题后，紧接着就是内置式泵房的设置问题。以前泵房设置在联络通道内，在联络通道最低的点再挖一个坑下去，但联络通道开挖的风险已经非常大，如果再挖一个坑，风险则更大。由于采用了机械法联络通道，洞径和盾构管片一样大，断面极其有限，如果在断面上再扩挖，显然不是良策。那能不能在既有的隧道中把泵房问题解决掉？

总体组将目光锁定在隧道下方：把泵房放在区间隧道内、轨道下，利用道床和隧道结构空间作集水坑。区间废水和渗漏水由区间隧道道床的排水沟收集，汇入集水坑，再通过水泵增压排出，进入市政排水系统。这就是与机械法联络通道相对应的内置式泵房。

但是隧道内设备复杂，内置式泵房的设计是否会对轨道造成扰动？水管电缆怎么排布？能不能满足隧道结构、轨道、供电等专业的标准要求？对于这些问题总体组进行了思考。针对有特殊减振要求的地段，总体组做了大量数据计算，力求万无一失。对一些会受内置式泵房影响的特殊地段，设计组通过特殊轨道扣件实现减振。经过轨道、道床和排水量的诸多精密计算和研究，以及各方调研与多轮方案论证，内置式泵房的初步设计方案出炉了。

采用这个方案，不需要额外开挖，在隧道内腾挪出泵房的位置即可，大大降低了区间隧道的施工风险，联络通道的平面位置选择以及区间纵断面的设计，变得更加灵活。同时，还降低了成本，单个泵房工程造价可节省 20 万 ~ 40 万元，经济效益非常可观。内置式泵房是一个“不得已而为之”的创新，是更好地实施机械法联络通道施工的必要条件。

内置式泵房

内置式泵房的创新可以说是“山重水复疑无路，柳暗花明又一村”。当发现无法完成常规合设时，总体组果断跳出传统思维框架，以全局视角和创新精神打破陈规，实现了灵感到现实的具象化，一举克服了传统设计方案的诸多缺陷和不足。如今，内置式泵房已经在许多地方得到了推广。

在宁波地铁 3 号线，由于儿童公园站是换乘站，还要跨越铁路，整个车站的埋深相当深，总体组创新采用了超深连续墙工法，并将广州地铁 TOD 的成功经验应用到宁波地铁，把车站和地块的规划或地块的上盖结合起来，采用 TOD 的理念为未来宁波的发展助力。

宁波地铁 3 号线是贯穿城市南北的交通大动脉，总体组按照“建轨道就是建城市”的理念和“高效集约、站城一体、通畅便捷、绿色生态”的原则，高质量打造“轨道上”的主城都市区，仇毕站、儿童公园站的 TOD 开发都做得相当成功。

仇毕站是第一个放在地块内的车站，在前期就考虑了地块上盖和车站的关系。项目多个站点与周边开发地块同步建设，提供可开发建筑面积 12.4 万 m^2，既缩小了生活半径，节约了出行时间和成本，也提高了居民的生活品质。线路与宁奉城际铁路贯通运行，实现了江北、鄞州、奉化区域交通一体化。以“交通引领发展”的思路，提前将车站放入地块中，为宁波未来发展助力。

仇毕站上盖物业开发

创新需要智慧和实力，创新更需要勇气、责任和担当。如今，宁波地铁 3 号线荣获了 40 余项殊荣，包括中国专利金奖、中国专利优秀奖、全国建筑业绿色施工示范工程、浙江省建设工程钱江杯（优质工程）以及省部级科技奖、省级工法等，这些奖项无疑是对设计院最好的奖励。

2022 年 1 月 12 日，由广州地铁设计研究院承担总体总包设计的宁波地铁 3 号线一期工程荣获中国土木工程詹天佑奖，在詹天佑奖的评审上，评审专家认为：宁波地铁 3 号线采用的工法解决了越来越突出的轨道交通可持续性建设与浅层地下空间日渐饱和、轨道交通运营与居民生活的矛盾，研究成果将对整个盾构法隧道产业形成强大的推动作用，给企业和行业发展带来重大的经济和社会效益，对我国富水软土地区城市旧城区功能升级与再造有深远的意义，符合国家的长远发展需要。

苏州地铁市场

2006 年，当广州地铁设计研究院在成都、武汉、西安展开“走出去”战略时，设计院同样看到了二级城市苏州的发展前景。在经过一系列的前期准备工作后，2007 年 12 月，设计院中标苏州地铁 1 号线施工图强审项目，成功进入苏州市场。南京地铁机场线是设计院在华东的第一个总体总包项目，这条线的中标使设计院成功叩响了华东市场之门，而苏州地铁 1 号线的这个施工图强审项目，虽然规模不大，却是设计院在华东地区拓展的第一个项目。2008 年 1 月，苏州项目部正式成立，其后苏州地铁 2 号线咨询和施工图强审任务也交给了广州地铁设计研究院。

2010 年 6 月，苏州项目部（苏州分院的前身）再次中标苏州地铁 4 号线的咨询及施工图强审项目，这是当时全国轨道交通线路最长、合同额最高的项目。对于 54km 长的苏州地铁 4 号线，面对 8460 万元的全国最高咨询费，涂小华自任咨询总监开始，就以最大的诚意来服务 4 号线。

涂小华参与了广州地铁 2 号线、3 号线、4 号线、5 号线、6 号线的设计工作，并在广州地铁 4 号线担任了全国首个直线电机车辆段项目的负责人、在广州地铁 6 号线担任了机电副总体。涂小华不仅对地铁系统设计、接口及建设的过程很了解，对广州地铁业主及管理模式也较熟悉，作为咨询总监具有很大优势，她也成为苏州地铁业主和广州地铁业主沟通的“桥梁”。广州处于改革开放的前沿，一些创新自然也走在了全国前列。苏州地铁业主想了解地铁建设的最新技术及管理模式，基于广州地铁的经验涂小华能站在咨询的角度给他们提出建议，由苏州地铁业主来权衡是否采用。

2010—2017 年，广州地铁设计研究院在苏州同时承担了三条线的设计咨询及施工图审查，同时面对这么多咨询任务时，涂小华发现，如果把咨询过程中发现的问题按专业进行分类集中，由咨询主持，召集相关业主、各线总体一起开咨询例会，可以提高工作效率。于是，在请示苏州地铁业主后，她便在苏州地铁建设中首次开展了每月的咨询例会。

咨询例会只有苏州地铁总工程师、业主相关管理人员、总体和咨询单位参加，会议的主要任务是让业主全面系统地了解各线每月业主指令的落实情况、计划落实情况、审图过程中发现的主要问题及咨询对下阶段工作提出的建议。每月一次的咨询例会，在苏州开创了由咨询单位牵头召开例会的先河。

除了咨询任务，苏州分院还负责对苏州地铁 2 号线、2 号线延伸线、4 号线施工图进行强制审查。强审工作人员除了要有丰富的经验外，还必须对规范了然于胸。按照计划，施工图强审周期一般是 7 ~ 15 天，但仅苏州地铁 4 号线就有 54km 长，审查图纸工程量相当大。按照以往的工作流程和节奏，时效和质量都会有所欠缺。

为了力臻完美，和业主一起抢进度，苏州分院决定对强审工作采取集中办公的方式。分院和总体商量先把送图纸的具体日期确定，再组织广州地铁设计研究院各专业的人员来苏州集中审查，最多的时候组织了总院 46 个人来苏州集中审查。强审团队利用假期加班加点对图纸进行审查，按期完成了任务。

咨询及强审工作为设计院树立了良好的形象，2011 年 2 月，苏州地铁业主将苏州地铁 2 号线延伸线设计咨询及审查项目直接委托给设计院。2011 年 5 月，设计院苏州分院成立。

涂小华深知，咨询工作只是地基，是逐梦的起点，借助广州地铁集团这个大靠山，广州地铁设计研究院在苏州轨道交通业务上应该更上一层楼。2013 年，苏州地铁第三期建设规划的编制工作开始招标，涂小华立刻把这个信息上报给了院总部。对于这项费用并不高的建设规划编制工作，时任院长徐明杰及华东分院院长廖景给了明确指示：投！

经过激烈的竞争，苏州分院成功中标。其后，苏州分院还中标了苏州地铁第三期建设规划调整编制、苏州地铁第四期建设规划编制任务。苏州分院一贯严苛专业、务实肯干的工作态度圆满完成了建设规划的编制任务。

2014 年以前，苏州地铁第一、第二期建设规划共 4 条线只有一家总体总包设计单位——铁四院，一家咨询单位——广州地铁设计研究院。而设计院从工程咨询到建设规划的编制，让苏州地铁业主看到了一个服务意识强、做事踏实的设计队伍，并考虑：竞争才有良性的循环，该学习一下其他城市，引进一家新的总体总包设计单位以提高设计水平。苏州地铁 5 号线总体总包项目，就在这种综合形势下开始了招标。2014 年 2 月，设计院通过激烈竞争，中标苏州地铁 5 号线的总体总包任务，这是广州地铁设计研究院在苏州收获的第一个总体总包项目。

总体总包项目的取得，是积累多年的苏州分院一鼓作气、厚积薄发的结果，是苏州地铁业主对广州地铁设计研究院实力和能力的肯定。这也意味着，苏州分院从 2007 年进入苏州地铁建设市场后，取得了阶段性的胜利，昂首迈入了一个新的阶段。

广州地铁设计研究院对苏州地铁 5 号线的总体总包设计，围绕“智慧、安全、绿色、人文”四个关键词展开。总体设计起点极高，采用了最高等级 GoA4 级全自动运行技术、直流智能照明系统、高效智能空调控制系统等一系列创新技术。

设计院负责苏州地铁 5 号线的总体总包具有一定优势。通过苏州地铁 1 ～ 4 号线的咨询和施工图强审工作，苏州分院对苏州地铁的情况已经非常了解。苏州是旅游城市，车辆编组多、线路长，在前 4 条地铁线路的总体设计中，每一条线都有一个主题，根据各条线不同的主题进行装修和施工。

苏州地铁 5 号线要打响广州地铁设计研究院的品牌，必须大胆创新。5 号线西起太湖之滨，东至阳澄湖畔，并途经金鸡湖、独墅湖等重要湖泊，因为水多，设计就以“水映新苏”为主题，综合打造一条极具苏州水乡特色的轨道交通线路和文旅线路。由此，5 号线的创新围绕“智慧、安全、绿色、人文”四个关键词展开。

既然要做一条不一样的地铁，那么就从全自动无人驾驶技术开始。江苏省内首条采用全自动运行技术的城市轨道交通线路是设计院献给苏州地铁的第一个惊喜。无人驾驶技术除了在广州地铁 APM 线尝试过，还没有在正线上应用过。

苏州地铁 5 号线的总体设计起点极高，采用了最高等级 GoA4 级全自动运行技术，具备列车自动唤醒与休眠、自动出入场段、自动投入或退出运营、自动洗车等功能。列车配置了被动障碍物检测系统、脱轨检测系统及“司机眼”系统，进一步提升全自动驾驶运营的安全性。

苏州轨道交通线网指挥中心和 5 号线同步建设。为优化全自动运维区的线路管理，首先要从线网指挥中心通信和信号专业开始，融合云平台、大数据等技术，实现对全线网统一运营调度及应急指挥，这些是全自动运行的关键点。运营验收时也测试了很多场景，编制了验收规范。对车站管理首次实现远程自动开关车站，车辆、信号、轨道、供电等专业采用智能运维系统，与一般车站相比减少了车站的人员，提高了运维水平及效率。

广州地铁集团副总经理蔡昌俊考察苏州地铁 5 号线时，对这项全自动运行技术给予了高度肯定。由广州地铁集团主导、地铁设计院主编的《新时代城市轨道交通创新与发展》白皮书（简称《白皮书》），围绕创新、智慧、节能等方面进行了详细的规划和解读，而《白皮书》当初编制的原因之一，正是为了解决地铁超负荷的人力成本。这是设计院创新的优势，对全员创新比较了解，自然能给业主带来惊喜。苏州地铁 5 号线通车以后状况不错，许多城市都来参观考察并将全自动运行技术应用到当地的线路上。

而全线采用直流智能照明系统，则是设计院在低碳绿色的道路上给苏州地铁的第二个惊喜，这不仅是苏州地铁的首创，更是国内地铁的首创。创新不容易。创新，要经过业主同意，要经过很多考验，要有相应的厂家配合，要能通过国家消防验收，还有众多的接口要处理，但是只有创新才能促发展。

随着电力电子技术的不断发展，电压变换不再成为直流电的限制因素。直流电相对交流电对人体更安全，更容易实现在线漏电检测，可有效提高施工、调试及后期运营使用的安全性，具有安全性高、损耗小、可控性高、易于接入分布式能源等优势。

通常，无论白天黑夜，只要地铁在运行，地铁车站的照明就要全部打开，耗电量巨大。总体组根据直流电源的特性，利用直流智能照明系统，在不增加线缆和其他附件的情况下，通过智能调光的控制，在白天适当调暗灯光使之节能。直流智能照明系统在民用建筑中有应用，但在地铁则是第一次大面积使用，与民用建筑的应用场景相比有比较大的差异，在采购和安装过程中，设计组尝试了多种方法，最终克服了困难。

苏州地铁 5 号线通车之后，经过测算，未调光前标准站一天的照明耗电量约 1200kW · h；调光后，一天照明耗电约 800kW · h，节省了大约 34% 的照明能耗，节能效果显著，是中国城市轨道交通协会的推广项目，对行业有非常明显的引领和带动作用。

在绿色方面，设计院采取了很多措施，比如在车站通风空调全线推广高效智能空调控制系统。当时广州地铁刚对车陂南进行了改造，吸引了很多人去参观，总体组也带着苏州地铁业主去参观。对于广州地铁的先进经验，5 号线机电副总体、苏州分院副院长余珏进行了深入研究，把高效节能空调在 5 号线进行了全面的推广。

在人文设计方面，苏州每一条线都有 2 ~ 3 个特色站，苏州分院作为 5 号线的总体，也承担了一些工点车站的设计任务。怎样打造 5 号线的特色站？位置特殊的荷花荡站进入了设计组的视线。

5 号线荷花荡站位于东环路和苏嘉高架之间的星杭公园下方，公园是长方形的，横跨车站上方有一条高架路。根据周边环境，设计组决定把荷花荡站打造成“中庭无柱车站”。结合车站的东西向客流特点，利用公园的潜在优势把这个车站做成无柱车站，正好与车站的客流需求相契合。

荷花荡站中庭无柱设计

设计组采用特殊设计，进行了多轮结构体系尝试和验算，在确保不增加车站整体规模的情况下，以毫米为单位，反复推敲各细部尺寸，通过各部位空间的叠加利用、视线分析等手段，将站厅与站台的楼板通过尺寸为 65m×10m 的高大中庭上下贯通，站厅中庭两端作为进出服务区域，使得整个车站的站厅与站台空间融为一体。

实施过程中，由于消防方面的审查没有相关规范，设计组特别邀请国内众多专家来把关，并多次组织召开消防专题会。通过多次论证，采用中庭无柱设计，消防性能审查最后通过。荷花荡站最终形成符合规范、大小适中、空间通透的中庭无柱车站，提高了车站空间的通透性和乘车体验。

广州地铁设计研究院在苏州地铁 5 号线的创新还有很多，如预制装配式技术、装配式短立柱技术、安检集成平台、钢支撑伺服系统、短套筒始发技术等多项新工艺新工法。这是全院齐心协力共同努力的结果。

广州地铁设计研究院分院最大的优势，就是所有分院院长均由总院最优秀的设计中坚力量担任，分院的设计能力和总院不分伯仲，这也是各地地铁业主单位信任广州地铁设计研究院的原因。而苏州分院，从当初只有涂小华和一个文员，成长为拥有 70 多人的各专业齐全的设计分院；杜江涛、田清彪、余珏、马天生等设计人员也是通过 5 号线的总体设计迅速成长起来的。

广州地铁设计研究院在苏州地铁 5 号线打了一套漂亮的创新组合拳，总的技术创新近 20 项，代表了广州地铁的创新水平，也不负众望打响了广州地铁设计研究院的品牌。设计组在 5 号线上试点了一系列创新工艺，其中包括无吊顶裸装设计。若试点效果良好，将在之后的总体线路中进行全面推广。

这样的机会很快来到。随着苏州地铁第三期建设规划开始，苏州地铁 6 号线、7 号线、8 号线、11 号线等多条线路提上日程。得益于设计院在苏州地铁5号线取得的成绩，2016年8月，设计院中标苏州地铁6号线总体总包项目；次年10月，中标苏州地铁8号线总体总包项目；2021年7月，设计院更是同时中标苏州地铁2号线北延线、4号线延伸线及支线工程两个总体总包项目。短短几年时间内，设计院实现了5条地铁线路的总体总包，开创了业界先河。

苏州地铁6号线是苏州地铁第三期建设规划中最难的一条线，除了采用5号线的所有创新外，还采用了机电、装修综合承载系统，各专业管线的色系标准化也是6号线的重要技术创新。

苏州地铁6号线全长36.12km，也是一条穿越古城的特色线，苏州分院既是建设规划单位，也是总体总包单位。苏州分院的业务面进一步拓宽，除了设计总体外，还包括上盖开发的停车场，6号线全线的风水电、工点和综合监控。

苏州地铁6号线的中标只是一个开始，如何在5号线的基础上更上一层楼？设计院除了在6号线集齐了5号线所有的创新外，还推出了两个重大的创新，更加显示了广州地铁设计研究院的实力。

苏州地铁6号线第一个重大创新，是采用机电、装修综合承载系统。综合承载系统相当于把装修和机电转换成了一套系统，专业跨度非常大。之前综合管线全部是由各专业做完，再由空调专业或给排水专业做一个综合管线的设计，以方便施工。在这套系统中，装修的支、吊架与综合管线共用，装修材料不同，重量也不一样，这种情况，设计组首次遇到，一时一筹莫展。

不会做，那就寻求第三方力量。于是，设计组开始进行上下游的联合，与支、吊架厂家进行深度交流和合作，大家集思广益一起进行开发。在与厂家不断讨论方案的过程中，设计思路逐渐清晰。

实施时，必须对结构进行精确计算，将各类支、吊架系统作为一个有机整体，将传统的机电系统全部放入这个综合承载系统中。该综合承载系统解决了传统的机电系统管线支、吊架与吊顶支、吊架系统及装修钢结构转换层各自设置、相互冲突、不美观、不协调的问题。这实际上也提醒了设计单位，随着技术的发展、创新台阶的搭建，设计也要不断进步。综合承载系统作为国内首创技术，以设计院为第一所有人获得了发明专利。

第二个重大技术创新，是完成了各专业管线的色系标准化。色系标准化之后可以快速找到各专业的管线，如给排水管线全部设为红色，空调管线全部设为绿色，可以快速确认管线类型及专业，对施工安装、建设管理和运营维护非常有利。这并非设计院灵光一现想出来的创新，它原本是工业设计的一环，这个灵感来源于涂小华的经历。她在化工部化学矿山规划设计院任职期间，主要从事大型化工产业和矿业产业的设计工作，这些产业管线很多，工厂管线基本上是标准化设计。于是，她便开始琢磨，6 号线既然采用裸装设计、综合承载系统，为什么不能采用工业化设计呢？于是，设计院把色系标准化引入了地铁设计，获得到了非常好的效果。正是这些一点一滴的进步，一点一滴的创新，使得地铁越来越易于维护，越来越先进。

虎丘站效果图

苏州地铁6号线几乎把苏州在不同自然或人文历史维度最有代表性的景点穿越了一遍，如虎丘、拙政园、东吴大学、金鸡湖……这些代表性的景点和古建筑，彰显了苏州对老城区的保护力度之大；与此同时，也增加了6号线修建的难度，保护文物建筑成为6号线的重要任务之一。

作为建设规划和总体总包单位，苏州分院组织专家对文物保护方案进行论证。只有经过市文物局、省文物局直及国家文物局的审批，设计才得以展开。这个过程非常复杂，常需要高级别专家论证才能敲定最终方案。

比如，在6号线线路规划时，因为要穿越1号线的临顿路车站，而1号线修建时并没有考虑6号线的线站位，所以没有预留节点和下穿的条件。这个站点周边施工的环境很复杂，对周边环境保护的要求非常高。因此，穿越过程中，组织北京、上海、广州、成都的资深专家进行了六七次论证。每次论证的方案都不一样，过程也不一样，最后通过科研形式，组织设计单位、施工单位、高校一起进行现场试验，才确定了方案。

拙政园苏博站效果图

紧邻拙政园的苏州博物馆，虽然是现代建筑，但却出自贝聿铭大师之手，也是苏州地标之一。拙政园苏博站离苏州博物馆只有 3.8m，要由院士级别的专家对方案进行评估，才能作为开挖的依据，最后经哈尔滨工业大学的院士评估后，施工才得以开展。拙政园苏博站的所有内装都与拙政园匹配，外观地面风亭、建筑物的造型、周边景观的设计，也都和苏州博物馆进行了匹配。

在土建方面，对车站顶板轨排孔、盾构吊装孔、盾构出土孔采用预制快速封堵新工艺，这在当时也是首创。这些新工艺既能解决地铁车站普遍性的临时孔洞快速封堵问题，又能推动预制装配式结构在地铁行业的应用，实现了环境保护、便民服务的双重提升，具有显著的社会效益。

实际上，6 号线的创新工法和 5 号线一样，数不胜数。如蒸发冷凝式冷水机组、区间内置式泵房、视频集中云存储、智慧客服等技术创新，穿金鸡湖时采用盾构、全开挖还是顶管？这些都要经过很多的研究，在此不一一细数。

在广州地铁设计研究院对苏州地铁 6 号线展开全方位总体设计的同时，2017 年 10 月，设计院中标苏州地铁 8 号线总体总包项目。由于设计院已经在苏州实施了两条总体线路，此时信心满满、踌躇满志。

总体组将之前线路的试点创新在苏州地铁 8 号线全线应用，如采用无吊顶裸装设计、全线取消土建轨顶风道、高压细水雾灭火系统等。所有的设计方案先经过试点，效果还不错，再推广到之后的线路中，比如总体组在 5 号线试点了无吊顶的地下车站，在 6 号线试点取消了土建轨顶风道，这些创新经过实践后推广到 8 号线全线建设中。

广州地铁设计研究院致力于把广州好的经验带到全国各地，直流电智能照明系统、取消轨顶风道、综合承载系统、管线色系系统，这些创新在全国都是首创。这些创新引领了苏州轨道交通创新的潮流，也让业主全面认识了广州地铁设计研究院这个有责任、敢担当、团结、向上、年轻而充满活力、敢于创新的团队。

第十六章

深耕东南市场

武夷竞秀，闽江争流。从寥寥数人的斥候先遣，到大军开拔，从占据一席之地，到深耕东南，东南分院秉承“技术、服务”的制胜秘诀，在东南片区地铁建设中大展身手，成为全院总体总包市场占有率的佼佼者。

2023 年 8 月 27 日，由广州地铁设计研究院承担勘察设计总承包的福州地铁 4 号线一期工程首通段正式开通运营。这一条集多项先进技术与设计理念的高水平线路，是东南分院对设计院成立 30 周年的最好献礼。“罗马不是一天建成的”，时间回到 14 年前，一场苦心布局、执着求成的开拓征战拉开序幕。

2009 年，设计院在南宁、西安、南京、深圳等城市鏖战正酣，但他们同样也没忘记八闽之地。院长徐明杰曾说：“设计院不能只是广州的设计院，更应该是全国的设计院，一定要抓住全国轨道交通高速发展的契机，把设计院推向全国，做成轨道交通行业数一数二的设计院”。中标福州地铁 1 号线工点项目后，设计院正式踏上了开拓东南片区市场的征程。

2009 年 12 月底，广州地铁设计研究院中标福州地铁 1 号线的 2 个土建工点标、3 个系统标。

设计院对这个工点设计任务高度重视，这一点从他们选派的精兵强将即可见一斑。蒋盛钢，2004 年 7 月从中南大学土木工程专业毕业后加入设计院，先后在院本部总工室和结构所短暂任职。随后，他被派遣至外地开展项目拓展工作，在此期间，他的才华得到了充分展现。2009 年，蒋盛钢晋升为武汉项目部经理。正当他在武汉准备大展拳脚，开创新局面之际，院领导班子独具慧眼，将他直接从武汉项目部调至福州，负责组建福州项目部。在当时，蒋盛钢无疑是承担这一重任的最佳人选。另外，只在设计院车站设计部待了 1 个月就开始出差的张羽，成为蒋盛钢的得力助手。张羽自 2008 年到设计院，先是到西安半年，然后再到宁波、无锡，入职一年半的时间里，一直在外出差。2010 年 1 月 7 日，这两位年轻人分别从不同的方向朝着同样的目的地——福州进发，二人的会师，代表着一段崭新征程的开始，设计院终于落子东南。

2010 年 1 月 8 日，福州项目部的大部队全部到齐。这里所说的“大部队”，其实只是一个十几人的小团队。刘智成此时作为主管外拓业务的副院长，对蒋盛钢明确交办：现在去做福州地铁 1 号线的工点设计，这是一块敲门砖，有了这块砖，然后再去拿下福州地铁 2 号线的总体总包项目！

拿下福州地铁 2 号线的总体总包，是设计院下达的明确任务和目标。就这样，一个工程师带着一支助理工程师团队，满怀信心地踏上了在福州的新征程。全体项目部员工只有一个坚定信念：一定要把手里的项目干到最好。项目部负责人蒋盛钢带领着这支十几人的小团队，正式扎根福州。最初，他们租住在快捷酒店，几间房便承担了“家”和“办公室”的双重功能，一个多月后，100m^2 的商住两用房成了福州项目部整整 3 年的根据地，见证着他们的逐梦历程。

福州地铁 1 号线云集了国内顶级的设计院，广州地铁设计研究院作为一个地方院，如何让业主放心？如何让业主满意？项目部成员不放过每一个细节，做到处处质量高、处处速度快。设计院于 2010 年进驻福州后，很快成立了福州分院，同年又成立了厦门分院。除了服务，福州分院和其他分院一样，人员相对固定，在福州一待 6 年以上的大有人在，派出去的员工也是精兵强将。去福州分院的人都能很快融入其中，用他们自己的话说，他们是一支团结、有战斗力而且充满“狼性”的队伍。人员的固定，为业主提供了很好的技术保障。

福州地铁 2 号线总体蒋盛钢在现场给福州市领导汇报线路情况（前排左二蒋盛钢，左三张羽）

经过半年的“表现”，在福州分院还在全力以赴地推进 1 号线的工点标时，福州地铁业主做出了一个重要决定：把福州地铁大厦交给广州地铁设计研究院来设计。福州地铁大厦，也就是福州地铁总部大楼，是福州地铁的线网指挥中心，是整个福州地铁的“大脑”，把这样一个关键项目交给设计院，无疑是对福州分院的最高评价。可以这样说，经过福州地铁 1 号线的初试牛刀，福州地铁业主已经认可了设计院派出的这支英勇善战的队伍。

福州地铁大厦，原定建筑面积只有 8 万 m^2，对于一个指挥全市地铁的线网指挥中心来说，面积偏小。于是，福州分院建议，可以考虑建设一个 30 万 m^2 左右的总部大楼，这能很好地对沿线项目进行挖掘。在经过综合比对后，福州分院建议把福州地铁大厦选址在三线换乘的帝封江站。这是因为，从福州市区的角度来看，帝封江站处于郊区，但从福州全部市辖区的范畴来看，帝封江站处于福州的中心点。所以，当福州分院把这个建议提交福州地铁业主后，业主很快采纳了这个建议，现在来看，设计院的主动作为和凡事替业主考虑的贴心服务，正是其获得福州地铁业主高度认可的关键。

蒋盛钢这位福州分院的带头人，一心要把福州分院做到最大，这是他的信念。这种信念，迅速感染了其他同事，在竞争如此激烈的情况下，虽然在福州地铁市场占有率极小，但他的心气就比其他人要大。业主能够明显感觉到广州地铁设计研究院的一个地方分院在服务的及时性、响应度方面均超过预期，把业主的事情当成自己的事情在做，前期研究、专题研究以及各方面的配合都非常默契。作为一个地方分院，福州分院自知没有耍大牌的“资本”，正是凭借服务意识和过硬的技术力量，使得设计院于 2012 年 7 月 14 日中标福州地铁 2 号线总体总包项目。仅仅 2 年半时间，福州分院就实现了副院长刘智成当初下达的要求，第一阶段的任务完成。一群远道而来的工程师、助理工程师，在斗室之间，完成了福州甚至是东南片区从工点到总体的跨越。

不仅如此，福州地铁 2 号线的设计费超过 1 亿元，对于一条地铁线路能够拿到 1 亿元的设计费，对于当时国内地铁设计来讲是极少的。

福州地铁 2 号线的总体总包让广州地铁设计研究院彻底在福州市场站稳了脚跟。2014 年，设计院东南分院成立，作为设计院布局全国地铁市场的六大分院之一，东南分院下设福州分院和厦门分院，蒋盛钢升任东南分院院长，在这一职位上，他的才能得到了全面展现，在他的领导下，东南分院的技术实力、团队建设以及市场拓展能力均实现了显著提升，迈上了新的发展高度。随着福州地铁 2 号线的总体总包任务以及其他线路的工点标设计的获得，东南分院实现质变的契机也相继到来。

三江汇流，东海潮涌。2017 年 4 月，福州分院成功中标福州地铁 4 号线的勘察设计总承包，设计费达 4 亿元。设计费从几千万到 1 亿元，再到 4 亿元，这无疑是质的飞跃。

如果将福州市区看作一个圆，福州地铁 4 号线原本只绕福州市区的 2/3，设计院提出 4 号线成环的建议，也即将剩下的 1/3 也纳入建设，得到了福州市委、市政府的采纳。

福州地铁 4 号线是一条真正完成全自动运行的线路，是一条运用了诸多先进技术、实现多个“之最”的线路，也是集设计院之大成的线路。福州地铁 4 号线是福建省首条采用国际自动化最高等级（GoA4）的全自动运行线路，可适应 107 个全自动驾驶场景运营组织模式，并可智能识别列车全自动、蠕动等 7 种运行模式，在列车运行的全过程实现真正意义上的无人干预和无人值守。相较于常规线路，福州地铁 4 号线的自动化、信息化、智能化水平均有较大幅度的提升，可以说，福州地铁 4 号线的列车是目前国内最智能的地铁列车之一。

作为福州第一条环线，福州地铁 4 号线穿越鼓楼、晋安、台江、仓山等中心城区，与多条既有线路换乘，共同组成福州城市轨道交通线网。在地质条件本身就复杂多变的情况下，4 号线沿线地面建筑物也鳞次栉比，施工用地紧张，房屋拆迁和管线改迁等工作困难重重。

在具体设计过程中，总体组面临的第一个难题是：省立医院站及光明港站周边建筑物非常密集，如果要满足车站常规平面布局，必须拆迁部分建筑。在拆迁难度极大的情况下，总体组结合省立医院站—东门站区间、光明港站—鳌峰洲站区间的实际情况，创新性地提出整站仅设一处风亭的方案。这个方案落地建成了国内首座没有在区间设置风井的单端车站，最大限度地减小了拆迁面积和节约了大量的工程投资。

除此以外，西门站、东街口站、省立医院站位于鼓楼区中心繁华地段，周边高楼林立，管线密集，交通繁忙，施工难度极大。为避免明挖法工艺对市民生活、办公、出行等造成重大影响，这三座连续的车站均采用盖挖逆作法施工，这在福建省尚属首次。该方案将原方案中占地宽度减小一半，同时省去了约 1 年的占地时间。盖挖法工艺提高了基坑开挖和结构施工阶段场地的利用率，通过施工组织把控，实现挖土、出土连续作业，确保现场施工效率。

福建省首例连续多座车站采用盖挖逆作法施工

2023 年 8 月 27 日，历时 6 年的呕心沥血，福州地铁 4 号线一期工程首通段开通，4 号环线成功串联既有福州城市轨道交通线网，大大激活了整个线网的运输能力。会展中心站、林浦站等车站设计得美轮美奂，是整条线路的“点睛之作”。福州地铁 4 号线以安全、可靠、便捷、精准、融合、协同、绿色、持续的设计理念，以及单端车站、超大断面顶管、下沉式带开发全自动运行车辆段、TBM/EPB（全断面硬岩掘进机 / 土压平衡盾构机）双模盾构、全自动运行列车、节能控制系统、“零距离”下穿隧道、连续多座盖挖逆作法车站等一系列创新技术，成为福建省首条采用国际自动化最高等级 GoA4 的全自动运行线路，开启了福州智慧出行的新时代。

会展中心站

就在福州分院拿下福州地铁 4 号线勘察设计总承包的同年，2017 年年尾，广州地铁设计研究院中标福州火车站至福州长乐国际机场城际铁路（滨海快线）项目。

这个项目，是广州地铁设计研究院第一次承揽城际铁路的设计项目，设计费将近 5 亿元，加上福州地铁 4 号线的设计费用，福州分院以当年接近 10 亿元的设计费，在 2017 年实现了“大丰收”。

一个区区百人的设计分院，在强手如林的竞争对手面前获得如此的业绩，凭的就是一以贯之的高效服务品质，凭的就是持之以恒的不懈坚守精神，凭的就是把业主之事视为己任的主人翁态度。从拿下滨海快线项目的故事中，这种精神可见一斑。

2015 年 9 月，国家发改委正式公布《福州新区总体方案》。位于福州市滨海地区的福州新区，成为全国第 14 个、福建省唯一的国家级新区，长乐机场就位于福州新区内。要致富先修路，对于从福州市区到福州新区这将近 60km 的距离，福州市政府提出要修建一条快速通达福州新区的轨道交通线路。

而这条轨道交通，到底是选择国铁形式，还是选择公交模式的轨道交通形式？这个论证任务，下达给了广州地铁设计研究院和铁四院，两者分别做相应的方案。广州地铁设计研究院的响应非常及时，对这两个方案做了充分论证比较后，认为以公交模式的轨道交通形式较优。但却由于该项目不在福州城市轨道交通线路网中，所以报批无门。这时，项目组突然发现，在福建省已经批复的城际铁路线网中，有一条线路和这条快速通达福州新区线路的起点和终点类似——海峡西岸城际铁路，项目组考虑以这条线的名义来报批。

只有拿到这条线路的“出生证”，设计院才能拿到设计任务。于是，福州分院开始了相关课题的研究，并开展相关建设规划修编，除了起点和终点没有变，这条城际铁路的建设规划发生了极大变化。在由福州市副市长主持的专题会上，大家一致认为广州地铁设计研究院提出的方案可行，这个方案是：以城际铁路名义报批立项的公交化轨道交通。最后在市委常委会会议上讨论后，这个方案最终通过。

这个方案的诞生，经历了一场从零开始的创意与规划之旅。起初，该项目并未纳入福州既有的轨道交通线网或城际铁路网规划之中。然而，设计院凭借团队的集体智慧与对项目独特性的深刻洞察，主动出击，不仅赋予了该项目恰当的名称与定位，还通过精心设计与优化，量身打造出了最契合该线路特性的解决方案。在这一过程中，设计院展现了高度的主动服务意识与前瞻性的服务理念，他们不仅仅满足于现有的规划框架，而是勇于创新，积极为项目寻找新的发展机遇。正是这种积极作为，成功地为福州市委、市政府解决了项目立项的关键难题。

2017 年 12 月，设计院中标福州火车站至福州长乐国际机场城际铁路项目。这条线路全长 62.4km，实现了多个“首次”，是福建省内首条实现公交化运营的城际铁路，是福建省首次采用 140km/h 速度运行的市域 A 车的线路，也是设计院第一次中标城际铁路的项目，设计费将近 5 亿元。因为承担着衔接中转的功能，这条线的功能定位高、设计速度快、行车组织灵活性高，全线采用“大站快车与站站停列车”组合运营模式，还预留灵活开行定点特快列车的信号条件，为满足各种运营需求预留了空间。

福建的地质条件复杂，断裂带繁多且复杂，岩性差别大，因此滨海快线的建设难度也相当高。这条线串联福州各地区，也就意味着其必然穿山过江，穿行含水率过高且软硬不一的复杂地层；也要在地下跨越建筑密集、管线交错的市区，并伴有大量协调交涉工作。减少对城区的扰动，维持地下的稳定，保证施工的安全，是滨海快线建设的重中之重。

为此，设计院对症下药，针对地质情况，滨海快线采取了单护盾 TBM 施工，在掘进过程中强化超前地质预报，掘进软弱破碎带段前进行超前帷幕注浆。其中，枕峰山隧道及大象山隧道的建设，创下了月最高进尺 450m，平均月进尺 310m 的纪录，节约工期约 6 个月。针对其他风险，比如地下水等问题，设计院也提前制定紧急预案、加固防突涌措施，进行了降水试验，并委托专业的降水队伍进行降水设计及编制专项降水施工方案。广州地铁的重要发明——衡盾泥，在止水、稳固土体方面，也发挥了重要作用。

滨海快线首占站

设计院还对滨海快线做了诸多优化，并留下扩展的空间。首占站与福平铁路长乐站并行设置，并预留了城际铁路及国铁双向互信免安检换乘通道，为实现国铁与城际铁路一站式换乘提供了可能性。此外，还有诸多设计方案都经过设计院一一优化，为业主节约了以千万计的成本。

这些细节体现了设计院一直以来以业主为先的服务态度，是设计院开拓市场、取信业主的本钱，也是一丝不苟的初心。

2021 年 2 月，福州分院在连续中标福州地铁 2 号线、4 号线、滨海快线的总体总包后，再一次发力，中标福州地铁 2 号线延伸线。

如今，福州分院早已搬离了那间约 $100m^2$ 的小小“陋室”，在西洋路拥有超过 $2000m^2$ 办公面积，常驻员工达 100 多人。此外，厦门分院也展现出强劲的势头，在思明区新景中心有超过 $500m^2$ 办公室，30 多人常驻厦门，深度参与厦门地铁的各项设计服务工作。可以说，东南分院的体量不是最大的，但市场占有率在全院名列前茅。

2021 年，东南分院成立了泉州项目部，开始参与泉州轨道交通前期研究，承担泉州—厦门—漳州城际轨道铁路泉州段站场及周边土地综合开发规划项目咨询服务工作。2022 年，东南分院成立漳州办事处，2023 年 1 月 13 日，东南分院与漳州市铁路投资开发有限公司签署战略咨询服务协议，并与业主联合办公，与漳州市政府建立了良好关系。

福州分院乃至东南分院是一个团结、高效、技术卓越的团队，为设计院的产值奉献极大。深究这一系列成绩的原因，依然有几个熟悉的关键词：人、技术和领导的支持。

设计院中，无论是董事长农兴中、院长王迪军，还是前任分管领导邓剑荣、现任分管副院长刘健美，都非常关心和重视东南地区市场。2020 年，福州地铁业主和福州地铁分管市领导悉数换届，熟悉当地业务的蒋盛钢也调到广州地铁集团总部，此时正值福州地铁 2 号线延伸线总承包的关键时间点。为了稳定局势，董事长农兴中、党委副书记邓剑荣、勘察设计大师史海欧，带领东南分院的领导班子，专程到福州拜访了分管副市长。此时，设计院正面临上市，设计院领导一边路演，一边到福州专程与分管市领导会面。在与分管市领导深入交流后，设计院领导才放下心来。

天时未定，然而人定胜天。设计院在站高立远的战略指引下，各区域市场战果层出，分院捷报频传。在发展的道路上，设计院的市场开拓工作从未停止。广州总院与外地分院彼此认同、守望相助、协同工作，形成了良好的互动。正因为如此，如今设计院已在全国 40 余座城市设有分院与项目部，承接了 100 余条线路总体总包及工点设计任务。各地分院从 2005 年设计院采取“走出去”战略之日起，便与总院风雨与共、岁月同声，在这个市场激荡、竞争日趋严峻的时代，贡献了设计院六成以上的惊人业绩，成为广州地铁设计研究院向下一个时代风口狂飙突进的重要驱动力。

第十七章

快慢线上的飞驰

广州地铁 14 号线，是我国第一条全天候按照快慢车组合运营模式运行的市域快线，由广州地铁设计研究院设计总承包。快慢车组合运营模式满足了“多站点广覆盖与长运距快通达”的差异化需求，实现了“30 分钟品质通勤，60 分钟高效出行”的时空目标，为广州地铁设计研究院技术创新写下了精彩的一笔。

随着新一轮建设高潮的到来，广州市也在加快市域一体化发展的脚步。2014 年，从化、增城撤市并区，市辖面积超 7500km^2 的大广州脱颖而出。但增城、从化与广州中心城区距离较远，市民大多期盼撤市并区后能与中心城区一样，享受快捷便利的公共交通服务，市域快线，必然是首选。

城市管理者应当依据当前发展水平与未来发展目标，构建规模化公共交通网络，实现市域一体化，贯彻交通强国战略，充分发挥城市集群与规模化效应。在广州大市域的整体谋划下，广州市提出了“3060”的时空目标，要求广州市周边中心区域与中心城区的通达时间控制在 1h 以内。

过去常规的线路设计已经难以满足这种时空目标的要求。快慢车组合运营模式提上了日程。

行车组织也称运输组织，通俗地说，就是合理组织列车的发车间隔、行驶速度以及列车车厢的节数。对此，负责广州地铁 14 号线、知识城线、21 号线三条线行车组织互联互通的总牵头人孙元广是有发言权的。早在 2003 年，孙元广加入广州地铁设计研究院，一入职，孙元广的主要任务就是行车组织的设计，作为第一个专程招过来负责行车组织的技术人员，孙元广知道自己肩上的责任很重。

当时，设计院在行车组织方面是和其他单位合作完成的，在技术人员或专业配置方面，都与今日不能同日而语。之后，从广州地铁 2/8 号线的拆解、3 号线北延段到 4 号线延伸线，包括广州第一个建设规划在内的运输组织规划，到亚运会开幕式前这一阶段线路的所有行车组织，设计院逐步实现了独立完成。行车组织团队也从最初的 1 个人，发展到现在的 20 多个人，服务全国几十个城市。

由于广州地铁 14 号线、知识城线、21 号线都由设计院协同设计，可以互联互通，信号制式、车辆制式都一样，所以，为了实现“30 分钟品质通勤，60 分钟高效出行”的目标，在行车组织方面具备丰富经验的孙元广带领团队提出了“快慢车组合运营模式”，并迅速组建了以郭敏为总体的总体组。

多年来，广州地铁集团和设计院从来没有停止过对快慢车组合运营模式的探索。对于全长 64.41km 的广州地铁 3 号线，业内一度考虑采用快慢车组合运营模式。这在当时，理念非常先进，但也存在一些疑惑和争议。

广州地铁 3 号线北延段是一条机场线，去机场的地铁线在国内其他城市一般采用机场快线的模式，即快线从体育西路一站就到广州白云国际机场，整条快线中途不停站以节约航空旅客时间。在这种情况下，设计组开始了快慢车组合运营模式工可研究，但由于 3 号线的客流需求实在太大，工期紧张，快慢车在该线的适应性存在一些疑虑，在初步设计时，经过论证，3 号线北延段的行车组织又退回到“站站停”的模式，机场线快慢车组合运营模式没有被采用。3 号线北延段的快慢车组合运营模式虽然最后搁置，但设计院已经积累了很多资料，有了基础，蓄势待发。终于，使命落到了广州地铁 14 号线和 21 号线上。

14 号线和 21 号线分别通往从化区和增城区。前者，由市区的嘉禾望岗站到从化区的东风站，全长 53.6km；后者，由市区的员村站到增城区的增城广场站，全长 60.6km。这两条线路具备快慢车组合运营的基本条件：线路里程长且存在高架线路、有城市副中心。设计院决定先行先试，首先对 14 号线开展快慢车行车组织模式的研究。

广州地铁 14 号线的市域郊性质、从化区和广州中心城区“两极”、高架段比较多有利于减少越行站投资等特点，让快慢车的行车组织模式得以设计成功。

广州地铁 14 号线，对设计院来说是一条特殊的线路。它的特殊之处在于设计院在其中的角色：设计总承包。这个设计总承包，包含设计总体总包和各个工点、各个车站的工点设计。也就是说，这条线所有的设计都由设计院来完成。

其实，在行车组织方面，总体组的核心任务就两方面：运营模式和系统选型。运营模式是站站停运营模式还是快慢车组合运营模式？系统选型选什么车？先解决这两个最核心的问题。接下来就是配套来做方案，比如确定线路从哪走、设多少车站、车站设在哪里。

通过分析，14号线从多方面来说都是适合应用快慢车组合运营模式的。14号线一期工程从广州的中心城区到从化区，全线线路里程长，相当于一条市域郊性质的地铁线路，有高架也有地下线，这就为选用快慢车组合运营模式提供了可能。因为设计快慢车组合运营模式后，在高架设计越行线就类似国铁，如果在地下设置，土建成本大，性价比不高。

14号线是一条典型的“两极”型地铁线路。一端连接人口密集的中心城区，通过嘉禾望岗站换乘2号线可直达广州火车站，构成一个“极”；另一端则延伸至人口达五六十万的从化区，该区域的中心城区同样人口众多。这种“两极”型线路特征使得快慢车组合运营模式尤为适宜。

由此，设计院结合广州自身特点，借鉴了国内外的一些成功经验，决定对14号线先行先试快慢车组合运营模式，采用“大站快车＋站站停”的组合形式。其中，快车主要实现乘客从从化的中心区快速到达广州的中心区，站站停列车主要是带动沿线发展同时兼顾组团内的出行需求。这种快慢车组合运营模式，实际上是为了实现乘客的差异化出行。差异化，实际上就是人性化。快慢车，其实是以乘客为中心，拉近从化区与市中心的时空距离。物理距离没法改变，但可以拉近时空距离，拉近才能带动从化区的发展。

快慢车组合运营模式对地铁行车组织而言是一个巨大挑战，因为快慢车是不均衡运输，有快车超车、有慢车避让等待，对设计、运营组织管理都有极大的影响。但这种组织模式的优势又是这么明显：快慢车最重要、最核心的，就是对乘客提供差异化、个性化的服务，是一种节能低碳的运行模式。客流少和客流多的车站如果都千篇一律地实行每辆车都到站停靠，其实是对资源、时间的浪费。另外，地铁加速时能耗最大，车辆的每一次启停，都意味着车辆速度的减慢、加快。少停站、匀速通过车站能耗相对低，节能的效果比较明显。

项目组花了大量的精力和时间，调研国外的资料后进行总结，制定了相关的快慢车技术标准。他们发现，快慢车有几个特点：

其一，快慢车车站的设计规模与常规地铁线路不一样。常规地铁线路是通过客流量计算站台的规模；快慢车组合运营模式快车不停站，有的车站只有慢车服务，这就对车站的规模计算有很大影响。在快车和慢车都停站的车站，存在快车乘客和慢车乘客在同一个车站停靠，快车和慢车客流交互的情况，这一交互对站台的规模计算有很大的影响。

其二，快慢车的系统能力决定了配比不同。由于快车和慢车是互相追踪的，速度不一样，快车和慢车车辆的配比对系统能力的影响也很大，这是运输组织中高密度运输组织的一个技术难题，项目组对此也进行了广泛的研究和探讨。

其三，快慢车组合运营模式比较多。有特快站站停、普快站站停、特快普快站站停三种模式，国外有更灵活的四种模式组合。可供选择的模式这么多，乘客的适应度怎样？怎么来选择？这也是行业的难题。最后，项目组达成了一致意见：由于快慢车在国内刚起步，就采取两种简单的模式——特快和站站停，方便乘客识别。未来随着客流的增长、需求的差异化，再推广“特快普快站站停”多种快慢车的组合模式，效益发挥会更好。

其四，快慢车发生故障后故障列车的救援是行业难点。如果快车发生故障，后面慢车要推送救援，整个快慢车运输秩序会全部打乱。打乱以后怎么快速救援？怎么快速恢复快慢车的运行秩序？这是技术难题，也是运营难题。虽然发生这种情况的可能性极低，但仍需未雨绸缪，预防措施要做足。

做好了一系列翔实的调查和研究后，设计院快慢车组合运营模式的总牵头人孙元广有了充足的底气，在向广州地铁集团领导汇报时，把14号线实行快慢车组合运营模式的利弊逐一分析汇报，集团领导都是技术专家，当深入了解14号线特点、快慢车组合运营模式怎么组织后，也认为这是不错的选择，最后一致讨论决定就这么干。

经过一系列的准备工作，广州地铁14号线快慢车组合运营模式设计拉开了序幕。随之而来的是更多的探讨研究规划：14号线能不能采用更高时速的列车，如时速140km或160km？要不要采用A型车做横排座位？当时探讨的方向，正是类似现在广州地铁18号线的这种模式。

通过列车的提速，采用时速140km是不是也可以达到1h通达的时空目标？但由于要照顾沿线的开发，中途增加车站后达不到相应的效果。经过反复的讨论和论证后，由于广州地铁3号线是时速120km的B型车，出于资源共享的考虑，14号线也统一按照时速120km的6节编组B型车来设计。关于在14号线采用更高时速和A型车的思考被迫按下了暂停键。

在确定了快慢车组合运营模式的方案以后，广州地铁集团组织了快慢车组合运营模式的专题立项。设计院成立专项组，借鉴国际经验，结合14号线特点进行创新和深入研究。其实，铁路也采用快慢车，基本是大枢纽停车，不同列车交替停站有严格的时刻表；对于地铁来说，快慢车一是思维的突破，二是技术的创新。从乘客的角度出发，在快慢车组合运营模式下有快车、慢车可供选择，多一种选择就多一种出错的可能，因此乘客导向系统就很关键。从系统设计的角度，快车的出行打破了常规地铁的平行运转模式，出现了在车站超车运行的场景，因此合理的避让站的位置选择和越行线的设计就很关键。

广州地铁 14 号线越行线包括高架桥梁也有很多创新，高架桥梁创新是在广州地铁 4 号线的基础上，对高架桥梁梁型、高度等进行的创新。

一般的车站是两条线，车站相对比较窄，而快慢车越行线，车站是 4 条到发线。4 条线相当于宽了一倍，那高度势必要增加，否则车站就变得很“宽”、很“胖”，也就显得很“矮”，对此也做了一些创新，包括站厅的高度。桥梁和广从路改造也是设计院同步设计的，是全院设计总承包的线路。

但这一运营模式，其实也需要乘客来适应快车和慢车，如果一位坐慢车的乘客误坐了快车，就可能兜兜转转才能回到之前的车站，对个人的出行影响比较大。设计院也已经考虑到这些有可能出现的情况，在导向设计时做了很多优化和完善，采取了“五位一体”的导向模式。一切设计，都是为了让乘客更容易了解快慢车组合运营模式，从而在出行时不容易弄错。

广州地铁 14 号线高架区间与 G105 国道遥相呼应

广州地铁 14 号线，是国内首条真正全天候开行快慢车的地铁线路，不仅如此，因为快车间隔时间相对较长，设计时还依照大铁路的模式公布了列车时刻表，以便乘客按照时刻表提前到站候车，方便出行。

这是一个全新的地铁乘坐模式。快慢车组合运营模式在国外有成熟案例，但当时这种模式在国内轨道交通建设中还没有相应的规范和标准。广州地铁设计研究院在快慢车组合运营模式的设计、运行上最终成功，不仅极大方便了乘客的出行，还促成了很多快慢车相应标准的制定。

快慢车组合运营模式的一个原则是，慢车要避让快车。慢车的乘客在避让快车时，一般等待时间不超过 5min；对越行站辅助配线的设计，主要是尽量减轻越行产生的影响。比如一趟慢车从起点开到终点会被一到两个班次的快车越行，每一班次快车的越行，对慢车的影响都会非常大。设计的重点，是以相对少的快车越行次数，让全系统的乘客出行时间最短。目前，14 号线快车全程可以节省约 10min，21 号线可以节省约 15min。慢车会额外增加 3 ~ 5min 的停站时间，实际上 3 ~ 5min 和 15min 的时间差是比较显著的。

坦诚来说，快慢车组合运营模式的缺点很明显：慢车乘客要等，但对人的思想观念是一个巨大的解放。任何事物都处在不断创新的过程中，快慢车组合运营模式现在虽然还不能做到 100% 让人满意，但优点始终大于缺点，并且以后可以在客流大时以运输能力为主，实行站站停模式。

当然，快慢车对运输组织会有一些影响，但设计院整个的设计是比较包容的。比如快慢车之后会对系统运输能力有一些损失，但到了远期客流量非常大的时候，快慢车组合运营模式可以自动在高峰时间转化成站站停模式，即以运能为主。到了平峰和低峰时再转化成快慢车组合运营模式，设计院考虑了今后运营调整的灵活性，的确是明智之举。

广州地铁的运营部门在“五一”“十一”等节假日客流量超预期时，会全部取消快慢车组合运营模式，改以站站停模式，以快速疏散乘客提高运能；在平常的工作日，则照顾通勤上班族，采用快车模式让他们能够快速进城上班。

设计院还做了 14 号线、21 号线快慢车组合运营后的评估。通过运营访谈、跟车调查、问卷调查等多种方式，对快慢车组合运营的实际效果进行了细致调研，针对不同车厢内乘客数量、不同车站客流集散量、乘客组团分布及快慢车选择等进行了详细研究。根据调研，快车的平均运距超过 25km，为慢车的 2 倍以上。从单列车来看，快车周转量明显高于慢车，其中早高峰时段单列快车周转量较慢车高 80%。快车虽停靠车站少，但车厢内乘客数量和满载率在多数区间均高于慢车，整体而言，快车的满载率是站站停列车的 1.5 倍，说明开行快车的收益得到了保证。同时，根据乘客问卷调查结果，约 50% 的乘客固定选择快车或慢车，50% 的乘客随机选择，在快车乘客中，按时刻表候车的比例达到 38.2%，这说明快慢车组合运营模式下的乘客日常出行规律正在逐步形成。此外，在乘客建议方面，排在第一的建议为缩短快车开行间隔，占问卷调查总建议量的 70.4%。排在第二的建议为增加快车停靠站。这说明，快车的受欢迎程度高，收益显著，乘客对运行计划的熟悉程度也在逐步提高。

广州地铁 14 号线、21 号线、18 号线这 3 条地铁快慢车组合运营后，一个合理、精准的运输服务组织已然形成。市民也非常接受，建地铁的核心是为乘客服务，为人民的美好生活出行服务。

快慢车对乘客的要求很高，对运营部门的要求也很高。一是时间要很精准。快车和慢车虽然平均间隔 5 ～ 6min 一班车，但快车和慢车可能只差 2min，因为快车和慢车是不均衡运输。这种快慢车一运营就要基本达到系统运输能力。快车、慢车都在一个轨道上跑，追踪间隔可能就 2min，两辆车可能会同时到站，这对运营是极大的挑战。二是公布时刻表，对运营的工作要求很高，但这是为乘客服务，不是为工作方便服务。

14 号线运营以后，事实胜于雄辩，这种模式对从化区的经济带动作用相当于 TOD 开发，影响深远。通过这种技术创新，土建适当增加一些投资，给出差异化、个性化的服务，获得了乘客的认可。

“30 分钟品质通勤，60 分钟高效出行”的轨道交通规划设计目标逐步实现。用既有时速 120km 的 B 型车进行运输组织模式的创新，相当于一个软创新，实现快速通达差异化服务的目标，实现多站点、广覆盖、快速通达融合，满足高效率、品质化、差异化的出行需求。

广州地铁 14 号线高架段

广州地铁 14 号线、21 号线开通后效果显著，通过采用快慢车组合运营模式，两线每天可节省乘客总出行时间约 1 万 h，全年可节省乘客总出行时间约 360 万 h，节省出行时间价值超 7000 万元 / 年。此外，通过减少列车的启停次数，节省能耗费用约 2000 万元 / 年，提高了车辆周转效率，节省上线车 2 列，同时提高了乘客服务水平，带来客流的稳步提升，对实现公交优先、提高轨道交通分担率起到了重要推进作用，社会效益和经济效益显著。

该项目获得 2020 年中国土木工程学会技术创新推广项目第一名、2021 年广东省土木建筑学会科学技术奖一等奖、中国交通运输协会科技进步奖二等奖等多项殊荣。在快慢车组合运营模式的一次高峰论坛上，设计院详细介绍了快慢车组合运营模式后，业界对这种运营模式有了新的认知，并主张在全国范围内进行推广。

2022 年，广州地铁 14 号线与宁波地铁 3 号线、西安地铁 4 号线一同获中国土木工程詹天佑奖，设计院 3 个项目同时荣获中国土木工程詹天佑奖，创下历史最好成绩。当前，广州地铁已经开通运营的线路中，有 3 条线路采用了快慢车组合运营模式，在后续规划建设的多条市域线路中也采用了快慢车组合运营模式，相关成果纳入多个规范。国内的其他城市，如福州、成都、南宁、苏州受广州地铁的影响，纷纷响应。广州地铁 14 号线的快慢车组合运营模式，引领了行业的技术进步和发展，这也是对设计院项目创新的肯定。

广州地铁 14 号线以事实战胜雄辩，彰显快慢车组合运营模式的先进性以及对从化区的经济带动作用，逐步实现“30 分钟品质通勤，60 分钟高效出行”的轨道交通规划设计目标。某些方面，甚至映现出 TOD 模式的影子。但与真正的 TOD 不同的是，它是打通两个既有中心区的办法，而 TOD 则是以交通为先，引导城市生长的方向。这两种看似截然不同的办法，本质都是以交通为线，串联城市区域，保证人力等资源的运输分配，实现规模化发展效应。

城市的通勤宛如潮汐，对于普罗大众来说，拼搏的人生就是这样日复一日飞驰在隧道中、轨道上。

第十八章

为广州
插上腾飞的翅膀

不建设一条崭新的"落后的地铁"。广州地铁 18 号线、22 号线正是在这样的理念下突破创新，成为国内首批实现地铁服务水平 160km/h 的全地下市域快线，推动大湾区一体化和"四网融合"的加快形成。

这是广州地铁设计研究院有史以来最大的设计团队，从各部门抽调了近 200 人，参与到广州地铁 18 号线、22 号线的设计和建设过程中。可以这样说，对于 18 号线、22 号线，设计院的员工没有一位置身事外。

在以“绿色、低碳”为发展要义，“绿水青山就是金山银山”的时代命题下，轨道交通发展的方向也是经济、文化与社会繁荣的方向。作为粤港澳大湾区融合的重要交通线路，18 号线、22 号线的规划、建设和运营，都注定在广州乃至粤港澳大湾区轨道交通线网中有着非同寻常的意义。

广州地铁 18 号线、22 号线的规划和主要任务，是拉近南沙和广州中心城区的时空距离，满足南沙城区与中心区 30min 通达的时空目标，160km/h 的速度等级和快慢车组合运营模式成为关键。

18 号线、22 号线是按同一标准设计、同步施工、“Y”形运营的两条快线。其中，万顷沙站—番禺广场站区间为共用线。18 号线线路全长约 61.3km，设站 9 座；22 号线线路全长约 30.8km，设站 8 座。

广州地铁设计研究院最早接触 18 号线、22 号线是从规划层面入手，那时，从南沙到市中心乘坐的是广州地铁 4 号线，需要 1 ~ 2h。而一个大背景是，南沙要打造自贸区，与深圳前海、横琴一起成为自贸区三大片区，其中南沙是双核之一。南沙位于珠江入海口处，是粤港澳大湾区和珠三角的几何中心，到广州市中心和到深圳前海以及中山、珠海的距离差不多。

在建设 18 号线、22 号线之前，南沙和市中心的联系并不紧密。城市的活力首先在于交通，轨道交通是一个城市的血管。南沙与从化、增城相似，与珠江新城的直线距离约为 60km。以南沙自贸区的定位，4 号线 120km/h 的车速实在力有不逮，无法满足高速互达的需求。在这种大的时代背景下，18 号线、22 号线的建设应运而生。2015 年底，广州公布新一轮城市轨道交通建设规划方案，正式提出建设 18 号线、22 号线。

设计团队在选定速度等级时，从 140km/h、160km/h、200km/h 开始比选，甚至一度比选到 300km/h。确实，要考虑的因素实在太多，要选择既能拉近南沙到市中心时空距离的选型，又不能无限制增加造价，还要考虑 18 号线、22 号线沿线整体的发展需求。

必须满足快速通达和全覆盖两个规划目标。最后，设计组通过不断比选、系统深入的研究，以及专家组的多轮论证，广州地铁集团一次又一次的决策，采用 160km/h 的高速列车和快慢车设计成为首选。18 号线实现中心城区与南沙 30min 通达，22 号线实现广州南站与南沙快速联系。

选择 160km/h，除了完成 30min 到达市中心的时空目标外，在考虑快速商旅出行的同时，也要加强沿线通勤需求的覆盖。所以，在 18 号线从万顷沙站到广州东站一共 9 座车站中，就有 8 座换乘站，与线网中的 11 号线环线、东西向的 13 号线等骨干线均有换乘。

通过规划层面我们发现，18 号线选择 160km/h，实现了 30min 跨越 60km 空间距离的目标，还通过大量的换乘站强化了其与线网各线路的覆盖和衔接，实现了其两大规划目标，一是快，二是密。

从 120km/h，到 120km/h 加快慢车，再到 160km/h 加快慢车，广州地铁速度实现了“三级跳”，国内一线城市无出其右。目标有了，如何打造 18 号线、22 号线，使其成为一条发挥重要作用的南沙快线？

广州地铁设计研究院从广州地铁 18 号线、22 号线的实际出发，围绕高品质绿色地铁设计、高水平智慧地铁设计、全寿命数字地铁设计这几个设计方向，进行全方位落实。

此时，广州地铁设计研究院已在广州地铁市场摸爬滚打了 20 多年，全国地铁市场也到处都有设计院的身影，他们在把广州经验带到全国的同时，自身水平也在不断提高。对于这两条承载太多责任的地铁线路，设计院想尽一切办法，尽全力把 18 号线、22 号线打造成崭新并且技术先进的地铁。因此，设计院倾全院之力，成立了由郑翔担任18号线总体、刘健美担任22号线总体的勘察设计总承包队伍。刘健美是设计院结构所的主帅，而作为规划线路专业硕士的郑翔，对规划有很深的理解。以他们两位为主的集合200多人设计力量的班子，对18号线、22号线展开了系统和深入的设计，他们的目标是很明确的。

其一，是高品质绿色地铁设计。打造绿色地铁、低碳地铁、品质地铁、人文地铁。其二，是高水平智慧地铁设计。打造智慧地铁、高效智慧运维系统、智慧监测系统。其三，是全寿命数字地铁设计。在设计全过程全专业推动BIM（建筑信息模型）数字化应用，契合广州地铁集团和设计院数字化转型的战略发展需求。围绕这几项设计方向，设计组在设计过程中从多方面高质量打造、全方位落实。

2017年10月31日，18号线、22号线这两条承载着创新突破任务，有着极重要城市发展战略意义的快线正式开工。18号线、22号线，是国内首批实现地铁服务水平的160km/h全地下市域快线。18号线、22号线选择160km/h，最终系统可以实现24对/h的系统能力，最密集的时候可以达到2.5min一班车，这对地铁的运营非常关键。

一些既有城际线可能1h才有一班车，对此很多乘客并不太接受。快速只是乘客看中的一个方面，为什么18号线、22号线强调“国内首批实现地铁服务水平的160km/h全地下市域线路”？就是因为18号线、22号线既能实现都市圈快速轨道交通系统高速度等级的服务，还能实现大运量的服务以及高密度的服务。

速度等级160km/h在城市轨道交通领域中是最快的。根据客流预测，18号线、22号线的客流断面可达每小时2.85万人，未来与南珠中城际、广花城际贯通后有可能提升到每小时3.5万人，这种高密度的服务正是地铁服务特色之一。

由于18号线、22号线是国内第一批160km/h全地下市域线路，车辆选用市域D型车。4对门和能够快速乘降成为18号线、22号线车辆的重要特征，160km/h 的市域快线车辆，要既能兼顾高速度，又要能兼顾地铁的服务模式。

一般来说，地铁的 A 型车是 5 对门，B 型车是 4 对门，160km/h 速度等级的城际车大部分是 2 对门，少量是 3 对门，而 18 号线、22 号线采用的却是 4 对门，只要地铁车站门一开，乘客马上就能快速上下车。这样的车辆，能够给乘客更高品质的服务。

如此一来，车辆的停站时间就不会太长，城际线每站停靠时间为 2 ~ 3min，而 18 号线、22 号线由于要实现 30min 通达的目标，一个站只停大约 40s，如果是大站，也仅停 50s，最多不超过 1min。如果只有两个门，乘客上下车效率降低，会降低乘车体验。

车辆选型，极大体现了 18 号线、22 号线的高品质运输服务水平。这种国内首次采用的兼顾高速度等级、地铁服务模式的全地下 160km/h 市域快线车辆，凸显了载客量大、快速乘降、高品质服务等特点。

从南沙到市中心，地铁所到之处不只是城市有待开发的区域，还深入到海珠、天河等建筑密集区域，城市建成区有一个很高的需求——减振。18 号线、22 号线的速度等级是 160km/h，相较于常见的 120km/h，因速度快，需要有应对的减振措施。

为此，设计组设计采用了钢弹簧浮置板轨道特殊减振系统，这是国内首次应用于 160km/h 速度等级的减振系统。这种特殊减振系统，可以将振动减低到十几分贝，大大减少了振动对周边敏感建筑的影响。其实，这套特殊减振系统，不只在国内是首次应用，国际上也是首次。在做了专门的鉴定后，这套减振系统被评价为国际先进，部分技术达到国际领先水平。

为了保证实现 30min 通达的时空目标，信号系统也扮演着举足轻重的角色。18 号线自南沙启程，穿越番禺广场后直接进入中心城区，中间有好几个越行站。这套信号系统，要达到 2.5min 的行车间隔，要实现高密度的追踪，同时还要达到“大站停”和“站站停”这种组合的运营模式。

针对 160km/h 速度等级，设计组在国内首次采用高速度等级 CBTC 系统及 LTE 技术信号系统，实现了高密度追踪、局部共线运营条件下的“大站停”和“站站停”组合运营的灵活运输组织模式。

随着速度等级的逐级提升，每一跨步都伴随着系统能力需求的剧增与挑战难度的倍数级放大。广州地铁 14 号线采用 120km/h 快慢车组合运营模式时，已对信号系统进行了大量复杂而精细的适应性设计与优化。回顾过往，广州地铁早期运营速度仅 80km/h，且不涉及越行，到了广州地铁 3 号线，由时任总体、现任广州地铁设计研究院董事长农兴中推动的这条线路，从 80km/h 到 120km/h 已经是一个很大的跨越。及至 14 号线，更是在此基础上引入了快慢车的运营模式。

所以，18 号线、22 号线是在前面那么多条线路的基础上，把速度等级提升到了 160km/h。这是什么概念？比如速度等级 120km/h 的车，加减速距离约为 1.5km，而 18 号线加减速距离约为 3.5km，对安全距离的要求大大增加。

车和车之间的安全要求非常高，安全距离成倍增加，难度也成倍增加，还要保证高水平的服务密度，18 号线、22 号线的移动闭塞信号系统正是针对 160km/h 速度等级采取的有效措施。

广州地铁 18 号线、22 号线采用的全地下线路的刚性接触网和单相组合式同相供电技术，特别是后者，处于国际领先地位。

作为供电方面的技术专家，设计院原副总工靳守杰和原电气工程所所长何治新同时谈到了 18 号线、22 号线的这两项技术。广州地铁自 2 号线采用刚性接触网后，3 号线通过设计院总体设计，最终报集团决策采用刚性接触网。但是，由于 3 号线的速度等级为 120km/h，这种高速刚性接触网要解决弓网关系问题。也就是说，接触网是刚性的，刚度非常强，但是受电弓有压力变化，是有弹性的。怎么解决拉弧问题？拉弧会烧损、烧蚀接触导线和受电弓。

通过运行实践，总体组针对刚性接触网适应高速线路的要求和特点，进行了改进和优化。在变速段或转弯段给刚性接触网加一些弹性装置，让两个系统进行很好的耦合。高速刚性接触网在广州地铁 3 号线的运行情况非常良好，于是设计组就进一步将其引进 18 号线、22 号线。

行业内有一些地铁公司也在犹豫，还不敢采用 160km/h 的高速刚性接触网，但广州地铁集团领导非常支持和肯定采用刚性接触网。采用一些新技术，必定需要有“第一个吃螃蟹”的精神，或者说要下很大的决心——设计院推进技术进步的决心，更重要的是广州地铁集团的决策。

既然广州地铁集团给设计院提供这么好的创新环境，能够让这些创新技术真正用到项目上，为什么不用呢？只有用了才知道它们的效果到底怎么样。其实，对于高速刚性接触网技术，广州地铁集团和设计院是有基本的信心的。这些国内首次采用的技术，在国外已经有成熟的案例。国外刚性接触网已经应用到了最高速度 250km/h 的轨道交通线路中，对于 160km/h 的 18 号线、22 号线，只要做好充分的准备，问题就不会大。

如何让弓网跟随压力通过安装调试让车、轨、电的关系更匹配，避免压力过大？设计组通过选取适配受电弓，研发新型关键设备，特别是对系统进行精密调试，极大改善了刚性接触网硬点显著、燃弧多的长期痛点，国内首次在 160km/h 市域快轨全线全地下采用刚性接触网供电系统，最高试验速度为 176km/h。

蹚着石头过河，不走第一步，就不知道河有多深。在国内最高速度的全地下市域线路，依然采用刚性接触网需要的是勇气，需要的是对整个系统的把控能力。

18 号线、22 号线限界和隧道通风面积都比常规地铁线路要大，在高速条件下刚性接触网技术达国内领先水平。广州地铁集团和设计院就是在不断的技术创新中，逐渐实现从“跟跑”到“引领”。18号线、22号线供电系统还应用了一项国外都没有的技术，它就是单相组合式同相供电技术。

单相组合式同相供电技术，是一项极为复杂的技术。前面提到，18号线、22号线的速度等级为160km/h，所以车辆选用的是市域D型车。与之相适应，市域D型车供电的电压制式就要从传统地铁的直流1500V变为交流25kV，也就是跟高铁是同样的供电制式。

然而，在交流供电制式领域，我国长期面临一个未解难题，即过分相问题。具体而言，交流牵引变电所在向线路区间供电时，由于采用不同相位，当两个牵引变电所同时为同一区间供电时，它们之间会产生相位差。这种相位差异导致在供电区间内存在一个特定的无电区域，即过分相区段。该区域需做特别处理，以防止不同相位间发生短路，确保供电安全与稳定。

以往，车辆在通过无电区时是用一定速度冲过去的，现在很多的车载过分相，是把这个过程变成一个车载的断路器的过程，通过断路器来模拟降弓升弓，这种方式对发车间隔时间长的高铁是可行的。而18号线、22号线的服务水平是按地铁服务水平设计的，发车间隔非常密集，不允许因断电导致不能正常授流而停在区间的情况发生。

如何避免产生无电区？西门子公司的解决方法是，将从电网得来的交流电变成直流电，然后再转换为同相的交流电供给全线，这是很好的方式，但成本非常高。在变电所要进行全交直交，车站也要全交直交，整个供电环路上两个全交直交，这是不合理的。

通过单相组合式同相供电技术，全线各供电臂同相位，消除原不同相之间的电分相和无电区，车辆不必采用升降弓或车载过分相，避免车辆停在无电区失电风险。也就是可以把这些断点即可能的故障点全部连通，保证车能连续不断地在网上授电，实现车辆无感知过分相。另外，将这些断点拉通以后，列车的回馈电流能够大幅度提升并得到有效再利用，实现能量回馈。

这项技术的领先之处在于解决了所有的问题，同时成本是最低的，这是西南交通大学李群湛老师研究了 40 年的技术原创。在广州地铁集团的带领下，设计院联合高校和一些装备制造企业，共同研发了同相供电装置，实现了这项技术的工程化应用。确保在高密度发车场景下，车辆能够持续平稳运行，不会出现因为进入无电区而导致的停车停运，这是单相组合式同相供电技术最大的贡献。

该技术，被行业专家评价为“系原创技术，具有自主知识产权，填补世界空白，达到国际领先水平”。

在通信技术方面，总体组利用广州地铁集团搭建的云平台，率先将大带宽光传送网络及云平台搭建通信系统等技术应用到广州地铁 18 号线、22 号线中。

在 18 号线的施工图设计阶段，广州地铁集团大力推进智慧地铁建设，集团上下都聚焦 18 号线的智慧地铁设计及应用。总体组应用云计算、大数据、宽带无线通信等先进技术，为乘客及运营人员提供多维度、全息化的通信服务。这些技术在各行各业都有应用，只是在地铁上是率先采用。

为了确定智慧地铁应用方案，项目组收集各地智慧地铁资料，实地考察调研，研究各城市各专业智能化方案，与运营部门沟通确认需求，反复研讨论证。总体组参照《新时代城市轨道交通创新与发展》中提出的 6 大业务项、80 项功能指标进行逐项对比，经过多轮研讨与探索，团队在智慧地铁领域实现了诸多创新。

国内首次在地下线路中采用基于工业互联网与物联网的轨道交通智慧车站管理系统——穗腾 OS2.0。穗腾是一个管理平台，通过工业互联网和物联网技术，把车站做成一个终台，通过穗腾 OS2.0 系统，控制整个车站。不是说原来的控制系统控制不了整个车站，而是把这些控制系统整合到穗腾 OS2.0 系统里面更便捷。

穗腾 OS2.0 作为一个集成化的管理平台，通过采用工业互联网与物联网技术，为车站做了一个终台。通过穗腾 OS2.0，可以控制整个车站，更将原本独立运行的控制系统无缝整合至穗腾 OS2.0 的框架之内，提升车站的整体运营效率与智能化水平。

这种适度超前的设计理念，从智慧乘客服务、智慧行车组织、智慧调度指挥、智慧车站管理、智慧运营维护、安全保障及应急处置等六大方面，打造广州地铁首条“安全、可靠、便捷、精准、融合、协同、绿色、持续”智慧地铁线路。

在乘客服务方面，打造以互联网为基础的支付体系以及增加智能客服模块；在行车组织方面，实现快慢车运行以及全自动驾驶模式、站台门对位隔离、自动化段场等功能；在调度指挥方面，利用大屏可视化技术，实时监控客流变化、列车运行和实时在线监测设备运行状态，做到“情况看得见”“指令听得到”“位置找得到”的可视化指挥调度；在车站管理方面，实现一键开关站、自动巡站等功能，将车站“人、机、环”全方位动态智能感知；在运营维护方面，建设车辆、供电、电扶梯、轨道、信号等专项运维系统，实现面向多对象的全域感知、电子化规范流程及场景化决策控制；在安全保障及应急处置方面，构建一体化智慧安检系统，将区域化安检设备向网络化集成模式转变。

穗腾 OS2.0 系统，实现了精准便捷的乘客服务和安全高效的运营管理功能。穗腾 OS2.0 技术远非简单的优化升级，而是一场革命性的创新，深刻改变了人们的思维模式，影响深远。

广州地铁 18 号线、22 号线极具先进性，尤其在高效空调系统、自带泄压功能的越行线、长大区间的处理等方面，总体组创新不断。

在绿色生态方面，两条线是全国首批打造线路级高效空调系统的路线。采用智能环控设备监控系统，达到全线制冷机房综合制冷性能系数大于 5.0、空调系统制冷性能系数大于 3.5 的目标，制冷性能全国领先。每节约 1kW · h 的电，都是对整个线网节能减排、绿色发展的重大贡献。在此之前，很多空调系统都是车站级，还没有哪一条线全线应用高效空调系统。

这是全国首批自带泄压功能实现地下车站 160km/h 越行的线路。由于车站越行，在 18 号线、22 号线的越行站，设计组采用泄压孔的办法来降低列车在越行车站全速通过时的气动效应影响，同时也减小了空气阻力。

地下越行站内，当前后列车高速穿梭时，由于空气动力学效应，车辆间的空气会被急剧压缩，进而产生大量热量，这种现象既不环保也不符合低碳理念。若缺乏有效的泄压机制，将显著增加车站内部的空气阻力，影响运营效率。设计团队独具匠心，在车站结构中巧妙融入泄压孔设计，并与活塞风孔相结合，实现了自然高效的压力释放，无须额外增设专门的泄压设施，从而有效解决空气压缩带来的热量积聚问题，并在土建工程上缩减了泄压设施的规模，降低了建设成本，体现了车站设计的一项创新亮点。

在车站隧道排热方面，全国首创车隧智能同步排热系统。车站隧道排热系统首次采用左、右线分设排热风机方式，匹配“大站停”和“站站停”组合运营模式，根据列车进出站信号控制该侧风机启停及频率。如果无车进站也排热，则是在浪费资源。

除了速度快以外，18 号线、22 号线还具有站与站之间区间长的特点。18 号线平均站间距 7.6km，横沥站—番禺广场站区间最大站间距 26km。对于这么长的隧道，按照 2.5min 一班车来计算，理论上讲，该区间最多有 5 列车。但这给消防救援带来很大的挑战，如果第一列车出故障，后面行进中的 4 列车怎么办？

为此，设计组专门在这 26km 长的隧道中布局了 4 个中间风井，以确保这 5 列车的每一列车都在不同的安全区段中运行。即便首列车出了故障，后续 4 列车也在其独立的安全区段中运行。对于地铁隧道而言，若车站间距较近，则无须增设风井；但在市郊等较长区间，通常设置 1 ~ 2 个风井；类似 18 号线、22 号线设 4 个风井的情况少之又少。在这 4 个风井中，2 号和 3 号风井的规模较大，是疏散救援的定点风井，这一设计极大提升了紧急情况下的疏散效率与安全性。其中一个风井还设置了类似越行站的配线设施，不仅方便救援，更能在关键时刻将故障列车临时停放于此，有效避免了对正常运营秩序的长时间干扰。试想，面对如此长的线路，采用传统方式以 25km/h 的速度推移故障车，无疑将耗费大量时间，对运营造成极大的影响。而今，借助这一配线设计，故障列车可在非高峰时段被安全推送至车辆段进行检修，确保了运营的高效与顺畅。这些措施成功突破了 26km 超长地下隧道区间在紧急情况下的疏散与救援难题，为市域快轨地下隧道的运营安全提供了坚实保障，确保在发生故障或紧急状态时，能够迅速有效地执行救援行动。

作为国内首批全地下 160km/h 的市域快线，18 号线、22 号线实现了多项创新：国内首次采用地铁服务模式的全地下 160km/h 市域快线车辆，国内首次采用适用于 160km/h 市域快线的钢弹簧浮置板轨道减振系统，国内首次采用高速度等级 CBTC 系统及 LTE 技术信号系统，国内首次在 160km/h 条件下采用刚性接触网供电系统和单相组合式同相供电技术，国内率先采用大带宽光传送网络及云平台搭建通信系统，国内首次在地下线路中采用基于工业互联网与物联网的穗腾 OS2.0，全国首条按线路级建设及能效目标考核的线路，全国首条自带泄压功能实现地下车站 160km/h 越行的线路，全国首创车隧智能同步排热系统的线路，突破解决了 26km 超长地下隧道区间的疏散救援问题。

这些创新，是打造其成为国家级市域快速轨道交通示范性线路的底气，是必要条件，也是必经之路。

针对广州地铁 18 号线、22 号线的长大区间、长距离小半径下穿

珠江等难题，总体组首次设计的大直径盾构管片和盾构机以“S”形过江等创新设计，有力保障了 18 号线、22 号线施工的顺利进行。

在 22 号线常务副总体易诗轩看来，最辛苦的反而是建设过程。18 号线、22 号线沿线地质情况复杂，控制因素多。两线共下穿水道 11 处、下穿高铁和城际线路 4 处、下穿湿地公园 1 处、下穿二级水源保护区 1 处，中心城区段道路条件复杂，并接入多个交通枢纽，下穿和衔接难度极大。

18 号线、22 号线番禺广场站—南村万博站区间，隧道要下穿 7 号线，采用矿山法大断面暗挖洞室，风险非常高且工期又很紧张，为了防止出现意外，参建五方全部值班，设计组作为设计单位也 24h 值班，安排了三班倒，整整值了 4 个月班。

在番禺广场站—市广路站区间，隧道要下穿 3 号线，在下穿位置恰好碰到基岩突变，此时，盾构机已经始发，来不及调线，就只有从很远的地方应用水平定向钻注浆打到盲区进行加固。在这个过程中，也是首次成功实施了洞内解体盾构机作业。

当列车进入隧道，隧道的封闭环境导致空气流通受限，并迅速积聚形成高压波，进而演化为冲击波，可能引起部分乘客耳鸣等不适感，影响乘车体验。为确保列车高速通过时的声压与气压安全，必须预留充足的空间以符合最大限界要求，也即地铁列车与隧道之间的安全距离与车速有关，车速越快，要求隧道直径越大。

经过精密计算与模拟测试，设计组决定采用 8.8m 单线大盾构机、大断面外径 8.5m 盾构管片、7.7m 隧道内径施工方案，以保障列车行车安全，优化乘客的乘车体验。

设计院在大直径盾构管片设计方面迈出了重要一步，首次推出外径达 8.5m 的大断面盾构管片。设计组对该类型的混凝土盾构管片的壁厚及含钢量、特殊钢管片、盾构区间的端头加固、软土地层的纵向变形等进行了系统设计，同时深入研究管片分块、螺旋连接形式、注浆孔设置、凹凸榫槽等细节构造，为后续大直径盾构管片的设计奠定了坚实的基础。

盾构机两次“S”形小半径转弯过江，也是18号线的一项创新，实现了长距离小半径下穿珠江。18号线磨碟砂站—冼村站区间右线隧道全长3km，采用两台直径8.8m土压平衡盾构机进行施工。而这种掘进方式，在直径达8.8m的盾构隧道施工中相当罕见。为什么盾构机需要采用这种弯曲的走位过江呢？

就如同广州地铁建设过程中常见的难题那样，此处线路两侧高楼密集，建筑群鳞次栉比，而冼村路与海州路东西方相错，两地的位置关系需要盾构机完成一次复杂的东西转向任务。因此，设计组选择了一种对盾构机而言格外困难的姿势过江。而珠江水系的地质条件复杂多变，历史上已多次给广州地铁施工造成麻烦。此处复合地层情况复杂，盾构机将穿越强风化、中风化、微风化泥质粉砂岩等地层，而且在水系环境下施工本身就伴随着高风险，一旦出现如盾尾密封不严等问题，则极易引发涌水、涌砂以及刀盘结“泥饼”等风险，进而降低掘进效率，甚至可能导致刀具损坏，影响整个工程进度。

复杂的不仅是水系与地下的自然环境，地面既有建筑桩基、码头、江堤，又有有轨电车轨道与人行通道。一旦出现超挖、压力仓波动、掌子面失去平衡等问题，极易造成沉降变形，后果不堪设想。凭借精密的地勘工作和丰富的盾构施工经验，总体组攻坚克难，并借此实现了一次技术的飞跃。

如今，18号线总体郑翔回想起8年的地铁建设时光，似乎并不遥远：从线网上画下的第一条线，到贯穿广州的地下长龙；从通宵做方案，到向各级做汇报；从设计了深埋于地下的车站，到展示拔地而起的车辆基地与综合体；从春节集中办公，到中秋集中踏勘。总体组有为技术争论得面红耳赤的时刻，也有一步一步攻克难题的开心时刻，最终描绘了湾区美好前景。

根据规划，未来 18 号线还将与广州东至花都天贵城际、南沙至珠海（中山）城际项目贯通运营，22 号线还将与芳村至广州白云国际机场城际项目贯通运营，将在珠江西岸打造连通广州都市圈与珠西都市圈的快速轨道交通走廊，串联广州白云国际机场、广州白云站、广州火车站、广州东站、广州南站、南沙站、中山站、珠海站等综合交通枢纽，实现枢纽间的互联互通，实现空港经济区、珠江新城、番禺 CBD、南沙自贸区、岐江新城、香洲中心区的快速联系。

极具智慧感的地铁车站（番禺广场站）

2021 年 9 月 28 日，广州地铁 18 号线首通段正式开通运营。2022 年 3 月 31 日，广州地铁 22 号线首通段开通运营。广州地铁运营总里程突破 600km，这两条线路，以更快的速度、更智慧的运营形式，开启了下一个十年的征程。

广州地铁 18 号线、22 号线，介于城际铁路和地铁之间，填补了国内都市圈快速轨道交通网络层级体系和系统制式的空白，为粤港澳大湾区轨道交通一体化、后续国内各大城市群发展、都市圈快速轨道交通线路建设发挥了以点带面的重要示范作用。

第十九章

敲响明天的钟声

人才是广州地铁设计研究院最宝贵的财富。工程设计综合甲级、工程勘察综合甲级两项资质的成功申报，标志着设计院已跻身顶尖设计团队行列。成功登陆A股市场，则为设计院的持续健康发展注入新的动能。

以匠心致创新，以创新致发展。广州地铁设计研究院能有今天的成绩，得益于广州地铁集团的支持，得益于行业的发展，更得益于历届院领导长远的眼光，与坚定不移执行“走出去”战略的定力。从广州地铁1号线开始，设计院每一步都是传承，每一步都留下了光辉印记。

基于广州地铁一体化的运营优势，设计院对广州地铁各条线路了如指掌。在对外业务的拓展中，设计院也始终重视业主想法，深刻理解业主的需求，替业主做周全的考虑，从而为他们提供增值服务。地铁建设已经从当初的高速发展到现在的质量至上，设计院一直追求的是“你没有的我有，你有的我更优”。

设计院的核心发展主要靠人才，人才始终是广州地铁设计研究院最宝贵的财富。

在设计院总体总包的核心能力方面，从前期工可研究到规划设计，到工程建设、施工和运营调试，再到运营维护的全环节全链条，需要的是高质量、高品质的人才。在人才培养方面，设计院一直坚持做好“传帮带”的培养机制，师傅带徒弟，一直是设计院执行到位、引以为豪的传统，设计院充分发挥院里专家的优势，为设计院源源不断培养新人。

为了支撑设计院的战略发展，设计院尽快引进未来需要发展和培育业务的相关人才，以支撑未来新业务的发展。在智慧地铁、节能环保、新能源等方面加快关键技术人才的引进和培养，让更多年轻的后备队伍参与设计院的重大项目，在学中干、干中学，实现在项目中锻炼人、历练人。设计院深刻意识到，一个企业必须要有优秀的企业文化来熏陶人、培育人，真正做到以事业留人、待遇留人、文化留人。

在培养高层次人才方面，设计院加大对高尖端人才的培养力度，全国工程勘察设计大师史海欧，广东省工程勘察设计大师农兴中、何坚，广州市工程勘察设计大师王迪军、林珊、陈晓丹，广州地铁设计研究院的首席专家毛宇丰等教授级高工在广州地铁集团中占了极大的比重。

设计院在推动注册工程师队伍建设上，实施了一系列激励措施。设立了高尖端人才奖励机制，鼓励员工积极参与注册工程师培训和考试。对于获得注册工程师执业资格证书的员工，提供注册补贴。同时，明确规定技术管理岗位如总工、副总工等必须具备注册工程师资格。这些举措极大促进了注册工程师数量的快速增长，为设计院成功获得工程设计综合甲级资质奠定了坚实基础。

除了人才的培育，还有一件关乎广州地铁设计研究院可持续发展的大事，始终萦绕在设计院领导班子心里，那就是资质。

自 1993 年设计院成立以来，从第一任院长任佩珠提出 3 年内要拿到甲级资质起，资质问题始终是设计院极为重视的头等大事。第二任院长冉申德、第三任院长孙钟权领导设计院期间，在发展业务的同时，都非常注重资质的培育，1998 年获得桥隧专业甲级资质，2002 年获得市政行业（燃气除外）甲级资质、建筑行业甲级资质，这些都奠定了广州地铁设计研究院后十几二十年发展的基础。

2005 年，随着设计院开始承接成都地铁、武汉地铁的设计项目，设计院第一次迈出广州、走向全国，同国内更多优秀的设计院在更广阔的舞台上正面比拼。在同这些顶尖设计院同台竞技的过程中，设计院看到了差距和不足，其中最明显的就是资质的差距。

彼时，在轨道交通设计市场上，铁一院①、铁二院、铁三院、铁四院都是老牌大院，它们伴随着中华人民共和国的成立而诞生，被称为“共和国铁道设计长子”，建院历史悠久，人员规模庞大，是国内最早承接地铁设计业务的设计院。2007 年，国家首次设立工程设计综合甲级资质，这几家铁路设计院是当时全国为数不多拿到工程设计综合甲级资质的设计院。第一次听到这个资质名称时，时任副院长的农

① 指中铁第一勘察设计院集团有限公司。

兴中还专门去查询了原建设部刚颁布的《工程设计资质标准》（2007年修订本）。综合甲级设计院可以承接市政、建筑、铁道、公路、民航等全部21个行业的所有工程设计业务，不受限制，相当于“全牌照”。当然，其所设置的条件和标准也是最高的，对那时的广州地铁设计研究院而言，根本不可能在短期内达到。“有一天我们也要成为综合甲级设计院”，当时农兴中就暗暗地把这个“遥不可及”的愿望埋藏在了心底。

2012年9月国家发改委批复了24个城市的轨道交通项目，其中明确的线路规划达到35条，具体批复线路14条，线路总长度分别约936km和557km，新一轮轨道交通建设的高峰期开始，市场竞争也越来越白热化。2013年，担任院长不久的农兴中敏锐地意识到轨道交通建设的黄金时期已经到来。作为最年轻的轨道交通专业设计院，广州地铁设计研究院如何在日益激烈的市场竞争中站稳脚跟？如何抓住难得的历史机遇发展壮大？又如何从“老大哥”的包围圈中杀出重围？“成为综合甲级设计院”这一深埋在心底的夙愿再次在农兴中的脑海中闪现。农兴中果断地向新班子提出，设计院接下来最重要的攻坚目标，就是努力补齐短板，创造条件，尽快获得综合甲级资质。

此后几年，设计院一边狠练内功，加强技术创新，提升技术实力。人才培育机制和“走出去”战略，都迸发了强大的助推力。设计院大力开拓各地市场，贴心服务业主，营业收入连续大幅增长，2016年首次进入全国勘察设计企业收入50强，2017年再次进入50强，2018年9月获批市政行业甲级资质。至此，申报综合甲级的两个最难、最重要前置条件，“近5年内2次工程勘察设计营业收入在全国勘察设计企业排名列前50名以内”和“具有2个工程设计行业甲级资质”已全部满足。

时机已到，设计院趁热打铁，立即启动了综合甲级资质申报。分管院领导雷振宇积极协调各方资源，为综合甲级资质的申报创造最有利条件，他还和资质申报负责人人力资源部部长饶淑华一起认真钻研资质标准，经常针对一个条款的不同理解讨论到深夜，对可能遇到的问题和困难进行反复研究，提出解决办法和应对预案。饶淑华以远高于标准的要求编制申报材料，且不必说人员、业绩资料是如何内容完满且形制规范，就连编排顺序都非常有章法，一一对应、严丝合缝，力求上千页的申报材料让评审专家看到后一目了然、赏心悦目。饶淑华还多次奔赴全国各地，咨询有经验的专家，请他们指导把关，反复修改，解决问题，攻克了一道道难关。最终，大家的努力没有白费。2018 年 12 月完成材料申报，2019 年 3 月通过住建部专家审查，至此，设计院成为极少数能一次通过审查的综合甲级资质申报单位之一。获批“设计综合甲级资质”，这个看起来似乎“遥不可及”的愿望终于实现了。

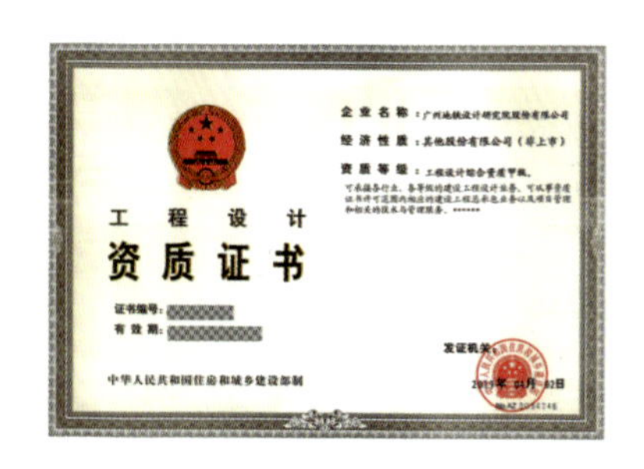

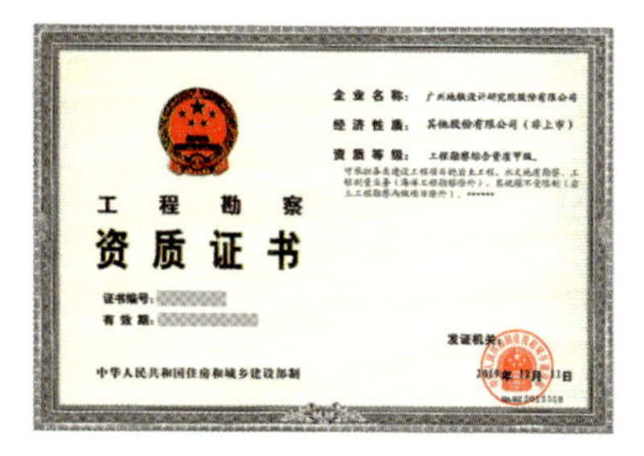

2019 年获工程设计综合甲级资质、工程勘察综合甲级资质

2019 年 4 月，设计院成功获住建部批准，获得最高工程设计资质——工程设计综合甲级资质。2019 年 12 月，设计院从住建部领取了工程勘察综合甲级资质证书，成功获批工程勘察最高资质，该项资质的取得进一步丰富了广州地铁设计研究院的资质体系和业务领域，有效提升了设计院的综合实力和市场竞争力，为未来发展拓展了更广阔的空间，实现了资质方面的全面丰收。自此，广州地铁设计研究院成为当时国内同时拥有国家工程设计综合甲级资质、工程勘察综合甲

级资质、城乡规划编制甲级资质的六家设计院之一，截至目前仍然是广东省内唯一一家具备工程设计综合甲级资质的地方企业。工程设计综合甲级资质的取得，极大地促进和推动了设计院专业领域的横向发展和产业链的纵向延伸，设计院开始涉足城际铁路市场，先后中标深大城际铁路、广花城际铁路、芳白城际铁路等业务，也为轨道交通市场的竞争打破了最后的壁垒，真正进入了行业第一梯队，拓展了设计院未来的发展空间，有效提升了市场竞争力。

从2013年到2019年，经过6年的周密谋划和不懈努力，设计院终于成功跻身“工程设计综合甲级资质”行列。成果来之不易，正是领导者谋断于前的灼灼远见，让设计院在瞬息万变的时代中，抓住大有可为的历史机遇，一路向前，实现了又一次加速超越。

随着发展的提速，在同一时期，另一项影响深远、关乎广州地铁设计研究院健康可持续发展的重要部署也顺势而至，那就是上市。

根据广州市国资委的要求，其下属国有企业应着手整合优质资产，并推动这些优质国有资产上市，以引领国资系的经济发展。广州市国资委的要求与广州地铁集团的所思所虑一拍即合，广州地铁集团旗下还没有一家上市公司，这是亟须弥补的遗憾。上市是一次面向大众的形象营销，是一次告之四海的实力宣讲，广州地铁集团需要一家优质企业来代表集团形象。

广州地铁集团将目光锁定在设计院身上。自从2005年实施“走出去”战略以来，在市场拓展、规模、盈利能力、行业口碑方面，设计院的表现都可圈可点，是集团绝对的优质资产。

2015年，在广州地铁集团“十三五”战略规划研讨会上，农兴中院长做了关于设计院“十三五”战略规划的情况汇报，第一次提出设计院争取在“十三五”末实现上市的构想。这个战略规划，获得广州地铁集团的“最佳市场策略奖”。

上市，是集团的要求，也是设计院的需求，上市的优势是明显的。设计院的上市意味着可以建立设计院完善的制度；可以实现对员工的股权激励，留住人才；更重要的是，可以募集到资金用于设计院未来的发展，设计院早就意识到单一的业务抗风险能力是不足的，围绕产业链走多元化地铁设计、数字科技等新的发展方向需要资金来支持。此外，对全国各地的布点，对生产能力的提升、对规模的扩张和设计院未来业务的拓展也需要资本市场强有力的支持；上市之后，对设计院的品牌形象也有提升，也就是锁住人、锁住市场，打造品牌。

上市相关条款规定，设计院与母公司，也就是广州地铁集团业务占比、关联交易不能超过设计院总业务的 30%。值得庆幸的是，正是因为设计院于 2005 年开始实施“走出去”战略，设计院外拓业务占比超过总业务的 70%，这给设计院上市创造了有利条件。

万事俱备，2016 年 8 月 5 日，设计院上市工作启动会召开，广州地铁集团分管财务的副总经理刘智成（广州地铁设计研究院第五任院长）主持了启动会。时任广州地铁集团战略发展部副总经理的曹晓军、财务总部副总经理的王晓斌等职能部门领导，以及华泰联合证券、中伦律师事务所等中介机构代表和设计院相关部门领导共同出席了会议。在启动会上，要求各职能部门逐一表态，涉及经营发展部、财务部、项目管理部等关键部门，强调部门间需统筹协调，相互支持。

2016 年 8 月，时任广州地铁集团副总经理刘智成主持设计院改制上市工作启动会

面对上市的目标，设计院充满信心，立志必达，强调要迅速推进上市进程。这份坚定的信念源自对企业建设、合规管理以及经营发展势头的充分自信。然而，与过往的工程难题和技术创新挑战不同，上市之路充满考验与挑战。为此，农兴中院长亲自部署，指派具有丰富投资经验、被誉为“设计院巴菲特”的邓剑荣副书记领衔负责设计院的改制上市工作。

审核制下的 IPO（首次公开募股）作为一项系统性工程，耗时长、涉及面广，主要分为申报准备阶段、审核阶段、发行阶段，证监会的审核通过是关乎顺利发行的重中之重，申报阶段准备得充分与否则直接决定公司能否顺利通过证监会审核乃至最终能否发行。申报阶段具体由保荐券商机构协同会计师、律师等各方中介机构对公司的历史沿革、同业竞争、独立性、关联交易、财务状况、资产与业务、公司治理、劳动用工、合规经营等方面进行尽职调查，并结合实际情况进行梳理和辅导规范。

在这一过程中，经营发展部负责改制上市和员工股权激励方案的策划与落实、券商法律法规尽职调查的对接及公司合同法律管理关系等方面的梳理协调；财务部负责公司清产核资、资产评估、财务状况资料整理、会计师尽职调查的对接与各会计期报表审计的策划与统筹落实；项目管理部负责具体业务生产项目运营体系的统筹梳理、项目核算方案与进度信息资料佐证材料的策划组织协调等，三个部门联动作业。

上市要求的严苛程度，犹如用放大镜仔细打量广州地铁设计研究院，从外在肌理到内在架构，不放过分寸。在这样严酷的扫描下，设计院暴露了不少短板。无论是公司治理、运营管理，还是项目流程、财务系统，都亟须一次大范围升级与现代化提升。既要契合自身实际，也要按照上市的需要，逐一深化，把现有的粗放管理结构雕琢得更精细严密，达到能够上市的标准。但这个看似清晰简单的改造工作，几乎将过去整个公司的日常项目运营管理流程推翻重来，起初一度举步维艰。一边要维持正常且繁重的生产经营与日益增长的内部管理工作，一边又要实时重塑一个大型企业的运转逻辑，其间困难阻塞之处，何可胜言。

对于要不要上市、能不能上市的分析与沟通交流，很多前期策划方案由经营发展部牵头，经营发展部部长涂洪武和高级主管谢光耀负责与广州地铁集团的战略发展部等沟通对接方案策略、集团内部同业竞争等。而对标证监会IPO审核要求，则聚集到了公司财务状况的行业可比、业务支撑体系的完整与一贯规范。财务部部长马韶瑜在肩负统筹财务专业方案总体策划与沟通协调重任的同时，将涉及财务状况稳健与否的两个重要模块分工交给手下两员干将，主管王皓负责牵头组织各期报表数据精细化测算、对接会计师开展审计报告数据稽核检查等，主管邬振新负责成本与研发投入数据的归集分配方案、同步核算软件程序的需求梳理与搭建实施等。而负责统筹公司日常生产运转管理的项目管理部部长张宋则同步谋划项目核算管理模式，要求主管梁露方具体牵头从零做起，搭建一套符合要求的、以项目为核心维度的业务管理与核算新模式体系。

启动上市后，财务状况与合规性是整个流程中极其重要的一环，对于上市，财务几乎就能一票否决。设计院对自己的财务部门一直是有信心的，合乎规范的财务系统，既是设计院健康发展的原因，也是健康程度的指征，更是设计院拥有优质品牌形象的后盾。但是想要做IPO，还需要一番大刀阔斧的改革。过去，设计院采用的是部门核算，而IPO证监会审核要求的是项目核算，核算颗粒度、配比的原则要做得特别细致，与传统核算办法截然不同。从部门到项目，区区两字的差异，对一个超过20年、业务合同额大、履约期长、人员专业交叉繁杂的企业而言，是整个核算办法底层逻辑的大转向，需要深入业务，立足项目，重塑整个业务核算规范。按权责发生制原则，以项目为维度的业务核算规范是系统工程，确定采用项目进度完工百分比的方法确认收入与协作成本、以项目工时为占比最大的人工成本分配依据，并制定符合IPO规范要求的会计政策、核算规则体系，推行至全院范围内所有项目一贯实施。

按照业务类型，中介机构要求从多方面对项目进行拆分核算，包括按业务类型分大类、各类业务分明细类别—各明细类别分阶段—各阶段再分小节点—各小节点再细分专业。要把项目的专业、收入、分包、工时等诸多门类，拆离分解，按实际工作进度确认收入进度，重新匹配收支，彻底梳理目前未执行完毕的几千份合同项目。

项目核算方式像是变革的文心题眼，带来了翻天覆地的连锁聚变，彻底打破原来按合同进度的核算模式，改为按子项进度开展权责发生制项目核算。几千个大项目，以及拆解出的几万个子项，重新按照规则来估算进度，预测未来3～5年进度铺排，这些工作让数据量、信息量呈几何倍数增长。所有基础资料必须完整，所有数据结论都需要有扎实可靠的依据支撑，新的核算方案还需要有机一体化的全方位配合。因此，很长一段时间内，财务部、项目管理部以及负责合同管理的经营发展部，成了IPO具体进程推动的排头兵。

财务部需要遵循稳健、安全原则，要求财务人员全面了解合同信息、项目进度等信息，每个会计期都要对所有项目开展收入、成本、进度的配比核算与成本分配，完全打破以往简单核算、出具常规核算报告的做法，需要新建以项目为维度的财务精细化核算体系。上市前期筹备尽职调查阶段，财务部既要确保支持日常持续增长的业务稳健发展，又要实时对接来自券商、会计师、律师的各种历史沿革、合规经营等方面档案的核查，财务工作量已经比平时正常会计核算翻番了。而此时的财务部只有9人，人员结构也偏弱，要达到这个变革目标，意味着如山似海的n倍工作量，对既有的财务团队来说，实在有些艰巨。

财务部并非IPO改造的唯一着力点。要采用项目核算，财务部门必须依托项目管理方面的数据与材料支持，每一笔收入都必须能追溯到合同管理的具体业务过程，每一个合同进度的确认都需要翔实的证据支撑。核算是以合同为基础，每一个合同作为一个核算单元，计算全院每年的营收。主营业务收入、协作委托的主营业务成本由项目管理部提供计算依据，全院的所有业务收支节点都要外部佐证来作为其完成的依据。全院生产人员的项目工作量投入需要有合理有效的计量方案，项目管理部责无旁贷，必须成为项目核算体系的牵头负责部门。

2016—2017 年，要经历一个从无到有的过程，广州地铁设计研究院必然要面对“无迹可寻”“无旧可依”的局面，没有现成的规则制度可以一一照搬。

在这个过程中，没有人在孤军奋战，每一座大山都没有被忽视。广州地铁集团始终紧密关注着上市进程。集团总会计师兼财务管理部总经理王苹、副总经理王晓斌定期组织部门集中讨论，了解进度，倾听并解决他们的问题，全程给予专业指导，协同推动克服集团内部同业竞争、关联交易、税务沟通等方面的各种障碍，一切以上市为重。设计院每一位领导都担负起自己的责任，党委副书记邓剑荣是上市工作小组组长，定期召开专门例会，梳理工作进度与计划，协调解决问题；时任党委书记许少辉分管财务部工作，负责人员协调补充；时任院长农兴中，全程密切关注上市工作进展，为工作小组指点迷津。

经过近一年的努力，尽管设计院这三个部门在过去近一年中为上市付出了巨大努力，但由于项目繁多，以项目为维度的业务信息资料梳理的进展、相关的数据测算与依据体系搭建始终不尽如人意，改制上市方案也未如期沟通定稿，IPO 第一步的引入战略投资者及核心员工持股审计基准日向后推移。2017 年已过半，广州地铁集团检查 IPO 工作计划推进进度发现不如预期。这一天，上午 8:30 还没到，院长农兴中就分别给经营发展部、财务部和项目管理部三个部门领导打电话，要求他们马上到办公室来，上市已经迫在眉睫，无论是 IPO 策划牵头落实的涂洪武部长、肩负基准日清产核资与评估审计职责的马韶瑜部长，还是负责设计院日常生产任务协调的张宋部长都不能置身其外了，上市，必须列为这三个部门负责人每天工作中的头等大事，再也没有退路，关键任务必须亲力亲为！

于是，在2017年下半年的这次早班会议，分析确定了当时的节点瓶颈就是项目核算这一座大山，明确了项目管理部部长张宋、财务部部长马韶瑜、经营发展部部长涂洪武的“金三角”组合。由项目管理部负责项目核算体系的建立与落实，并具体组织各生产部门推进在手项目进度与投入工时等资料的填报工作；财务部负责按会计师、券商要求细化核算所需的各种信息资料，整理清单与填报模板；经营发展部负责梳理合同执行过程的履约上下游信息资料。

以项目为维度的财务精细化核算体系，由张宋带着主管梁露方一起，逐步对细节进行梳理，包括最早方案的建立、核算办法的制定、发布、推广和培训，哪怕只有两个人在场，张宋也会仔细讲一遍核算体系，设计院在外地的每个分院，张宋都跑遍了。张宋充分利用财务管理双学位的优势，将业务与财务两相结合，显然是如虎添翼。这套业务核算体系，融合了很多财务知识，复合型人才在此时起到很好的作用，张宋能够把财务同事们的专业语言翻译成口头语，以便让相关人员快速领会这套核算体系的重点。比如，他将两种核算方式——时间法和节点法，通俗地命名为乌龟爬和青蛙跳，诙谐又易懂。

财务部、项目管理部、经营发展部三部门负责人，与会计师、券商项目负责人聚焦于框架搭建、原则设定与节点把控，各机构主管人员研究数据模板设置方案与要求要领，而各具体经办人员则关注实操具体方式及数据统计的及时、准确和完整。自上而下，分工合作，以此来形成逻辑通顺、切实可行的方案。

他们的目标不仅仅是“从无到有”地定制度、建系统，更重要的是谋未来——这也是上市的核心驱动力。这又是一次“被迫”的创新，三个部门必须填补空白，设置规则与系统，在另一个赛道实现创新突破。要做，就要做最好，不单考虑上市前的表现，还要考虑上市后两到三年的表现，保持设计院上市前后平稳地发展。

通过从财务审计后端的严谨性、可比性及基准日的时点等来推动业务改进，使得清单中不仅含有合同业务的信息，有项目的佐证材料，有对关键节点拆分的依据，还包括外部的证据证明达到了合同进度，承包商也要提供翔实的工作量投入数据作为支撑，而内部设计生产一线人员的工时数据填报更是不可或缺，这是占比最大的人工成本分配依据。在经营发展部对前期合同资料分割审核明晰后，每天项目管理部将业务一线进度数据、工时投入信息导出交给财务部，财务团队成员各领任务，每天守在 EXCEL 表前执行公式的运算与数据核对、报表测算、勾稽审核，再发给会计师审核人员分类核查、分析解释、会审过关。每一版数据出来后，要和原来的报表对比，检查偏差并进行原因分析，针对测算结果与原有的财务状况偏差，找出充足合理的原因解释和佐证依据。遇到特殊情况，由三部门团队联合中介机构，甚至要召集包括生产项目负责人在内的若干人员集中到会议室现场会审通过。

经过反复检验，项目管理部将各种业务类别的核算模板固化发布，进而再把这套核算办法梳理成信息化软件开发需求，指导软件开发人员编写代码，完成项目进度管理填报平台和工时填报平台的开发，及时配置项目管理基础信息、数据、文件的收集工具，为之后每一次资料收集与数据运算的效率提升打好基础。

大家拧成一股绳，不断开会讨论与辩证判断，模拟比较以确定关键步骤，进而确定项目核算的整套全流程方案。许多个晚上，他们的下班时间推迟到深夜的 10 点半以后。白天的会议开不完，他们到饭堂打上盒饭，一边吃，一边继续开会，直到彻底敲定结论，大家笑称这是“黑屋子里出方案”。张宋部长更是通宵达旦讨论方案手稿，如山般堆满了他的办公桌；马韶瑜部长白天开会讨论方案，会后抓紧审签桌面上一摞摞的财务纸质单据、线上流程的各类会签文件，然后再投入到每一轮的关键数据判断与报表大指标测算把控中，有时工作量太大只能背上电脑回家继续工作。但他们也有苦中作乐的乐观主义精神，涂洪武部长经常用一些富有哲理的段子为大家解闷，与张宋部长的打油诗互相辉映；每当“哲学家”和“诗人”天马行空时，旁边的马韶瑜部长总会用三言两语把他们拉回现实，继续讨论当下的问题。

另一个意想不到的困难是，设计院勘察测量业务不同于设计业务，其收入确认、成本核算、分包管理等都有自己不同的特性。岩土分院院长张华、副院长刘成军高度重视，安排分院经营室主任张小丽负责岩土工程业务核算的规范化工作。张小丽用心钻研，主动和项目管理部的同事一起研究、讨论，经常加班工作到深夜。在她的辛勤付出下，岩土业务的核算终于赶上了设计业务核算的进度。她至今印象最深的是 2019 年春节，大年初五一大早，IPO 工作组的许多同事就到院里加班，在院长农兴中、党委副书记邓剑荣的带领下，大家共同研究，热烈讨论项目核算存在的瑕疵和问题，提出一个个解决方案，度过了一个充满激情的、令人难忘的春节假期。

就在他们带领具体部门埋头苦抓核算规范化等工作时，IPO 工作方案沟通过程也屡屡碰壁，曲折反复。上市能够让融资手段多元化，上市同样也是人才激励的重要手段，广州地铁集团希望以财政部、国务院国资委、科技部在 2016 年 2 月 26 日联合印发的《国有科技型企业股权和分红激励暂行办法》（财资〔2016〕4 号）为政策依据，用股权激励实现“待遇留人”的多元化尝试。为了能够合法合规地突破推进，设计院寻遍众多政策，只要有所关联，便一一认真研究，在坚持不懈地沟通和有关部门的关怀与指导下，设计院立足公司实情，完成了报审方案。

2018 年 5 月 8 日，广州市国资委同意批复广州地铁设计研究院改制上市和员工股权激励最终方案。设计院于 5 月底快速完成了引入

战略投资者和员工股权激励，成为广东省内第一家依据“4 号文”实施员工股权激励的科技型高新技术企业。

设计院改革逐渐深化的同时，股改也提上日程。股改是上市的基础，只有股份公司才有上市的资格。借此机会，设计院的领导班子也开始思考，要进一步加快上市进度，公司治理结构的优化完善不可或缺，一个专门的机构必不可少，后半段 IPO 专业的流程需要有丰富经验的专业人士专门负责。2018 年 5 月底，IPO 事务部应运而生。经多番物色，广州地铁集团选派温路平到设计院担任财务总监，从其他上市公司招募了许维作为董事会秘书兼 IPO 事务部部长。

随着 IPO 事务部成立，以及财务总监、董事会秘书的到位，公司治理及高管队伍有效充实，设计院如虎添翼，联合券商、律师、会计师进一步研究上市最后的“射门”工作，尤其是在提交申报材料前后，设计院需要预判证监会关注的重点，他们会问什么样的问题，设计院该如何回复和落实。

对许维来说，他真正担心的不是上市的困难，而是设计院是否能够忍受上市的漫漫煎熬——领导人的意志是关键。如果设计院要实现 5 年内上市的目标，那么现在就一刻也不能耽误，必须抓紧时间推动所有前置工作。最初，IPO 事务部规模并不大，只有四五个人。但是这寥寥数人，却如画龙点睛，在千头万绪中穿针引线，彻底厘清了工作思路，为上市的最后“临门一脚”组织起冲锋。

2018 年 8 月 18 日，广州地铁设计研究院股份有限公司创立大会暨第一次股东大会成功召开，以发起设立的方式将广州地铁设计研究院整体变更为“广州地铁设计研究院股份有限公司”，标志着设计院上市之路迈入新阶段。

股份公司的设立具有里程碑意义。此后，设计院步履不停，离最终目标越来越近。国内 A 股上市需要编制招股说明书并经过证监会的审核，而招股说明书中，对公司的各方面均进行详细分析及披露，同时证监会对其存在疑问的事项要求书面正式回复并补充佐证依据。在申报阶段的梳理与辅导规范整个过程中，还包括内部控制制度体系的建立健全，财务制度规范工作，对原有不完善事项的规范补充，与中介机构沟通并提供其要求的资料文件等，需要继续投入比以往更多的人员、花费更多精力完成工作。

设计院的项目，普遍执行期跨度长，涉及专业多，合同额巨大。对温路平而言，每一期财务报告的及时、准确、合规，是各个基准日审计的关键基础，没有信息化这个元素的加入，效率效果确实难以预判支撑。到位之初，财务系统、各业务管理系统均单独运作，各系统间没有对接和数据共享，温路平发现财务团队还在以 EXCEL 表为主要工具，对于设计院如此多的项目，把每个人上交的表格合并起来的话，计算机都运行困难，刚开始用表格的时候，每次数据变动要等几个小时才能出结果。为了找到方案的最优解，他们需要用计算机不断测试运行模拟方案，其中数据如山似海，让计算机崩溃卡死是常态。这并不令人吃惊，可以试想一下：工时是项目最基础的数据，如果以工时为项目成本的依据，设计院多的是时间跨度长的项目组，每人每天都要填写工时，把上市前每个月的工时加以运算，这个工作量几乎是不敢想象的。而这还不算完，海量的工时数据只是下一步成本运算的基础。每个人的成本要分摊到项目成本上，要通过外部力量开发软件和数据库的形式运行计算，这个体量远远超出 EXCEL 的极限——它最多只能处理 10 万条数据。电流源源不断供能支撑芯片的运算，系统中 0 和 1 的交替排布仿佛看不见尽头，计算的是设计院必须万无一失的未来，再多的工作量也必须完成。

这样可不行，作为财务总监，温路平根据过往集团的信息化管理经验，确定必须马上搭建系统，通过系统数字化，插上数字化的翅膀才能让核算飞翔起来，将项目核算基础下的合同管理、项目管理系统资源整合，要把这些原始的资料按照 IPO 的要求收集，需要可以支撑数据运算的快捷软件系统。马上分析物色成熟的软件产品，迅速组织需求流程确认，以最高效的方式引入，一系列的步骤紧锣密鼓地推进着。在搭建好第一个核算系统平台后，整个效率大大提升，看到了以项目为维度的核算方案真正实施后的第一版数，财务部门终于移开海量数据这座大山，能快速高效地把核算数算出来了。

2019 年 5 月 30 日，设计院向中国证监会递交了首次公开发行股票并上市的申报文件，一次性受理成功；6 月 6 日，中国证监会官方网站对外公布了设计院的招股说明书。至此，设计院迈出了 IPO 申报过程中最坚实的一步，IPO 工作正式进入发行审核阶段，设计院实现了股份改制以来的又一重大突破。当时，在中国证监会排队等待 IPO 上市的企业多达 371 家，设计院排在第 351 位，预计审核周期超过一年。前期扎实的内部管理体系构建、稳健的财务状况表现、翔实的申报文件梳理，为应对证监会审核阶段的问题质询提供了有力的支持。设计院上市工作团队对每个问题的回复都进行了精心策划和高效执行，确保了沟通的顺畅与成效。设计院有信心在 371 家排队上市的企业中脱颖而出，加快 IPO 进程！

2019 年末，一场突如其来的新冠疫情席卷全球，设计院各方面也受到了不同的影响，面临疫情中如何保证生产经营工作有序开展的严峻挑战。2020 年元旦刚过，中国证监会发行部审核员便来电询问设计院的经营业绩是否会受到疫情影响而出现下滑？经过审慎分析，设计院领导层给出了非常坚定的回答：我们一定能够克服疫情影响，2020 年经营业绩能稳步增长！充满信心的回答很快打消了中国证监会发行部审核员的顾虑，把设计院列为 IPO 上市重点推进企业。

在发行审核阶段，证监会发行部审核员提出了很多问题和质疑，有的是对设计业务的不理解，有的是对行业习惯做法与规范性矛盾的质疑，有的要求马上提出整改方案。位于北京金融街的富凯大厦，是中国证监会的办公所在地，周边常年人潮涌动，络绎不绝，往来都是身着正装的上市或拟上市公司、证券公司等中介机构的代表。

农兴中董事长、邓剑荣党委副书记和设计院上市工作团队，很快就加入了北京金融街的人潮中，多次往返北京，不断和证监会发行部审核员沟通交流，碰到的棘手问题一个接一个。刚刚解决完关联交易问题，又碰到了构成 IPO 上市的实质性障碍问题——同业竞争问题。

在广州地铁设计研究院递交 IPO 申请文件之前，广州地铁集团已积极协调集团内部相关企业，解决了与设计院的同业竞争问题，相关企业也作出了避免同业竞争的承诺。然而，出乎意料的是，证监会发行部又提出了新的问题：设计院的实际控制人为广州市国资委，而国资委旗下拥有市规划院、市政院、市设计院等十几家设计单位，部分业务与设计院构成同业竞争，不符合发行条件！这真是一个天大的难题！

面对同业竞争的难题，农兴中董事长立即向广州市国资委和广州地铁集团领导寻求援助。市国资委和集团领导对此高度重视，与设计院团队一同赶赴北京，到富凯大厦证监会人来人往的楼道排队等候发行部的审核员。经过漫长等待，他们终于在一个角落里，在密布的摄像头下，忐忑不安、小心翼翼地向审核员求教：这种同业竞争情况，央企和省国资委旗下的上市公司不是也有吗？审核员淡然回应：省级以上国资企业不受这条约束！你们广州市的企业要自己解决同业竞争问题，否则无法上市！沟通无果，他们只能打道回府。

如何解决这一难题，是放弃还是坚持？困扰了设计院相当一段时间。无奈之下，他们再次请求广州市领导和市国资委主要领导出面协调。农兴中董事长首先拜访了广州市多家设计单位的领导，以诚恳的态度寻求他们的理解和支持。随后，市国资委领导多次组织相关设计单位的上级集团召开协调会，要求他们理解、支持广州地铁设计研究院上市，出具不与广州地铁设计研究院竞争的承诺函。至此，设计院 IPO 上市的最大障碍终于消除了！

为了助推“临门一脚”，2020 年 6 月初，广州市常务副市长亲自带队拜访证监会发行部领导。会面中，农兴中董事长做了简要汇报和承诺，终于为设计院下半年能够获准进入 IPO 发行审核会完成了至关重要的最后冲刺！

2020 年 7 月，证监会下发“关于请做好广州地铁设计研究院股份有限公司发审会议准备工作的函”（简称“告知函”），这标志着设计院 IPO 上市进入了发审会筹备的最终冲刺阶段。设计院离追逐数年的目标——上市，只有一线之隔。这一线，就是 IPO 发审会，这是股票上市前的重要环节。在深交所中小板现行核准制下，发行人董事长等代表及保荐人代表，必须在发审会上接受证监会发审会委员 40 分钟的聆讯，7 位发审会委员以投票表决的方式，决定发行人是否通过审核。就像是人生的一次大考，此前数年的准备都系于今日，成功与否在此一举。

2020 年 8 月参加中国证监会发审会答辩的代表（左起：刘恺、农兴中、许维、张宁湘）

2020 年 8 月 20 日，是令所有人难忘的一天。董事长农兴中、董事会秘书许维和华泰联合证券的两名保荐代表人共同出席了中国证监会的发审会答辩。答辩定于上午 11 时左右开始，四位答辩代表一大早就开始紧张地准备。尽管他们前一天已经从早到晚进行了无数次的模拟答辩练习，但每个人内心依旧充满了紧张与不安。然而，当他们步入答辩会场时，心情反而变得平静。面对发审委委员一个又一个的严格提问，发行人代表农兴中董事长显得胸有成竹，他沉着冷静、流畅地回应了每一个问题。40 分钟的答辩结束后，在安静而凝重的气氛中，有过上市经验的许维忐忑地等待着结果，等待着过去几年工作成果的最终成绩。董事长农兴中则淡定地坐在一边，随着结果宣布，第一个快步走出去，对门外同事简短地说了两个字：“过了”。

寥寥片语，重如千钧。

时隔一月有余，2020 年 10 月 22 日上午 9:25，广州地铁集团董事长丁建隆、总经理刘智成和广州地铁设计研究院董事长农兴中作为公司代表与广州市相关领导在深圳证券交易所敲响上市大钟。沉稳持重的声纹缓缓在深交所中荡开，广州地铁设计研究院股份有限公司成功登陆 A 股资本市场。

2020 年 10 月 22 日，广州地铁设计研究院股份有限公司在深圳证券交易所敲钟上市
（左起：农兴中、刘智成、丁建隆、陈浩钿、罗俊茯、徐秀彬）

“003013”，这串代码开启了设计院发展的崭新时代。

作为国内唯一一家专注轨道交通领域勘察设计的上市公司，也是广州地铁集团内第一家上市公司，设计院像是业界的标杆，开辟了无人走过的道路，此外，设计院股票以“地铁设计”为简称，“地铁设计第一股”的上市宣传吸引了大量投资者关注，也在业界内外极大提升了集团的形象与名气。

除了上市，多年来，地铁设计人还一直有个梦想：要有一个属于设计院自己的“家”——设计院办公大楼。历任院领导都为此不懈努力。2013 年，农兴中接任院长后，在集团领导的支持下，继续为实现这一梦想而努力。农兴中院长和邓剑荣党委副书记一起，遍访广州市各区，积极选址并展开洽谈，与各区领导、规划及招商部门沟通协调：努力说服越秀区同意在 204 大院拆旧建新，争取在萝岗区 21 号线科学城站上盖建楼，拟购萝岗万达广场塔楼，研究天河区生物岛楼房改建，洽谈天河区智慧城用地，商谈在海珠区合作建楼……时间一年过了一年，却总差一点点未能圆梦。

2015 年白云区主要领导伸出橄榄枝，邀请设计院入驻位于黄边的设计之都，但因位置较远、配套设施不足，设计院当时未接受邀请。2019 年，在广州地铁集团董事长丁建隆等领导的关心和协调下，白云区为发展总部经济，引进设计院，同意设计院在白云新城选址建设研发大楼。2020 年 3 月，设计院通过土地招拍挂获取白云新城萧岗地块，于是，在美丽的白云山西麓，总部企业林立的白云新城，设计院开始了构筑“家”的圆梦之旅。为了拥有一个崭新的、智能的、能代表科技型企业形象的“家”，地铁设计人一致认为：自己的“家”，要自己设计、自己管理建造！经过内部、外部一轮又一轮方案征集，终于稳定了建筑方案。2020 年 12 月 31 日，地铁设计大厦奠基开工，广州地铁设计研究院即将迎来自己的“家”。作为广州地区第一栋近零能耗高层建筑，设计院在构思阶段就致力于将大楼打造成集信息化、智能化、人性化于一体的轨道交通产业设计研发和集成展示中心。

市场增长在放缓，而竞争对手却不断入场，发展的困局已在眼前，而上市的钟声，正是明日的号角，在又一次危机隐伏的历史路口，指引了未来的发展方向。

2020 年 12 月 31 日，广州地铁设计研究院设计研发大楼奠基
（左起：黄铠杰、农兴中、李少壁、丁建隆、苏小澎、蔡胜、赵斌、陈乔松）

设计研发大楼

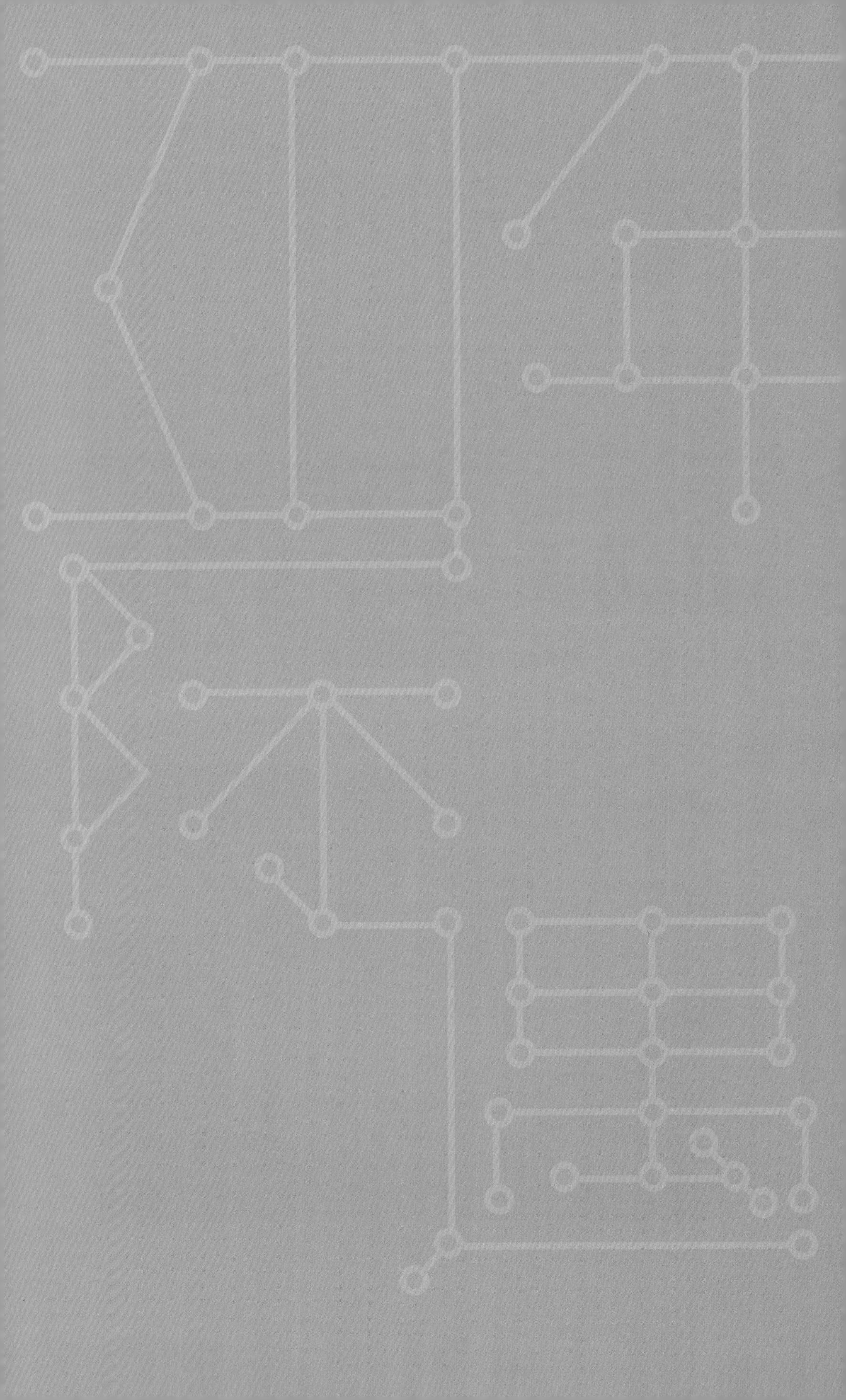

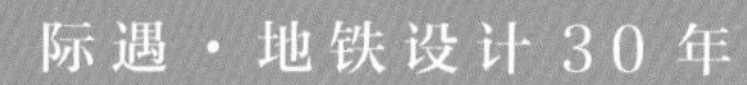
际遇·地铁设计30年

明天的求索

道虽迩，不行不至。作为同时拥有工程设计综合甲级、工程勘察综合甲级的广州地铁设计研究院，在做好地铁设计主业的同时，提出“12433”战略，将地铁建设融入城市建设的宏大背景下。同时，从低碳节能“源、输、储、用”四个关键环节发力，不断创新和努力，2020年10月，广州地铁设计研究院在深圳证券交易所成功登陆A股资本市场……。随着“四网融合”、粤港澳大湾区一体化理念的提出，智慧地铁的设计提上日程，广州地铁设计研究院正踌躇满志、奋笔疾书自己的未来。

第二十章

轨道是城市的生长方向

建地铁就是建城市。将 TOD 理念深入融入地铁建设之中，不仅构筑了交通脉络，更全面提升了城市品质。广州地铁设计研究院，以城市规划与建筑设计的宏阔视野，结合丰富的 TOD 与轨道交通设计经验，引领城市步入轨道上的新纪元，共赴 TOD 时代的蓬勃发展。

建设轨道上的城市，这是目标，却非易事。

21 世纪之初，当许多城市还在忙着筹建“常规”地铁来解决老城区的“客流疏导”问题时，广州地铁随着 3 号线、4 号线的飞速延伸，率先采用“快线系统”来应对城市核心区的拥堵挑战，“规划引导”设计思路出现。这个思路，就是 TOD，即 Transit Oriented Development，是在城市区域开发、规划设计的过程中，以公共交通为导向的一种发展模式。TOD 本身就是以交通为底，发展为目标。通过交通枢纽与商业功能的相互结合及整体规划，实现并加快城市一体化进程，成为国际上极具代表性的城市商业开发模式。TOD 是交通规划与城市开发的有机结合，是一体两面的存在，不可划分，因此自然成为广州地铁设计研究院探索城市规划、实现业务拓展的发力点。

我国 TOD 的探索实践可追溯至 20 世纪 70 年代香港大规模地铁建设时期的“轨道 + 物业”模式，内地则是从 20 世纪 90 年代开始随着城市轨道交通的发展，逐渐从借鉴港铁模式发展到当前的系统研究和全面探索实践 TOD 的阶段。从丹麦哥本哈根到东京，从我国香港到广州，全球范围内，TOD 时代正蓬勃兴起。

一路溯源，其实早在广州地铁 1 号线的线网规划时，时任市长黎子流就提出 1 号线的建设要解决广州市中心区的交通出行问题，并引导天河、芳村的发展，所以在当时的规划中已经有了一个交通引导发展的理念，这与后来的 TOD 理念不谋而合。在 TOD 全产业链中，规划设计作为产业链前端，是保障 TOD 策略实施效率和效果的关键，也是底线管控。

广州地铁设计研究院自 2003 年开始摸索利用轨道交通去做物业开发，过程中慢慢明确了目标，但当时设计院既没有专门的设计人员来做 TOD，也没有专门的 TOD 业务板块。

对于怎么去做，大家心里七上八下。当时国内地铁建设和城市开发还是分开进行的，地铁建设是单独一块，周边的城市开发是另一块，周边城市开发由第三方根据地铁的建设情况做一些构想和跟随，是被动的，缺乏上位规划和考虑。彼此并没有太多的交集，或者说这种交集在实践方面的尝试还不多。广州地铁 4 号线，通过对南沙区的延伸和辐射，带动广州南部区域的发展，这条线路的定位其实就是一条 TOD 线路，但当时 TOD 的概念在设计人员的脑海里还没完全形成。

在同一时期，设计院开始有意识开展一些民用建筑项目上的合作，比如在三元里开展民用建筑的业务，这在当时地铁设计院做民用建筑业务还比较少的情况下，其实是一种谨慎的尝试，他们在试探着、摸索着向轨道交通以外的业务拓展。

把常规的民用建筑设计与轨道交通设计融合在一起，是跨界的融合，也是一种新的建筑形态。这个特点，在设计院之后关于交通引导发展的设计思路以及业务拓展中，越发清晰。

彼时，在寸土寸金的香港，关于轨道上盖物业的理念已经很成熟，实施效果也肉眼可见，香港能做的广州也一定能做。设计院的战略发展怎样才能既目光远大又脚踏实地？设计院的脚踏实地在于，自己的优势是建地铁，起步时自然主要以建地铁为主。但实际上，在建地铁的过程中，设计院意识到建地铁带来的边际效应和关联效应，可以作为设计院新的业务增长点。

建地铁就是建城市。周边建了地铁后，沿线的板块和城市的面貌会有很大的改变。直观的印象是，如果新建一条地铁，可能连地面的道路都会重新规划和翻新，周边的楼盘和城市环境也会得到极大的提升。从城市发展来看，在地铁沿线进行高品质、高密度的开发，这是历史规律。

为什么要做 TOD ？实际上就是建地铁的同时必须要对整个城市的片区进行开发。建地铁有先天优势，可沿着地铁线路进行高密度和高品质的开发。既然有这个先天优势，进行大力的投入和研发也就势在必行，所以在广州地铁总公司的统一部署下，设计院做了 TOD 的全面规划和设想。

“结合地铁建城市”这种构想应运而生。地铁引导城市发展的 TOD 理念怎么实施、怎么规划落地？设计院开始了思考，利用契机牢牢抓住机会，从技术储备、设计思路等方面有意识往 TOD 方向规划设计。

抱定这种想法，在有了 TOD 的概念后，2003 年的广州地铁 6 号线黄埔车辆段上盖给了设计院一个机会。别人是投车站的标，设计院投的是车辆段上盖的标，设计组的想法是做一些没人想过的东西，同时也有利于设计院核心竞争力的培养和加强。也正是在这个过程中，设计院对城市整体发展规划与交通的理解不断深化，交通引导发展的设计思路越发清晰。

南海金融城是国内首例“地铁、公交上盖物业”大型城市综合体，是广州地铁设计研究院在大型综合体与轨道交通、公交结合上做出的大胆尝试。

2008 年，广佛同城概念正兴，广佛线成为两城共举的发展纽带，在这条线路上，有一个地块引起了设计院的注意，那就是南海金融城。

按常规做法，南海金融城这块地由于要对地铁进行避让和保护，地块的整体开发会受到严重的制约，价值会大幅下降，包括整个社区和城市的建设都会受到影响，这是一个利空因素。但如果考虑 TOD 整个体系的规划建设，地铁穿过这个地块就是利好，不仅是重大的加分项，而且还可以显著提升整个板块的价值，原本的利空因素变成利好因素。

“有没有可能在这块地做一些开发的功能，把这块地调整为能够开发的用地？”广州地铁集团领导知道这块地的地理位置极好，是广州与佛山交界的地方，相当于一个门户。

设计院在接到此项任务后，给予了高度重视。从地下车站到地面开发，设计组进行了细致的测算和系统研究。他们深知，成功完成这个项目，不仅能证明设计院在轨道交通领域的实力，还将为设计院在城市开发领域赢得一席之地。

在确定地面可以调整为能够开发的用地后，业主进行了国际方案征集，这个项目强调车站的出入站和上盖开发的功能尽可能无缝衔接。于是，设计组组织团队专门去香港考察。在香港，从地铁车站出来可以直接进入商场或酒店的中庭、电梯厅，这种没有边界的通行对乘客来说是极好的体验。

设计院在城市开发经验还不丰富的情况下，决定和香港许李严建筑师事务所有限公司合作，一起攻下南海金融城这个项目。设计院总建筑师何坚作为项目牵头人，深刻意识到该项目的重要性；具体负责执行的翁德耀，本身就是建筑专业出身，对建筑设计有自己独到的理解。

由于项目内金融高新区站及区间曲线斜向穿越地块，把地块一分为二，其他设计单位在设计时普遍有一个特点，地铁上盖和地下的车站在平面上是避让开的，没人想过把上盖建筑放在地铁的正上方，他们觉得这样风险太大。

如果紧邻或衔接，这种关系都可以切开，但如果竖向在一体，这种关系则很难切开。在具体设计时，核心筒落在区间正上方，下面是车站隧道，上面是 150m 高的核心筒，柱子按道理是正落在轨道上方的，怎样去解决结构落地问题呢？

很多设计单位都不敢尝试，设计组经过分析得出，整个建筑坐落在车站的正上方，建筑结构要实施的话，竖向叠加完之后，结构柱子要跟车站脱开，这几乎不可能。能不能做一个斜撑，用斜撑把柱子转换掉？

设计组开始了在方案上的无数次修改，最终的设计方案决定在地铁区间上方用斜柱或搭接柱的转换形式。设计院的这个方案，把高层建筑的核心筒放在区间的上面，在一个车站上面去做建筑，牵涉结构去做匹配，包括车站本身的振动和车站的施工环境对地面开发的影响、车站和开发之间的协调等。

设计组对此是有信心的，他们的信心来自对地铁车站的理解和一体化技术的结合。如果由不同的单位来做，会有很多接口需要协调，比如车站要协调，开发工作也要协调。但这个项目整个车站和整个开发都由设计院统一设计，基坑开挖结合车站的进度分开做。把车站和地铁上盖放在一起做，就不存在复杂的协调问题。只有自己既做车站又做开发的时候，才知道什么是最关键的、怎样的工期排布才能满足各方面的要求。从设计、建设到运营一体化实施，是最有把握的。

广州在第一个广佛同城化的地铁上盖物业，是国内第一个在轨道交通上盖物业的案例。做到了功能上的叠合、结构上的转换，达到国际领先的科技水平，获 2019 年度广东省优秀工程勘察设计奖科技创新专项一等奖。

国内唯一：地下车站区间斜穿隧道，地下大跨结构托换、综合隔离减振。170m 超高层的建筑核心筒、外框柱跨越地下车站区间，结构分离托换最大跨度达 18m，结合轨道综合减隔振，确保住宅、酒店满足规范及舒适性高要求。

国内首创：地铁上盖综合体一体化技术综合应用在地铁车站及区间正上方竖向叠合、同步建设，高度协同、融合；实现多种交通模式、商业及生活等多功能设施无缝衔接的城市综合体；塔楼多层大悬臂结构，实现建筑技艺与空间造型的完美结合。

国际领先：经聂建国院士等专家团队鉴定，核心筒上跨地铁隧道隔振降噪技术、多业态协同技术等综合应用成果达到国际领先水平，引领大型城市综合体科技进步。

南海金融城

南海金融城是非常成功的，吸引了很多人前来参观。如果没有TOD，南海金融城的城市价值就达不到预期的效果。南海金融城的建筑面积为 30 万 m^2，住在那里的居民可以风雨无阻地到达地铁站，对比旁边没有地铁的地方，这种无缝衔接让它的价值明显提高。

广州地铁设计研究院在对广州市轨道交通线网运营指挥中心既有运营车站下方做站厅的扩大和地下空间的衔接，丰富了 TOD 的准备实践。

几乎在同一时期，广州市轨道交通线网运营指挥中心的建设开始启动。2010 年，广州市政府同意在建设指挥中心的同时，适当考虑结合物业开发，选址用地也因此往南扩大。

广州市轨道交通线网运营指挥中心集地铁运营、商业、金融、办公等多种功能于一体，是目前国内外功能最完整、接口最复杂的轨道交通指挥调度信息平台系统之一，是目前世界类似工程中最复杂的一类，总建筑面积 31 万 m^2。

为配合地铁指挥中心项目，需要对广州地铁 4 号线、8 号线万胜围原有地铁车站进行改造，引入开放的下沉广场节点，构建便捷的区

广州市轨道交通线网运营指挥中心

域慢行系统。方案几度变更，从高度只有 24m 的建筑到 250m 的超高层建筑，主要是功能需求变化导致的调整，包含 TOD 与城市交通功能有关的衔接。

此时，指挥中心下面 4 号线、8 号线地铁换乘站已经运营。设计院的挑战是在既有运营车站下方去做站厅的扩大和地下空间的衔接，广场和地下车站衔接，地下部分再扩一个站厅出来与广场衔接。这样一来，就需要解决物业的双组成人流问题。

这样的设计理念，在国内运营车站的改造实践中几乎没有实施案例。设计院采用了既有车站扩容衔接技术：在地铁不停运及未预留接口的条件下，实现既有车站与新建设施的系统化融合。综合项目建设、物业衔接、公交配套及道路河涌景观改造等需求，研究并顺利实施已建地铁车站扩容改造技术，形成系统化的专业接口、施工时序、工法工艺关系，实现轨道交通地下车站在不停运及没有预留接口条件下的改扩建。

指挥中心项目由立项到落成，前后历时 7 年，是广州地铁集团首个以“轨道物业”模式开发建设、具有区域标志性的地铁上盖城市综合体项目。经以中国工程院院士、清华大学学术委员会主任聂建国教授为组长的大师、专家团队鉴定，项目综合应用成果达国际领先水平，引领区域线网指挥及站城一体综合科技进步，先后获得广州市、广东省及全国优秀工程勘察设计奖一等奖等奖项。该项目由总建筑师何坚主创，设计组最终主持完成国内功能最完善的大型轨道交通多功能综合体——广州市轨道交通线网运营指挥中心，开创站城一体设计实践新模式。

南海金融城与指挥中心虽然是同期设计建设的，但在设计院看来，它们代表了两个不同维度的有益探索，指挥中心更注重与现有系统的融合，而两者均极大丰富了 TOD 的实践积累，也展现了设计院在整个城市规划、建设与开发结合方面的想法和能力。既会做正线，也会做开发，开发跟得上市场的节奏，契合了城市的发展。

从无到有，从微成巨，两个 TOD 项目的顺利实施让设计院关于 TOD 的探索之路看似畅通，但技术的每一步成长又是如此艰辛。

2013年，广州地铁总公司提出一个战略：轨道物业，广州地铁设计研究院作为集团的子公司，把TOD当作一个抓手，尽最大努力把TOD板块扩大和建设起来。

此前，负责 TOD 业务的部门是方案室，相对来讲是一个比较小的机构。2014年，设计院专门成立建筑规划分院来负责TOD业务的拓展和科研创新的研究，开始有专门的队伍和专门的机构来开展TOD业务。

TOD的业务板块和设计院的传统业务看似不同，但实际上，设计院自成立TOD业务板块以来，便重新组建队伍，既吸纳了具备地铁设计经验的专业人员，也通过各种途径引进各方面的专业人才。

设计院还不断结合地铁品牌，对TOD团队进行技术贯通、技术融合，形成自己的优势。建筑规划分院和做地铁业务的传统部门既有显著差别，也有密切关联。建筑规划分院从整个城市规划、建筑等同类型专业出发进行规划，但同时建筑规划分院的业务又跟地铁的技术密切关联和融合。

2015年底，为促进轨道交通建设与城市发展相协调，住建部印发了《城市轨道沿线地区规划设计导则》。该导则提出，在轨道工可研究阶段，应通过一体化设计，结合轨道交通站点，进行上盖物业开发，实现轨道交通与地面公共交通的无缝衔接，实现轨道站点与周边用地功能及空间的协同发展，提高城市活力。

2016年，广州市正好赶上第三轮城市轨道交通建设规划的大发展期，10条线一起上，此时，TOD概念在兴起，话题不断被提及，这一年成为“TOD元年”。从TOD元年开始，设计院开始介入做TOD全方位的培育，但并不如想象中的那样轻松，设计院虽然在轨道交通领域有不俗业绩，但对TOD中的很多业务板块并不十分擅长，甚至在某一个板块有明显的弱点，反映出经验和眼界的不足，这个弱项当时建筑规划分院还没那么快领悟到。

从南海金融城开始，设计院TOD部门都是做点上的事情，做终端和实施的工作，前端的点并不是很高，资源面也不够广。在对TOD板块的全方位培育中，建筑规划分院从规划的起始原点层面去做TOD枢纽综合体的研究，从规划角度、设计角度去做TOD的研究和分析。

那时他们才意识到，规划是建筑规划分院在 TOD 板块的弱项，虽然有好的资质，也有线网建设规划的一些经验，但是从整个城市的角度去看，这个功能的分布和里面枢纽综合体对城市的带动很不足，很多专业领域包括的专业知识、人脉资源都比较匮乏。

不仅规划专业人才匮乏，到 2017 年建筑规划分院开始做真正的房地产开发后，设计组又迎来了另一个挑战：无论设计院也好，TOD 设计团队也好，团队里的个人也好，都没办法适应房地产这种高周转、快节奏，有自己开发逻辑的工作。从标准到质量以及一些应对的措施，都没有准备好。

地产开发的节奏非常快，所有工作按节点控制，什么时候完成什么节点都早已制定好。业主经常在晚上 12 点开会对当天的任务进行销项，将当天需要做的事情逐项销掉。比如报建要完成什么工作，每个区域要完成什么样的图纸等具体工作。

让建筑规划分院院长翁德耀及整个团队深受打击的是，尽管他们每天像机器一样运转，不断给自己加码，但销项到最后所有的焦点依然集中在设计院。对于高强度、快节奏的地产项目，建筑规划分院这个团队没办法快速适应，销项不掉，意味着能力不足、经验不足，没有控制好该做的事情。

另一打击是设计团队对地产市场的适应度和敏感度差。设计院以前做开发项目是以地铁为主，对成本方面的考量不是很精细，但地产市场上对成本的要求特别高，具体到梁要多高、板要多厚，所有的设计都有自己的条条框框、所有的余量都压得很厉害，这些对设计组其实也是一个不小的冲击。

现实给了设计院 TOD 部门残酷一击。对于这样的困局，翁德耀在和总建筑师何坚探讨时一致认为，TOD 其实就是不同功能、不同行业、不同领域之间的融合，最好能做一个“1+1 > 2”的效果出来。

但面临的问题是面太广，如果每样都做精的话，每个点都要深入去做，精力难以企及。但如果每样都不精，很容易被对手在各个领域中降维打击，各个突破。

对一贯自豪的设计院来说，这其实是一段不堪回首的历史。但事情必须要做，TOD 重任还是在肩。面对质疑和不信任，只能采取对应的措施来化解。设计团队存在弱势就找合作伙伴，通过合作伙伴这些新鲜血液来带动和培养自己的团队，通过不断的专题培训、专题交流，不断加强培养，对报建的一些技能、施工图里面的红线标准，施工图中常见的现场会出现的问题等加强培训，把队伍半练半磨地带了起来。

2019 年之后，通过在反思中不断寻找自己，效果显现，设计院开始“触底反弹”，口碑和经验不断得到提升，在与业主交流时，得到的正面反馈也越来越多。

琶洲南 TOD 项目，逼出了广州地铁设计研究院在 TOD 上的潜力，实现了对土地的高效利用。

琶洲南 TOD，原为城市核心地区的一个厂房，虽然有一定的车辆段的功能，但其土地价值远远没有释放。该项目位于海珠区琶洲西区南侧，选址范围原为广州地铁 8 号线的车辆基地，负责 8 号线全线配属列车的停放、月检、双周检任务，经整体腾挪改造为 11 号线赤沙车辆段。后来，市政府批准赤沙车辆段项目为地铁融资地块，对 11 号线赤沙车辆段上盖进行综合开发，也就是琶洲南 TOD 项目。正是这个难度与重要性并存的大型项目，逼着设计院把过去的不甘与潜能，全都释放出来。

琶洲南 TOD 始于 2020 年，项目经理是周海成。但设计院早在此前就已经做了诸多准备工作。提前准备的原因很简单，那时候设计院尚未证明自己，业主招标时是对设计院有质疑的：此前的地铁上盖不尽如人意，琶洲南 TOD 凭什么给设计院做？做不好怎么办？谁来负责任？谁能负得起这个责任？

毫不留情的批评句句扎心。但工作就是工作，没有人会为弱者温柔揩去眼泪。要扭转偏见，只能用行动和实绩说话。而此时，经过几年砺锋的蛰伏，建筑规划分院在 TOD 方面无论是经验还是人才储备，都得到了极大的提升。设计组决定，一定要深入吃透项目特点和要求，把方案做细做精，不容闪失。

作为 8 号线的车辆段，琶洲南 TOD 想要变成开发的用地，当时有很多方案，有叠起来的，有不叠起来的。项目经理周海成是做开发出身的，他在思维上有了一些突破，如果把车辆段叠起来，就有一段白地出来，价值会得到极大的提升，为什么不这样做呢？

“如果把车辆段叠起来，在工艺方面会有很多限制的条件。”翁德耀给他解惑。

“会有哪些限制？为什么会限制？能不能解决这些限制？”带着这些疑问，周海成组织团队不断研究。在不断深入了解的过程中，站场负责工艺的同事们投入了极大的努力和心血去研究落地情况。

宋代词人姜白石曾说：“人所易言，我寡言之；人所难言，我易言之：诗便不俗。”建设规划本身也是在祖国的大地上写诗。要想绽放出彩，必然要完成别人难以做到的事情。这是一个很复杂的车辆段，有一部分是双层车辆段，还有一部分是下沉车辆段。由于地理位置在岛上，交通受到很大限制，必须抓住核心。

首先要解决交通的问题，设计构建了“八横五纵”的区域道路网络，实现片区与周边重要区域的快速联系。又新增 2 条次干道，预控了规划横二路（主干道）及规划横一路（次干道）对外衔接实施条件；规划横一路高架由地面起坡上跨至地面首层盖板，穿越华南快速路下至苏沙东路，构成上盖市政化格局，打破车辆段对区域交通的阻隔，将市政交通有效提升至上盖标高，使上盖交通直接参与对外交通循环，极大提升上盖可达性。

琶洲南 TOD

接着是原有场地的改迁和重新布置。通过优化工艺区域空间布局，整合盖下布局，将新建 11 号线车辆段的工可单层平铺方案优化为地上地下双层方案，极大推进站城一体化的集约开发，大幅提升土地的使用价值，为实现从隔断性的市政基础设施向片区综合性服务中心转型的目标打下坚实的高质量造地基础。

为解决交通和规划调轨的问题，设计院联合多家单位共同研究，找到了可以把车辆段叠起来的突破口。

后面的工序就顺利多了，精准周密的盖板预留装配式结构；盖上盖下多专业联动，实现高层塔楼预留范围的盖板降板设计。总高度 150m 全框支厚板转换结构，刷新国内车辆基地上盖开发总高度。针对广州地区上盖开发强度大、抗震设防烈度适中的特点，大胆提出了超出现行国家规范要求的全框支厚板转换体系，在设计、科研探索过程中逐步将该体系上盖开发总高度提高至 150m，远远超出国内其他城市上盖开发高度，达到国际领先水平。

琶洲南 TOD 项目，完全靠图纸设计、靠现场的响应程度、靠设计质量和设计服务的意识，把设计院的口碑一步一步做了起来。

琶洲南 TOD 项目，不仅仅是从广州地铁集团的视角出发，更是基于广州市政府乃至整个城市发展的考量。它在规划层面为土地的高效利用树立了一个典范，实现了多方的共赢局面。

通过 TOD 的开发，既满足了车辆段的功能，又把大片土地释放出来，形成了 CBD 中心的组团建筑。此后，证明自己实力的设计院，也更加有信心去承揽这种商业开发的项目。

经过琶洲南 TOD 一役，设计院算是彻底弥补了在 TOD 板块的劣势和不足。他们知道，TOD 是大链条的东西，必须要去做一个平台，把“蛋糕”做大。TOD 并不只是开发，而是对城市的解剖，城市的发展一定是以交通去布局，城市要发展，一定要以交通这条脉络去规划好。

2019 年 2 月，《粤港澳大湾区发展规划纲要》《国家发展改革委关于培育发展现代化都市圈的指导意见》先后发布，粤港澳大湾区城市群、都市圈引起广泛关注，成为新的时代背景。推进轨道交通场站同步规划、同步选址、同步设计和一体化设计，打造真正意义上的场站综合体项目，并落实到政策细则指引，这是广州接轨国际先进理念，从顶层设计上促进站城协同发展的重要举措。

2022 年 6 月 1 日，广州地铁设计研究院 TOD 发展中心正式揭牌成立。这是设计院结合广州地铁集团和广州市轨道交通产业联盟，针对 TOD 发展趋势动态研究搭建的，符合远期战略发展规划，是做大做强 TOD 全产业链开发及经营，确保持续增长和科研核心竞争力不断提升的全新引擎，更是粤港澳大湾区全新 TOD 城市发展模式的积极探索。

鉴于 TOD 理念先进，其成功案例众多。TOD 的核心价值在将居民的居住与出行需求有效融合，从而显著提升城市的运行效率和市民的出行便捷性，实质性解决了很多城市问题，提高了整个城市的效能和居民的生活品质。

广州地铁设计研究院 TOD 发展中心揭牌仪式
（左起：张宇、张贻兵、农兴中、姚世峰）

这正是 TOD 的生命力。从 0 到 1 是一个困难的过程，但只要目标是对的，在经过培养和投入后，能够形成竞争优势，成为比较好的发展板块，就可以成为一个新的业务增长点。

主管 TOD 业务的设计院副院长雷振宇对此有很清晰的认识：设计院既有一般做地面建筑的民用院没有的丰富 TOD 经验和轨道经验，又比传统做铁路的设计院更具有做城市规划的理念，这就是设计院的 TOD 优势。

从目前来看，成绩已经出来了。设计院 TOD 业务除了涉及广州的车辆段上盖、地铁周边的楼盘开发、整个城市面貌的更新外，在福州、武汉、西安、宁波等城市也有比较好的实践。

“建地铁就是建城市，建地铁的同时把整个城市的品质提高，把 TOD 嵌入地铁建设中。”这种 TOD 的体系与理念，成为设计院的一个特点，也是其在竞争中脱颖而出的一个优势。

第二十一章

“碳”寻未来

低碳节能，一个刻不容缓的时代使命。广州地铁设计研究院聚焦“源、输、储、用”四个关键环节，创新推动节能技术应用，践行国策，不懈努力。

广州是我国第 4 座拥有地铁的城市[①]。在广州地铁 1 号线建成开通，解决了地铁从无到有问题以后，广州地铁集团以及设计院更多思考的是怎样建设更好的地铁，怎样能够更好地服务人民，满足人民美好出行的需求。由此，地铁进入更高质量的发展阶段。进入高质量发展阶段，不仅仅需要解决旅客运输的问题，更重要的是如何让城市轨道交通更安全、更可靠、更高效。

如今，地铁出行在乘客整体公共出行中的占比达到 50% 以上，目前，广州地铁最高峰值日客流已突破 1000 万人次，如果 1000 万人全部选择地上传统交通方式出行，那么对城市的路况、城市的碳排放会造成怎样的压力，可想而知。

地铁作为绿色出行的方式，人均碳排放量是小汽车的 1/40，是公交车的十几分之一。越多的人选择使用城市轨道交通出行，则越有利于整个城市减排、交通减负。因此，城市轨道交通成了许多具备条件的城市开展交通建设规划的必选项。

但同时，城市轨道交通也是一个能耗大户。相关数据显示，广州市目前第一用电大户就是广州地铁，2022 年 17 亿 kW・h，2023 年约 20 亿 kW・h。目前广州市轨道交通线网长度为 621km，到 2035 年广州地铁要建成 2029km 的线路。如果能源的消耗是直线增长的，那么可以预计未来的能耗水平会达到令人瞠目的程度。

低碳节能，成为一个刻不容缓的时代使命。我国城市轨道交通处于高速发展时期，其能源消耗不可忽视。地铁超过 85% 的能源消耗在牵引系统、空调系统以及照明系统。作为能耗大户，广州地铁如何创新思维，做好节能设计及节能控制，在保证服务水平的前提下，提高能耗效率，建设绿色环保地铁？这是新时代严厉的叩问。

① 香港、澳门特别行政区及台湾省统计数据未包括在内。

设计院在 20 世纪 90 年代刚开始建设地铁的时候，以实现运行基本功能为主，并未考虑绿色节能问题。随着线网规模的不断增大，地铁运营能耗的不断增加，运营成本压力增大。同时，随着国家节能减碳政策的实施，设计理念从被动考虑逐步转化为主动考虑，将绿色节能低碳融入设计当中。

广州地铁设计研究院从多方面采取了实际行动。在建设绿色轨道交通标准体系的基础上，从牵引能耗、动力能耗的降低和清洁能源的利用方面重点把握。

在确保节能、低碳的前提下，保证轨道交通的服务水平，做到人性化，这是绿色发展的理念。绿色轨道交通标准体系的建设，成为广州地铁设计研究院面对“双碳”目标时采取的首要措施。

截至 2023 年，关于绿色轨道交通的团体标准有三本。

最早编制的是由中国建筑节能协会和中国城市轨道交通协会联合发布的《绿色城市轨道交通车站评价标准》（T/CAMET 02001—2019），设计院是参编单位。

2022 年底至 2023 年初，中国工程建设标准化协会发布了《绿色低碳轨道交通设计标准》（T/CECS 1204—2022）和《绿色低碳轨道交通评价标准》（T/CECS 1236—2023）两本团体标准。这两本标准覆盖全线路与各专业，包括地铁线路、车辆段和车站。标准由广州地铁集团牵头主编、设计院参编，此外，中国建筑科学研究院（简称“中国建研院”）也参加了编写，是我国绿色建筑体系的牵头方。

早在 2010 年，受长沙地铁业主委托，设计院针对长沙地铁 1 号线、2 号线开展了《长沙地铁绿色轨道交通设计标准》和《长沙地铁绿色轨道交通评价标准》两本企业标准的编制，是国内最早开展绿色轨道交通相关研究的单位。

长沙地铁这两本标准由广州地铁设计研究院和有绿色建筑体系相关经验的深圳市建筑科学研究院（简称“深圳建科院”）合作编制。

设计院在编制长沙两本标准的时候，已经按照现在中国工程建设标准化协会的标准全覆盖。这两本标准不是针对长沙地铁 1 号线、2 号线的某个车站、某个车辆段，而是覆盖设计、建设、运营全过程的评价标准，设计上也覆盖了全专业，包括线路、行车、车辆等。

这两本标准尽管编制于十几年前，处于国内开展绿色轨道交通研究的早期，且未上升为团体、地方或国家标准，但奠定了我国城市轨道交通行业绿色标准的基础。

无论是长沙地铁的两本企业标准、《绿色城市轨道交通车站评价标准》（T/CAMET 02001—2019）的团体标准，还是《绿色低碳轨道交通设计标准》（T/CECS 1204—2022）和《绿色低碳轨道交通评价标准》（T/CECS 1236—2023）两本团标，这 5 本标准的编制，广州地铁设计研究院都全程参与，长沙地铁企业标准的编制负责人何治新甚至参与了这 5 本标准编制的全过程，也见证了设计院在低碳节能方面的态度。

何治新于 2002 年 12 月从天津电气化勘测设计研究院（现“天津中铁电气化设计研究院有限公司”）调入广州地铁设计研究院，从一名普通的工程师，一步一个脚印，在广州地铁 3 号线、4 号线、5 号线、广佛线、APM 线历经磨炼，成为设计院电气专业的技术骨干，并担任电气专业副总工程师。除了上述 5 本标准，何治新还牵头主编了两本地方标准——《广东省绿色轨道交通绿色设计标准》和《广东省绿色轨道交通评价标准》，这一整套绿色轨道交通标准体系的建设，极大丰富了绿色出行的内涵。

设计院在和深圳建科院、中国建研院这些绿色建筑体系的研究机构探讨时总结出，轨道交通的绿色低碳体系跟建筑相比差异是比较大的，绿色建筑只评价建筑内部，包括建筑、通风排水、设备控制、供电等评价。而轨道交通有一个重要的评价系统——车辆和跟车辆相关的系统，比如牵引体系的评价。车辆牵引供电的能耗在城市轨道交通能耗中的占比达 50% 以上，然而这个城市轨道交通重要的评价对象，在绿色建筑体系中却是缺失的。另外，在轨道交通的运营环节，对车辆以及乘客服务的运营评价，在建筑这个体系中也是缺失的。所以，搭建一套以城市轨道交通为对象的绿色低碳评价体系，与建筑评价体系相互独立，能更科学、更准确地施行节能的措施和创新技术。

想只有困难，做才有答案。随着 2020 年 9 月习近平主席在第七十五届联合国大会一般性辩论中宣布我国的“双碳”目标后，2021 年 9 月和 10 月，《中共中央 国务院关于完整准确全面贯彻新发展理念做好碳达峰碳中和工作的意见》和《国务院关于印发 2030 年前碳达峰行动方案的通知》两个关键指导文件分别发布。2022 年，中国城市轨道交通协会出台了《中国城市轨道交通绿色城轨发展行动方案》。广州地铁集团也在 2021 年出台了《广州地铁低碳行动方案》，里面有八大行动方案，基本包括技术层面、管理层面的方案，在低碳出行方面走在行业前列。

供电系统牵引能耗作为能耗大头，引起了广州地铁设计研究院的足够重视。在牵引用电节能技术创新方面，能馈装置、立体卷铁心节能变压器等是设计院的创新应用成果。

设计院通过分析得出，轨道交通能耗主要分布在供电系统（列车牵引系统、动力及照明系统等）、机电设备（通风空调、车站设备、给排水及消防等）、弱电系统（通信系统、信号系统、轨道交通智能运行系统、火灾自动报警系统、环境与设备监控系统、票务系统及客服系统等）及其他方面。其中，牵引能耗大约占总能耗的 50%，车站占 40% ~ 45%，其余能耗来自车辆基地等后勤管理。

广州地铁设计研究院电气专业副总工林珊，带领团队在牵引能耗以及供电系统的其他耗能（如智能照明等）方面进行了深入研究和探索。

值得一提的是，林珊身上有两个设计院“第一”的标签：一是设计院成立后招收的第一名应届大学毕业生，并在 2005 年参与了设计院的第一个外地项目——成都地铁1号线AFC项目；二是荣获广州地铁集团“第一代地铁人”勋章。1993年7月，林珊从华东交通大学铁道电气化专业毕业后，便加入了当时仅有数十人规模的广州地铁设计研究院。她全程参与并见证了广州地铁从初创到壮大的发展历程，从最初的不足百人到现如今3万余人。这是荣誉，是骄傲，也赋予了她更多的责任感和使命感。在供电专业领域，林珊不懈探索和实践，成长为设计院的技术骨干，并荣膺广州市工程勘察设计大师称号。

通过这么多年的探索，设计院在牵引用电节能方面不断进行技术创新，全面推行列车轻量化设计，在同等的牵引功率条件下，提高载荷能力；采用降低巡航速度惰行的节能牵引模式；开行大小交路，提高列车满载率，减少列车空驶里程等。一些技术还引领了行业的发展，比如采用车辆制动能量回馈装置，将列车再生制动产生的直流电能转换成交流电能，并返送回馈至地铁中压电网中，实现能量的回收再利用。

设计院在广州地铁9号线第一次实现真正意义上的供电系统设计。之前做总体设计时，具体系统设计会交给专业做系统设计的设计院。到广州地铁9号线时，设计院根据广州地铁集团的统一部署，决定发展设计院全专业的设计能力，其中就重点突破了供电系统的设计。

9号线是国内首次采用车辆制动能量回馈装置（即“能馈装置”）的线路。虽然是第一次采用，但设计院并不是没有任何基础，在设计前期，设计院内部就设立了科研项目，针对列车制动能量回馈技术来开展前期的研究。

当时，只有国外相关机构掌握能馈装置这项技术，设备方面也只有西门子、ABB、日本东芝这些国外厂家才有。于是，项目组和这些国外的厂家进行深入的交流后，发现其中有一家性能最佳，能够完全满足设计要求。在满足设计要求的基础上，询价得知一套回馈装置的报价高达 1000 万元人民币。

其实，国外采用车辆制动能量回馈装置的技术，真正使用目的并不是节能，而是用来平衡网压。比如瑞士的一些山地线路由于坡度非常大，在下坡的时候，可以通过能量自动回馈至牵引网，起到均衡网压的作用。

设计院考虑到一个节能装置，即使有技术引领作用，如果节能不节钱，并不能够给用户带来经济上的效益，在国内也无法推广，起不到既节能又带来效益的作用。花 1000 万元的费用，只能把它在关键的时候“当药用”，而不能把它“当饭吃”。被国外的技术扼喉，这不是第一次，也绝不会是最后一次。

如何把“药”变成“饭”？为什么不能通过技术攻坚，国产化这项先进的技术？完成这项技术的国产适配化，得到广州地铁集团分管领导的大力支持，扩大应用范围，成了设计院的研究目标。就像过去广州地铁无数次做过的那样，设计院调集技术力量，积极与高校、制造商合作，结合产学研用各方，最终顺利将能馈装置这项装备技术引入并吸收到 9 号线的设计中。

这绝不仅仅是简单的技术搬运，经过一系列国产化的引入、技术消化吸收再利用，能馈装置造价已经降低到 200 多万元的水平。从广州地铁 9 号线以后，国内大部分城市也看到了这个技术的先进性和合理性，现在其基本上成为国内新线建设的标配。经过市场的充分竞争，其造价仅仅 100 万元，也就是从 1000 万元降到了 100 万元。

因此，这项技术也就从“药”变成了“饭”。经过评估，有些线路 5 ~ 6 年就可以收回成本，而装置本身的整体寿命是 25 年。在回收期后，这套装置就成了纯节能的设备，这为线路车辆的回馈能量再利用提供了非常好的技术手段。

其后，能馈装置的应用被写进了《地铁设计规范》（GB 50157—2013），明确了在新线建设时要通过经济技术比较来确定车辆制动能量吸收装置的设置方案。当然，吸收装置回馈只是其中一种方式，还有超级电容的存储等方式，设计院正在不断进行功能化探索。

实际上，设计院在供电领域的节能创新已有成功案例，如在广州地铁4号线中实施的直流1500V接触轨供电系统，相较于之前的750V系统，电压提升了一倍。压能越高输电能力越强，输电的距离越长，沿线的牵引变电所就越少，从而达到节能的效果。在广州地铁18号线和22号线上，设计院更是一举应用了一项连国外都未曾使用的技术——单相组合式同相供电技术。这项技术不仅提升了车辆的节能性能，还对电网运行带来益处。设计院在节能方面实现了从“跟跑”到“引领”。

摸着石头过河，不走第一步，就永远不知道那条河有多深。技术人员永远在追求技术的突破和通过技术不断解决遇到的各种问题。

广州地铁集团在研究永磁电机的项目后，将其装在1号线的车辆上进行了空车的试运行。这是一项非常好的技术，它能节约牵引能耗的20%。广州地铁一年耗电20亿kW·h，一半的牵引能耗就是10亿kW·h，节省20%意味着每年将节省2亿kW·h，这是一个惊人的数字，也是一个令人惊喜的节能效果。

但还是老问题，所有新技术都要通过不断应用，看到问题后才能解决问题。集团领导做出决策：后面所有的新线全部采用永磁电机，现在已经采购还没供货的全部改成永磁电机，能有这么大的决心全面推广，令人惊讶和鼓舞。如果真的能够全面推广，会极大地降低牵引能耗。

在不断创新的路上，设计院不是万能的，借助外力，打破行业之间的壁垒正是设计院的突破性思维。如果自己做不到，就从自己的上下游来联合力量进行技术的攻坚，比如立体卷铁心节能变压器的应用。

立体卷铁心节能变压器是设计院和装备制造业企业共同努力完成

的创新，这种变压器能够完美均衡三个相位产生的磁场。以前变压器的三个铁心是并排的，三个铁心对应了 abc 三相。三个铁心并排以后，由于电磁感应，电场产生磁场，中间的铁心就会发热，能耗会高一些。早在 20 世纪 70 年代，国外科学家就提出了立体卷心变压器的形式，但是容量很小，一直做不大，没办法进行推广。

但就在我国广东省河源市，有一家企业突破了工艺上的难点，用立体卷绕的方式把卷铁心做大。立体卷铁心变压器成功研制，使空载损耗和负载损耗都得以大大降低，节能效果显著。这家企业的领导者，参加过抗美援朝战争，永远是一颗红心向着党，对待“卡脖子”的关键技术，始终在想办法解决，一直在致力于突破。

设计院在把立体卷铁心节能变压器引入城市轨道交通领域后，一方面把动力变压器做成了立体卷铁心，另一方面把牵引变压器做成立体卷铁心。供电是一个服务行业，它是供能的，供能最大的节约是减少损耗，而变压器就是一个很重要的环节，也是对节能重要的贡献。目前试点已经完成，后期会进行大范围的推广。

除了在供电系统方面的节能创新，广州地铁设计研究院在高效节能空调的应用与推广上，在对广州地铁车陂南站的高效空调节能改造中，实现了精准调适。

设计院的核心竞争力，正是广州地铁集团的设计、建设、运营一体化体系，设计院的背后是集团强大的支持。这个支持，包括技术决策和项目的支持，还有一个是集团运营的强大支持。设计院跟其他设计院的最大差异，是可以随时了解运营的需求，可以随时回访运营，快速了解运营一线对新技术的反馈。

广州地铁空调系统的节能过程，就是设计院在一次次的运营反馈中，不断总结和不断创新的过程。广州地铁 1 号线向香港地铁学习，空调方面按香港地铁的闭式系统来设计。由于站台没有屏蔽门，车站的空调要引入区间并对区间进行冷却，在地铁正常运行过程中，关闭活塞风道，相当于整条线都有空调，可以想见，能耗巨大。

由设计院做联合总体的广州地铁 2 号线，除三元里站外的所有车站全部采用集中供冷，共设置了 4 个集中供冷站，并且在其中的海珠广场集中冷站采用了江水冷却的方式。到了广州地铁 3 号线、4 号线，3 号线全线的风系统都采用了变频调试，虽然对用怎样的参数去控制还不如现在这么清晰，但至少已经跨出了一步，做好了技术的沉淀和取得了现场调试的经验。

随着节能的呼声越来越高，2012 年，由广州地铁集团牵头，对一个关于轨道交通安全保障和节能降耗关键技术研究的课题进行立项，其中关于车站节能的子课题由设计院来负责。设计院成立了以副总工罗燕萍为项目负责人、副总工韩瑶为副组长的项目组，负责从理论研究到工程实践的整个过程。

项目组首先要做的，就是确定三元里站的节能目标。在经过充分的讨论后，最后目标确定下来：整个站要节能 15% 以上。要实现节能 15% 以上的目标，但主机不能动。方案做出来经过专家评审后，水泵要动，末端风柜要改，控制系统要改。

在风系统的改造方面，表冷器如何做得更好？各个功能段特别是过滤段用什么样的材料阻力是最小的？在和厂家共同研究后，做出了变风道的空调机，还更换了风机以提高风机的效率，实际测试过程中空调机和非空调机系统的阻力减小，对系统节能效果更显著。在水系统方面，测试了原来的冷水机组，在 8 年的运行中能效是 4 点多，因此不用改造，可以换泵。2 号线泵的效率较低，后来选择的泵效率达到 80%。所以，除了精细化的设计，高效率的设备也是必需的。在冷却塔方面，项目组尝试了水动力的冷却塔，后来采用冷却塔风机变频技术替代水动力的冷却塔。

最终，三元里站实现 15% 以上的节能目标。但在项目组的心里，他们一直在寻找一个目标，一定要让改造实施得更顺利，改造更彻底。

项目组开始对车站的高效空调系统进行持续的研究和实践，决定分三个阶段对能效进行整体提升。第一阶段就是高效空调系统的技术研发和车站示范，在建车站改造和新线车站建设同步推进。

车陂南换乘站的改造，让这一愿望得以完美实现。2009 年 12 月，广州地铁 4 号线、5 号线的换乘站车陂南站开通；2015 年，空调能耗超过 500 万 kW · h，在整个车站能耗中的占比超过了 45%。

2016 年，以罗辉为项目负责人的车陂南站空调系统节能改造项目组，在设计院罗燕萍、韩瑶等人的指导下，对车陂南站进行了为期半个月的能效检测，发现冷水机组、制冷系统及空调系统实际运行能效均低于设计值；同时，部分传感器参数失准，控制阀门调节失效，导致本来应该自动完成的控制功能，只能靠人工来完成。

后来设计组在对国内其他城市的一些车站进行同类测试过程中发现，空调系统的高能耗现象很普遍。这种情况如果不及时改变，随着地铁建设速度的加快，运营里程越来越长，车站越来越多，通风空调系统将产生巨大的运行能耗与维护管理成本。

这是一场势在必行的革命，必须改变这种现状。2016 年 6 月，项目组对车陂南站进行了详细的测试、分析、诊断。其中，冷水机机房的 COP（性能系数）为 2.5 左右，2016 年 6 月 17 日冷水系统一天的用电量为 9835kW · h。

项目组根据实测结果倒推原来的设计，由于车陂南站是一个换乘点，装机容量大，对正常运营的车站进行改造，困难重重，在对车陂南站的水系统、风系统全面测试后，机房 COP 约为 2.5，若要做到 5.0，要改哪些设备？设备的性能要求有多高？项目组花了 3 个月的时间来做这方面的工作，院里进行了评审，整个系统中革命性的创新是没有的，只能从精细化的角度考虑。

以前的设计相对粗放，余量较大。现在让设计师对每一段管进行具体精确计算，把原来 32m 管精确到 24m，对应选择功率 30kW 的泵，而原来选的则是 45kW，差别很大。

水系统如此，风系统同样也是如此测算，后来全线的风机传送比就全部改变了，重新加大小皮带轮，从源头开始进行精细化设计。按照精细化设计，进行设备选型。对车陂南站实际测试后，项目组发现制冷系统能效有很大的提升空间，决定采取 4 项措施进行节能改造：

精细化工艺节能设计，将冷冻水温差由 5℃改为 7℃，同时进行精细化阻力计算，选用高效水泵，改造后冷却水泵和冷冻水泵的功率分别降低 40% 和 67%。选用高效节能设备，在部分负荷情况下，变频螺杆有明显优势，考虑夜间小负荷的运行需求，从全寿命周期成本考虑，选择高效的变频螺杆冷水机组，冷水机功率降低 21%。全面设置变频器及电表，对水泵、冷却塔、新风机、空调器、回排风机增加变频器，保证系统在部分负荷下实现高效运行；对所有用能设备增加电表，对所有设备及系统进行全面的能耗监控。增加空调节能控制系统。2017 年春节后，车陂南站开展了大面积的施工改造，到 3 月 25 日就实现了供冷。增加了自控系统的传感器、流量计等。系统的调试从 3 月 25 日开始，一直做到了 2017 年中国空调行业高峰论坛前夕，由设计院以 EPC（工程总承包）模式牵头的车陂南站通风空调系统节能改造完成，依托国家工程研究中心实验室的地铁车站空调系统智能数据云平台也正式启用。

在地铁通风空调系统节能改造技术成果峰会上，罗燕萍代表设计院项目组和广州地铁集团，第一次把车陂南站改造的关键技术和成果做了详细的介绍，引起强烈反响。大家的关注点在于，该站制冷系统运行能效达到 5.5，空调全系统能效达到 4.0，这是怎么做到的？这得益于能效提升的关键技术应用和运行过程中的精准调适。

在以往大家的认知中，空调系统实际的运行是看不见摸不着的，能够接触到的只有设计图纸，以及在现场极少量的机器、仪器自带的显示信息。而项目组通过开发出的地铁车站空调系统智能数据云平台，将系统所有设备的运行状态以及运行参数非常直观地展现出来，正因为看到了空调的运行状态，才可以及时发现系统运行存在的问题并及时解决。

这个转变，可谓巨大，也是智能运维的基础。这个成果，给参会人员留下了深刻的印象。此次会议有很多业主参加，包括深圳地铁业主，设计院在深圳地铁 9 号线西延线设备已经安装的情况下，按照车陂南站总结出来的精细化设计、精细化施工、精细化调试、精细化运维这一套理念，把南山书城站又捋了一遍，给深圳地铁很大的支持。其后，深圳地铁四期工程 14 号线、16 号线、13 号线、12 号线全部采用高效空调系统的设置，实现了全线推广。

在广州地铁高效空调系统的研究应用与推广普及上，罗燕萍作为技术牵头人，带领团队实现了高效空调系统的从无到有、从少到多、从地铁到全行业的跨越式发展，解决了地铁空调系统能效低的痛点，改变了传统单一工况的设计理念。

车陂南站的改造，是颠覆性的，也是经得起检验的。设计院和广东汉维科技有限公司联合完成了自控系统硬件的配置和软件的编写，控制系统的设计、硬件的配置等方面都通过了第三方的检测。2018 年 11 月，车陂南站空调系统节能改造相关技术创新及关键技术通过了由中国工程院陈湘生院士领衔的专家组成果鉴定，鉴定结论为“国际领先水平”。

2019 年 3 月 29 日，住建部科技与产业化发展中心在广州主持召开了由广州地铁设计研究院、广州地铁集团、广东汉维科技有限公司、同济大学共同完成的“城市轨道交通高效空调系统关键技术研究”项目科技成果评估会。评估委员会专家听取了该项目技术研究工作汇报，审阅了评估资料和有关技术文件，经过交流和讨论，一致认为：该成果在轨道交通领域达到国际领先水平，同意通过评估。

之后，广州地铁14号线嘉禾望岗站、21号线苏元站和天河公园站建成投运，累计机房有效COP提升到6.3，累计系统有效COP提升到4.5以上。现在，设计院已经利用业务拓展的机会，在广州之外的多个城市完成了高效机房的建设。这些高效机房，不仅应用于地铁车站，也应用于地铁领域之外的项目。这些研究与示范不仅实现了系统运行能效的提升，还包括指标体系、建设模式、智能运维、云端管理等方面的探索和成果。

从技术研发到示范应用，广州地铁高效空调系统的建设第一阶段引人瞩目，在此基础上，设计院进入第二阶段，对高效空调进行了技术优化及标准统一，在广州地铁进行了全面推广应用。“十三五”时期的10条地铁新线中，所有车站都按高效空调系统的标准来建设。目前18号线、22号线已经开通运营，成了全国第一条高效机房线路。

环境工程所总工罗辉，潜心钻研高效空调节能技术，他一直有个梦想：我们不能只做设计，要通过“产学研用”相结合，把我们技术的核心竞争力体现到产业链中，创造更多价值。多年前，他找到院长农兴中，谈了自己的想法。农兴中院长非常支持，鼓励他要努力实现自己的梦想，大胆创新，敢于尝试，勇于突破。

历经车陂南站高效节能空调科研示范等项目的锻炼，罗辉不仅成长为专家设计师，还带出了黄贵杰、吴绍康、秦旭等一批敢于创新、勇于担当的技术骨干。2023年6月，标志着设计院多元化发展的重要里程碑，广州科慧能源有限公司成立，公司专注拓展能源管理、节能降碳、储能用能工程设计、系统集成以及工程总承包等业务。罗辉担任总经理，他多年的梦想终于扬帆起航。

在节能降碳的大背景下，各地轨道交通旧线逐步开始改造。广州地铁3号线和5号线，作为广州市内客流量最大的线路之一（其中3号线更是全国客流强度最高的线路），在运营十多年后，启动了通风空调系统的节能改造项目。2023年2月8日，由广州地铁设计研究院作为能源服务商（承担投资、设计、建设、运营工作）的广州地铁 3 号线、5 号线环控系统试点应用合同能源管理模式项目正式开工。这是国内轨道交通行业既有运营线路首次全线按能源费用托管型合同能源管理方式，由设计院应用智能高效空调系统系列关键技术，利用上市募投的部分资金对两条线路共 41 座车站的通风空调系统进行节能改造。该项目也是国内涉及车站数量最多、合同额最大的轨道交通合同能源管理项目。

罗辉带领广州科慧能源有限公司的技术骨干钟晓清、吴绍康、秦旭、黄贵杰等，积极探索将科研成果转化为实际应用。经过数月的奋战，首批 19 个车站于 2023 年 4 月 15 日成功实现手动供冷，并经过自动化调试及试运行，节能率超过 40%。项目全部完工后，预计每年可节省电量约 2500kW · h，减少 CO_2 排放约 1.6 万，中央电视台"财经频道"为此项目进行了专题报道，高度评价该项目从设计源头着手，关注地铁节能降耗，助力"双碳"目标实现。

广州地铁 3 号线、5 号线节能改造开工仪式

广州地铁在高效空调的建设上，拥有很多的第一，比如拥有最多

高效空调系统的车站，广州是第一个拥有高效空调线路的城市，带动了全国地铁行业的高效空调热潮。但高效空调的使用存在能效标准不统一、评价指标多元化、检测方法差异大等问题，所以在第三阶段，进行了技术标准化和行业规范化的总结。

2020 年，设计院牵头编制完成了《轨道交通车站高效空调系统技术标准》(T/CABEE 008—2020)，住建部的标准体系也随之调整，这是标准体系改革以后中国建筑节能协会和中国城市轨道交通协会两个协会颁布的第一本标准，填补了行业空白。

根据这部行业标准，由罗燕萍、王迪军、王静伟、罗辉、吴绍康、秦旭、苏醒编著的《地铁车站高效空调系统设计方法与能效评价》一书，对精细化的设计包括系统阻力计算、设备选型、工艺设计等方面进行了详细的讲述，一经出版就销售一空。

在有了自己的标准和规范后，各地地铁高效空调系统可以进行参照设计，使设计有了依据，这是广州地铁设计研究院的最大贡献。如今，设计院新编了一本中英文的国家标准节能规范《城市轨道交通通风空调节能控制地铁通用技术条件》，对高效空调系统进行了各环节的技术拆解和标准化研究。

在"十四五"阶段就更进一步，把"十三五"阶段没有纳入节能控制系统的消防模式和排风模式全部纳入节能控制系统，设计理念发生了改变，这是巨大的改变和进步。高效空调系统的核心技术到底是什么？高效，就是量身定制。正如罗燕萍所说，五星级和三星级的差异是什么？硬件条件、软件条件都不一样，高效空调系统也是一样，需要因地制宜，具体问题具体分析。

要得到一个稳定高效的空调系统，需要一个贯穿设计、施工、调试、运维全过程的精细化理念，需要一个准确、全面的设计，需要智能化的运维系统，需要系统的精准控制和高效运行。车陂南站改造最颠覆性的改变，是使以后的设计从整个系统来考虑，而不是从单一系统考虑。

除此之外，在车站的改造方面，有许多成果已经落地，取得了良好的效果。比如 LED（发光二极管）灯具，配置智能照明系统。照明能耗在整体能耗中占比不小，占车站能耗的 10% ~ 20%，属于地铁能耗中主要能耗。在车站能耗中仅次于通风空调系统。因此，照明能耗的节能设计以及控制，也是地铁节能的一个重要课题。随着技术的发展，广州地铁的照明逐渐开始采用光效更高、能耗更低、寿命更长及无有害金属汞污染的 LED 新型灯具代替传统的荧光灯，此举措可降低 20% ~ 30% 的照明能耗，平均每站每年节约 11 万 kW · h。

同时，设计院还应用智能照明系统，根据运营需求自动启停照明，采取照明控制、场景控制、定时控制、多点控制等多种控制方案智能控制灯具开关及亮度。通过先进的精细化模式控制来节能，平均每站每年节约 20 万 kW · h，这两项措施预计为广州市轨道交通线网每年节省超过 1 千万元电费。

广州地铁自 1997 年 1 号线首通段开通以来，陆续对灯具进行了一些更新改造。从 T8 到 T5 的荧光灯，到 LED 灯，再到按光通量来布置灯具，这些措施正是为了逐步降低功率和耗能。

智能照明，早在广州市轨道交通线网指挥中心设计时就已经引入，后来推广到整个轨道交通行业。实际上，智能照明就是加入一定的感光元器件，根据客流量来实时调整照明强度，正是因为控制得更加精细，从而实现了照明的节能。

广州地铁设计研究院不仅确立了“精细化”“整体化”的设计理念，还打破了过去仅仅局限于用电维度的节能思维，将整个生命周期划分为“源、输、储、用”四个部分，分别在源头、输送、存储与转换、使用等方面，取得了创新突破。

“源”就是来源。对清洁能源的利用方面，包括光伏照明、自然采光、自然通风、太阳能热水辅助供应、雨水回收利用；对光伏发电、氢能发电等都做了探索，车站、车辆段采用电伏发电大幅节省了电力。

车辆段屋面光伏发电

“输”就是输配电。因为光伏发出来的是直流电，常规情况下，要不断地从直流电转换成交流电，交流电又转换成直流电，直流电再变成交流电，如此转换三四次，这个过程太复杂，而且每转换一次，电能都会有损失。为此，设计院专门研究了输配的直流系统。

“储”就是储能。用电是有高峰和低谷的，利用好电价差，能够带来经济效益。设计院研究了变电所的储电、水蓄冷、冰蓄冷等技术来适应储能需求。

“用”体现在高效。随着节能高效技术的逐渐成熟，设计院拥有自主开发的平台和控制策略以及控制软件，为推动国家“双碳”政策实施、新技术发展方面贡献了自己的力量。同时，也通过国家政策的引导，设计院培育了独具特色、融合“双碳”理念的高效技术，甚至形成了产业。

广州地铁设计研究院专家涂旭炜对节能设计有很深的领悟，他认为必须从设计阶段就要实现节能设计。大部分人尤其是设计人员普遍认为，节能是电耗、水耗的节省，且只是设计完成、工程实施后系统运行的节能，其实这是片面的。首先，节能设计应该从广义的角度去思考，一个满足工程规模需求的设计才是节能设计的基础。其次，在设计规模合适的基础上，节能的根源在于精细化的设计，设备要和项目规模匹配。最后，在运行管理方面要考虑项目运营过程中各系统的运行管理节能。

为达成“双碳”目标，伴随轨道交通建设的持续推进，需要全方位采用节能技术控制能耗总量的上升趋势，同时逐步加大清洁能源的占比。2023 年 7 月，由广州地铁集团等六家单位作为发起单位，成立了广州碳达峰碳中和产业联盟（简称“广州双碳产业联盟”），以推动节能技术的发展和产业的培育。广州地铁集团总经理刘智成为广州双碳产业联盟新当选理事长。

目前，广州地铁集团积极开展节能低碳技术研究，相关科研项目达 40 余项，主动承担政府节能科技项目、中国节能协会和城轨行业协会等的节能研究项目。它们都是可能点燃未来科技的星星之火，闪烁着希望的光芒。

2022 年 10 月，党的二十大在北京召开。习近平总书记在党的二十大报告中重申：我们坚持绿水青山就是金山银山的理念，坚持山水林田湖草沙一体化保护和系统治理，全方位、全地域、全过程加强生态环境保护，生态文明制度体系更加健全，污染防治攻坚向纵深推进，绿色、循环、低碳发展迈出坚实步伐，生态环境保护发生历史性、转折性、全局性变化，我们的祖国天更蓝、山更绿、水更清。

党中央擘画了中国未来发展的宏伟蓝图，而要实现这一伟大的使命，需要各行各业、从个人到集体的共同努力。只有历史与人民合力，才能推动建设美丽中国，走绿色发展之路，推进生态文明建设，实现更高质量的发展。

这既是一个富强中国的召唤，也是轨道交通事业的未来对广州地铁设计研究院的召唤。

际遇·地铁设计30年

第二十二章

智慧引领

“安全、可靠、便捷、精准、融合、协同、绿色、持续”这8个词深刻诠释了新时代背景下地铁的历史使命与责任担当。广州地铁白皮书的发布，全线网智慧地铁的应用，彰显着智慧地铁引领未来城市交通变革的无限可能。

广州地铁集团下定决心建设智慧地铁，2018 年是一个关键年。

从广州地铁 3 号线的综合监控系统开始，智慧地铁的概念在慢慢形成。广州地铁设计研究院对 3 号线综合监控系统的设计，初步打破了自动化系统之间的信息孤岛，实现了大数据的汇集和挖掘。但是因为技术本身的限制和当时对综合监控系统的认识尚未达到当前的高度，所以当时构建的综合监控系统虽已初具规模，但没有完全达到现在智慧地铁所具备的智能化水平。

如何把先进技术和地铁的应用或运营需求结合起来？随着建设和运营的不断发展，其后在广州地铁 4 号线、5 号线和 6 号线的建设推进过程中，互联网、信息化、人工智能等新技术不断亮相地铁设计与建设舞台，智慧地铁的概念在一点一滴的积累中，慢慢成形、饱满。

2016 年，由广州地铁集团副总经理蔡昌俊主导、运营总部改造的二维码过闸技术，基本解决地铁在运营过程中的痛点。以前的票要么是储值卡，要么是非接触式的 IC 卡（集成电路卡），要么是纸币和零钱，运营的压力非常大。二维码过闸技术的创新使地铁运营的组织架构、乘客出入闸的操作流程都得到了极大简化。这个技术创新，对广州地铁的触动是比较大的。

2017 年，“智慧地铁”这个名词出现。2018 年，随着设计、建设与运营的线路越来越多，城市轨道交通这张网络被织得越来越密、越来越大，人力成本的压力愈发沉重也成了亟待解决的难题。广州地铁集团已经运营的地铁线路，每千米配备的人员已经确定。若后续运营的 10 条线路继续沿用前面线路的每千米人员配置标准，这将导致广州地铁集团的大部分收入被人力成本所占据。

广州地铁集团开始了更深入的思考，“怎样建设新时期智慧型的可以更替迭代的轨道交通”成为其 2018 年思考的主题。最终得到的答案是明显的：必须要做智慧地铁，必须要减员增效。

一本关于智慧地铁的《白皮书》，成为智慧地铁行动的纲领。

这本关于智慧地铁的《白皮书》，全称为《新时代城市轨道交通创新与发展》白皮书。在广州地铁集团的指导下，设计院作为总牵头单位，联合建设事业总部、运营总部等相关部门，研究智慧地铁相应的方案和体系，探寻智慧地铁的具体实施路径。

理论总是要快实践一步，才能指导实践。如果指导思想不够先进，目光不够长远，视野不够广阔，就不能够为地铁谋划一幅科学的蓝图。编制《白皮书》的主要目的，正是为未来的智慧地铁做一个战略的引领、行动的纲领。于是，不同学科的专精人才被调集起来，老院长徐明杰此时作为技术专家也参与了《白皮书》的编制工作，原副总工毛宇丰、副院长贺利工、自动化和通号所所长湛维昭以及熊晓锋、朱志伟等技术骨干都参与其中。

在启动《白皮书》的编制工作时，项目组起初感到无从下手。智慧的东西包罗万象，智慧的东西也虚无缥缈，什么是智慧地铁？智慧地铁要解决什么问题？该从哪些方面入手，才能使之成为新时代地铁的指引和纲领？

在编制初期，项目组聚焦于前沿技术，思考什么技术才是先进的？然而，随着思考的深入，项目组开始着眼于运营需求，构想未来需要怎样的地铁？智慧地铁的需求是什么？应该用什么样的技术发挥智慧地铁怎样的功能？这些功能怎么去提质增效减员？这个过程百转千回，项目组夙兴夜寐，经过了大量的思想碰撞、梳理总结，数易其稿，最终形成了《白皮书》初稿。

首先，到底什么是智慧地铁？一提起“智慧”，很多人第一反应就是智能方面的技术创新，觉得就是把一些新的技术堆叠到一起，基于原来的体系做改良，好像引入一些创新技术就是智慧地铁了。其实不然，智慧地铁应该从运营角度去考虑问题。智慧地铁是一个庞大的工程，不单单是技术方面的创新，还有理念的创新，甚至制度的创新。

其次，《白皮书》的编制到底要解决什么问题？一是让地铁更智能，至少能够提高地铁的管理效率，降低每千米的人员配置数量。二是还可以提高服务水平，降低运营成本，促进产业发展。《白皮书》的具体思路有了之后，后面的编制工作也顺畅了许多。由于编制内容既要高屋建瓴，又要细致入微，导致项目组工作量浩大，加班依然是一种常态，每个周末的时间都非常宝贵。让熊晓锋印象极为深刻的是，当他一次又一次在周末的早晨到设计院加班时，他一次又一次发现院长徐明杰来得更早。

岭南的暑热与蝉鸣、凉爽与秋风，季节的更迭见证了编制工作的字斟句酌与精益求精。没人记得具体大改过多少个版本，更不要说细节的调整。只记得往往一次碰头会的思想迸出新的火花，或者发现疑问后，就可能意味着某个章节的改动。

2019 年 4 月 9 日，以“创新融合 拥抱湾区”为主题的 2019 中国（广州）城市轨道产业创新发展大会开幕。广州地铁集团党委书记、董事长丁建隆在会上隆重将《新时代城市轨道交通创新与发展》白皮书推出。《白皮书》一出，便成为广州地铁建设的纲领性文件。

《白皮书》提出，按照新时代赋予的新使命，对接粤港澳大湾区国家发展战略，新时代广州轨道交通将是以“服务交通强国战略、支撑大湾区高质量发展、引领轨道交通科技进步、满足市民幸福出行”为总体目标，以“服务型、引领型、融合型、持续型”为总体思路，以“数字化、智能化”为技术发展方向，以“安全、可靠、便捷、精准、融合、协同、绿色、持续”为核心特征的轨道交通体系。

对“安全、可靠、便捷、精准、融合、协同、绿色、持续”这 8 个词，作为编委的副院长贺利工印象非常深刻，他能够脱口而出，原因在于这 8 个词每一个都经过了编写组的深思熟虑，每一个都代表了智慧地铁背后深刻的意义。

《白皮书》将智慧地铁分为乘客服务、行车组织、调度指挥、车站管理、运营维护、安全保障及应急处置六大类业务，功能项目细分为 80 项。对智慧地铁的等级从 1 级到 4 级进行划分，这是《白皮书》中重要的理念。

而在总体目标上，智慧地铁强调信息化与自动化融合，构建具备智能感知、智能联动能力的系统，实现数据驱动的安全管理。《白皮书》将智慧地铁的构建分为 3 个阶段。在第 1 阶段，一些车站将作为示范站，在乘客服务及车站管理方面全面达到智慧地铁 Gos2 级；在票务及资讯服务方面，部分功能达到 Gos3 级。在第 2 阶段，对“十三五”期间启动的工程全面提升至智慧地铁 Gos3 级。在第 3 阶段，对“十四五”期间及后续启动的工程逐步提升至智慧地铁 Gos4 级。

2019 年 4 月 29 日，中国城市轨道交通协会（简称“城轨协会”）参观广州地铁 2019 年成果展示，作为广州地铁集团智慧地铁阶段性探索的成果，《白皮书》让他们印象深刻。这是一个具备时代特色的议题，正对应了新发展理念下轨道交通的战略问题。城轨协会组织了许多人前来参观考察并且高度评价广州地铁：广州地铁关于智慧地铁的打造是以高屋建瓴的眼光，打造体系和纲领，并指导可施行的行动计划。

受《白皮书》影响，城轨协会也开始着手编著放眼未来的《中国城市轨道交通智慧城轨发展纲要》（简称《纲要》），内容涵盖智慧城轨发展的技术政策、技术规范、发展规划和实施计划等，以此作为城市轨道交通行业未来 15 年（2020—2035 年）的指导性文件。

2020 年，由城轨协会编制的《纲要》发布，在关于智慧地铁的探索之路上又前进了一步。《纲要》设定了 2025 年与 2035 年这两个时间节点，将智慧地铁分为不同业务类别，对各项指标提出了“两步走”的精确目标要求，《纲要》发布后，迅速在全国铺开，成为各地智慧地铁发展的指导性文件。

智慧地铁的纲领已出，如何落实成为关键。

在《白皮书》发布之前，广州地铁集团董事长丁建隆就在不断思考《白皮书》的落地问题。一天，设计院党委书记许少辉到北京出差，董事长丁建隆正好也在北京。吃饭时，丁建隆还不忘和许少辉商议设计院要引领智慧地铁的发展，把《白皮书》落到实处，尽快进入改造的实施阶段。

丁建隆最初的想法，是将广州地铁1号线的公园前站做成智慧地铁示范站，许少辉回来后马上找农兴中落实示范站的相关事宜。之后，由于各方面原因，设计院最后把示范点选在旧线3号线和APM线的换乘站广州塔站和新线21号线的天河智慧城站。很快，关于智慧地铁的示范点项目启动。

这两个智慧示范车站由广州地铁集团、腾讯公司、广州地铁设计研究院、佳都科技集团和广电运通信息科技有限公司等26家单位共同打造，应用了全国首创的轨交智慧操作系统——穗腾OS1.0。采用迭代更新的轨交智慧操作系统，实现全息感知精准服务、高效安全运行保障、设备智能诊断和健康管理，以提高服务质量、运维效率、运营效益，保障运营安全。

“广州地铁在线网中选取已运营车站广州塔站和新建车站天河智慧城站先行试点，标志着新时代广州城市轨道交通建设的起航，为全国城市轨道交通大规模推广智能化及信息化技术、设备积累经验”，广州地铁集团副总经理蔡昌俊在这两个示范站正式上线时总结道。智慧地铁示范站以“全景式安全灵活高效运营管理”“全时空便捷精准乘客服务”为方向，实现了24项功能，其中有17项达到了Gos2级，7项达到了Gos3级。

在两个示范站中，智慧客服系统获得好价，这背后蕴含着一段深思熟虑的创新历程：在编写《白皮书》的时候，项目组站在乘客的角度思考需求是什么？结论是乘客需要一位无所不知、无处不在的“智慧客服”，帮助自己处理一些票务、资讯查询问题，在满足乘客需求的同时，运营部门也可以减少一部分人力。为此，项目组开发出了智慧客服系统。在广州塔站和天河智慧城站做试验的时候，现场运营部门反馈，智慧客服系统的效果良好，能够很好地节省人力。正常情况下，地铁车站的两个票亭都有站务员在长期值班，但这套智慧客服系统上线之后，票亭基本不需要有固定驻勤的站务员，乘客可以在智慧客服系统的自助终端进行自助服务，当系统无法处理时，乘客再按键呼叫站务员，这样就解放了票亭固定的岗位。一般来说，一个运营岗位要 5 个人，实行五班三运或三班两运来保证岗位一直有人。取消 2 个岗位，就意味着减少了 10 个人。智慧客服在这两个示范站的成功应用，部分解决了广州地铁最为紧张的人力问题。所以，在广州“十三五”期间建设的 10 条线路，智慧客服系统以及相应的功能全部铺开。

智慧地铁的第二步行动，是“十三五”期间的工程全面达到智慧地铁 Gos3 级、部分达到 Gos4 级，现在是在第二步的过程中。这一次，在广州地铁集团的指导下，“十三五”期间的 10 条新线全部进行了智慧地铁的设计，10 条新线按智慧地铁的规划全部落地，融入最前沿的元素，涵盖了全自动、智能运维、乘客服务等功能，只要能想到的关于智慧地铁的技术，全部用上。

而在这 10 条新线中，广州地铁集团又选择了 18 号线的横沥站和 22 号线的市广路站再做两个示范站。之前做了广州塔站和天河智慧城站两个示范站，现在怎么又出来两个示范站？原来，2019 年，广州地铁集团和腾讯公司合作开发了穗腾 OS 系统，当时最早在广州塔站和天河智慧城站已经先行试验了穗腾 OS1.0。而在横沥站和市广路站，试验的是穗腾 OS2.0。这两个站和 10 条新线其他车站的区别仅在于应用了穗腾 OS2.0。

“穗腾 OS”屡次被提及，它到底是什么？广州地铁集团城市轨道交通系统安全与运维保障国家工程研究中心（简称“广州地铁国家工程研究中心”）两位副主任梁东升和何治新给出了清晰的答案。这两位都曾经是广州地铁设计研究院的中坚力量。梁东升，从2001—2008年在设计院工作，主要负责对3号线的综合监控系统、APM线信号系统的设计，并且还是4号线的设计副总体，是广州地铁国家工程研究中心的前副主任，现作为技术专家再回到设计院对一些项目进行指导。何治新，之前也在设计院工作，任电气化所的所长，为设计院在供电系统以及节能方面的创新做出的努力尤其突出，因为工作出色，现已调任广州地铁国家工程研究中心副主任。

穗腾OS，是基于工业互联网和物联网的轨道交通操作系统。这是它的定义，那它能做什么？穗腾OS，是一个一个的单个“烟囱”硬件加两个部分的软件，一个是开发部署的平台，一个是应用软件。在没有穗腾OS之前，从硬件到开发部署平台再到应用都是独立的，全部是一个个彼此没有联系的“烟囱”。“十三五”线路中，设计组开发了云平台，首先把硬件统一，穗腾OS负责把中间这层开发部署的云平台进行整合，所有的应用都在这个统一的数字底座上，再在这个数字底座上去开发它不同的应用。

这样的好处是，如果以前要形成所有的数据交互，都是各系统之间分别进行对接。但现在，所有的数据都在云平台上，穗腾OS能够把所有的数据开放共享给上层所有的应用，也可以把底下的资源统一管理，应用需要什么样的资源可以从这个云平台上选用。还有一些应用的经验可以沉淀到云平台上形成组件，达到经验互用的效果。简单来说，穗腾OS的功能，就是数据共享、资源共享。

18号线、22号线这两个示范站较之前的两个示范站有了更多功能上的改进。之前车站的工作人员需要在车控室查看终端或进行其他操作，设计师在对车站管理进行优化后，把所有的信息尽量集中在穗腾OS2.0上并做一些不同情况的展示，其他站因为有综合监控系统，其实也具备这个功能，但穗腾OS2.0可让信息更为集中、画面更为美观。在人员的管理形式上，站务员以往只能在车控室点开画面的信息查看，现在为其配备了 Pad（平板电脑），Pad 上有相应的 App，站务员可以在巡站的同时在 Pad 上移动办公，也可以在 Pad 上处理乘客的票务或查询问题，兼顾巡站、乘客服务、车站管理，摇身一变成为“移动票亭”，解放了人力，这也是提高管理效率的重要表现。

示范站在客流监测领域实现了技术创新，比如通过视频、摄像头采集信息后调用算法分析，对车站的客流分布、密度等情况做一些统计，根据这些统计和分析来时刻调整调度管理和列车管理。

两个示范站还有视频巡站功能。传统的地铁巡站需要人员走到出入口、机房或车站的其他位置，对于偌大一个车站，按要求每两个小时巡一次站，工作辛苦且效率很低。视频巡站功能上线后，视频监控无死角地布置在车站的重要位置，节省了人力。

以往，车站工作人员关站时，需要亲自前往出入口通道把门手动拉下来，到电扶梯处手动关停电扶梯以及关灯等各种人工操作。示范站的一键开关站功能，实现了只需一个按键动作，就可以把车站系统全部启动、关闭，这也是提高效率的一种方式。

乘客服务、车站管理、智慧运维等的实施，让地铁显现出它的“高科技感”，这是穗腾 OS 系统的强大之处。这套系统由广州地铁集团牵头，联合腾讯公司成立穗腾实验室，设计院作为参与方，参与了对穗腾 OS 的功能和前期方案的落实。在方案和功能设计方面，设计院是“专家”。18 号线、22 号线还上线了智能运维的一些系统。在涉及乘客安全这个重要板块，上线了车辆、轨道、供电、信号、电扶梯五大智能运维系统。

广州地铁设计研究院在广州地铁集团的领导下对 10 条线路的“智慧地铁”之路进行了探索，走在了新时期智慧地铁建设的最前端，为其他城市开始智慧地铁的实践做了有益的探索。

几乎是同一时期，由广州地铁设计研究院勘察设计总承包的深圳地铁 20 号线也开始了设计工作，敢想敢干的深圳地铁业主也想把这条线打造成智慧地铁的标杆项目。对于设计院来说，这是在两个城市开展的不同探索。

“你赶快琢磨琢磨，我们把智慧地铁的那一套技术设计进去，把智慧地铁的理念也用到深圳地铁 20 号线上。”院领导对湛维昭提出了建议。湛维昭带领团队与深圳地铁对接后，认为深圳地铁 20 号线有条件应用全自动运行列车。深圳地铁业主也答应得很爽快，甚至表示希望再添加一些别的功能。

就这样，深圳地铁 20 号线完成首次全自动化运行实践，并采用了最高等级建设标准，在无人值守下列车也能实现自动运行，开启了深圳地铁“无人驾驶”的时代。而其中引人注目的功能，非车车通信功能莫属。基于车车通信技术的自动化列车控制系统，并融入云平台，这在世界范围属于首次应用，具有令人振奋的独创性。

设计院的两次实践创新各有所长，重点不同，关注点也不同。在智能运维层面，广州地铁更有特色，但列车方面深圳地铁别具一格，大家都在探索智慧地铁的八大体系，广州有国家示范工程的加持，广州地铁 18 号线、22 号线由于其时速 160km 的制式，通过“四网融合”，可以延伸到中山、珠海，这也是 18 号线、22 号线的优势。深圳有中国特色社会主义先行示范区的示范工程，深圳地铁 20 号线为时速采用 120km 制式，是从机场到会展中心到城市主城区的一条快速地铁。

深圳地铁 20 号线车车通信技术为全球首例。车车通信的优点是，车与车之间可以追得更近，跑得更快，折返效率就变高了，列车还可以灵活掉头、交会。但当时的情况并不这么乐观，设计院对车车通信有想法，但不知道怎么做，甚至需求都没有写过，验收也没有验过。从有车车通信思路到完成建设，整个过程完全没有经验可以借鉴、没有章法可供参考，走了很多弯路。

首先，设计院遇到的第一个问题是要说服所有人车车通信是可以实现的。车车通信最大的难点就在于：通信不能断。传统上，轨旁设备的控制依赖于车站发出的有线指令，即便在极端情况下，也能确保如红灯等基本信号的显示。然而，在车车通信的情境下，车辆直接向设备发送指令，这就要求通信链路必须保持绝对的无缝连接，不容任何中断，以确保行车安全与效率。车“自己管自己”，变得更加灵活。在传统情况下，车受地面的指挥，地面告诉车走多远车就走多远。现在是车要走多远由车自己决定，能不能走看资源有没有被其他车占据。

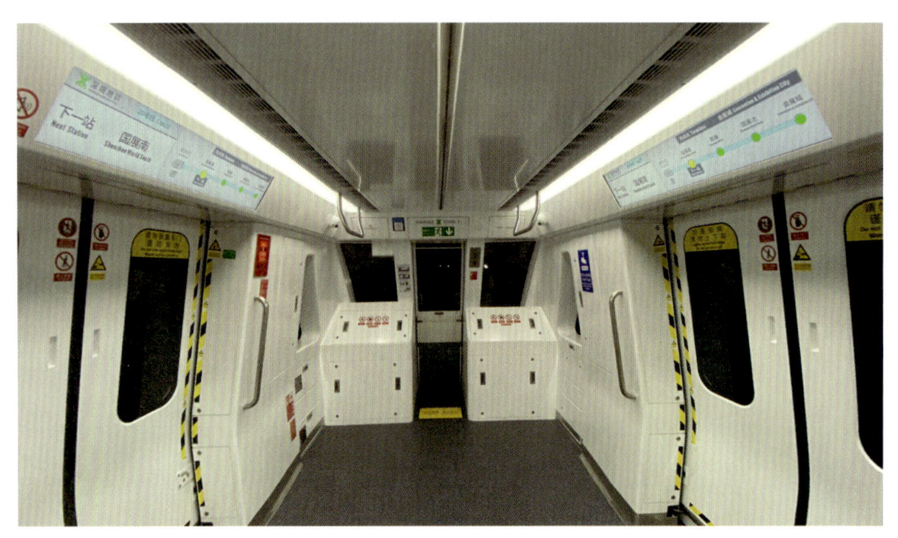

深圳地铁 20 号线全自动驾驶车头

车车通信虽然有许多优点，但是出现故障怎么办？这个诘问一直存在于技术实施的全过程。直到现在，这项技术还在不断的探索中。确实，每一项创新的过程都不可能一帆风顺，行到水穷，坐看云起。后来，当具体负责列控技术的朱志伟再次去深圳地铁 20 号线见到业主时，过往一幕幕艰难的画面再一次浮现，他很抱歉地对业主说：“过去几年很不好意思，给你们添了不少麻烦。”

“麻烦添得好！”深圳地铁业主回答。简单的 5 个字，表达了深圳地铁业主对广州地铁设计研究院在深圳地铁 20 号线艰苦付出的肯定。这个“麻烦”，让深圳地铁 20 号线各项技术创新走到了世界前列；这个“麻烦”，让深圳地铁 20 号线的车车通信技术成为当时的唯一。不做第一，就做唯一，深圳地铁做到了，广州地铁设计研究院做到了。

深圳地铁 20 号线开通仪式

智慧地铁要给予我们什么，智慧地铁能实现什么，未来的智慧地铁将是什么样的？《白皮书》中提出，新时代城市轨道交通的核心特征体现在“安全、可靠、便捷、精准、融合、协同、绿色、持续”8 个方面。简单来说，就是要在建设和运营维护两个方面，在实现安全可靠的基础上，提高服务水平，实现经济效应。

广州地铁设计研究院在具体智慧地铁的实施过程中，其实就是“两高一低一促进”。“两高一低一促进”考虑的是几个维度。

第一个“高”，是提高服务水平。在设计院看来，需要从两个维度考虑这个问题。第一个维度，是提高乘客服务水平，要从乘客的感受出发，体现出行的智慧。广州地铁集团一直秉承“全程为你”的理念，在过去也一直是这样做的。如果遇到一些特殊人群，会想方设法为他们提供一对一特性化服务。但是，特性化服务毕竟是有限的，要真正服务到最广大乘客群众（包括特殊乘客），就必须研究从技术和管理模式上实现跃迁。

想普通乘客所想，察普通乘客所未察。地铁是一个服务性的行业，最直截了当的变化，就是服务质量、水平的提升。对乘客来说，最重要的服务是安全、快速、便捷且舒适地完成出行。智慧地铁要实现的，是乘客从准备出行到真正实现出行以及出行完毕之后全链条的服务，不仅仅是乘客最直观的无障碍购票、安检与检票，还包括全旅途多样化的信息获取，比如全线拥堵情况、是否有突发事件发生、空调温度……全面提升每一位乘客都会感受到的出行环节体验，是整体性地向前迈步。

第二个维度，是实现设备车辆等维护维修的智慧化。安全永远是第一位的，如果安全不能被保证，那么为打造舒适乘车环境所做的一切努力，都失去了意义。与国铁不一样，地铁如果出现一些小问题，哪怕是某个信号灯或者系统出了小故障，也容易形成多米诺骨牌效应。一个班次的延误可能牵连甚广，对出行的个人，甚至对国家的财产都会造成很大的损失。必须通过设备、技术上的防护来避免这些事情的发生。

过去，建设、运营等自动化尝试常常“各自为战”，没有实现一体化。在设计过程中，没有能在整体语境下，把涉及行车安全、行车舒适的检测和监测系统充分且联合地考虑。但是通过智慧地铁的设计，采用智慧的手段可实现动态过程中的实时检测和监测，以往各自为战的诸多设备和系统，此时都拥有了一个数字的底座，动态且实时地相互关联。

对车辆、通信状态、弓网关系、轨道轮轨以及整个隧道的状态获取和跟踪，实现了全方位、全链条和多维度的维修监测。让过去的“计划检修”变成了有的放矢的“状态修”，减少了不必要的工作，也更有效率。就像高水平的医生，借助现代化仪器，对病人做出准确的诊断后，实施靶向治疗，而不是眉毛胡子一把抓。

第二个“高”，是提高整个运营的效率。运营效率的提升是各方面的，但思考这个问题依然要从乘客出行链的角度考虑。把自己置入乘客的视角，从出行想法产生的节点开始，什么信息和需求是被呼唤的？从这个结论去关联运营各类型岗位，分析运营内容，最终实现新技术和运营的需求有机融合。

提升服务水平、提升效率是立足乘客服务和运营管理这两方面的行动。但是要保证地铁的良性运转，还有一个问题必须得到解决：成本。随着地铁里程的日益增长，各项新技术的上线，地铁线网的新建、维护和运营成本日益增加，如果不能达到收支平衡，就会影响地铁规划的未来发展态势。

所以这一“低”，是降低成本。上文已经提到过，迫使广州地铁集团进行智慧地铁未来蓝图探索规划的最直接原因之一，就是日益严峻的人工成本问题。虽然通过一系列改良措施，已经让新线配置的人数，从老线的每千米 60 人，降低到每千米 40 人左右，但是结合屡创新高的地铁总里程，所需要的工作人员数量依然非常惊人。

很多人会对人力成本的体量缺乏正确认知。实际上，机械设备虽然昂贵，但是一次性采买后，使用周期是很长的。但是人力成本则占据整个运营成本的 50% ~ 60%，人工成本降本增效问题，成为重中之重。

除了人力成本外，地铁本身也是能耗大户。虽然地铁是绿色交通工具，但是牵引、空调、控制等所消耗的能源同样巨大。特别是在一些工业巨头搬出广州后，地铁在全市用电排名中，默默地走到了前列。而智慧地铁，就是要通过高度智能化的系统、先进的技术与设备，来完成节能环保、绿色发展的任务。

而最后一“促进”，是促进经济发展。建地铁是带动经济的一种手段，地铁通过科技创新高质量发展，会促进并带动一些产业的发展。项目组一直在灌输一种理念，不能只站在单专业方面把某项技术放进智慧地铁的框架里，而应全方位规划设计，通过技术创新，把科技融入产业里。

改革与发展的步伐是永不停歇的，正如辩证唯物主义所提出的，生产力与生产关系永远处于一种动态平衡。如果生产关系和上层建筑不匹配生产力的发展水平，就会变成阻碍，反之则能成为催化剂。

把这个宏观的哲学道理缩放到微观层面，依然成立。随着地铁技术的不断创新与突破，原有轨道交通制度逐渐出现不适用的情况。但无论前路有多少坎坷和难题，我们必须骄傲地承认，广州地铁集团对智慧地铁的理论研究与建设运营实践，确确实实跳出了改良的框架，是一个革命性的创新和发展。

广州地铁集团及广州地铁设计研究院 30 年征程的甘与苦被一个极简而朴素的目标串联，那就是打造更便捷、更高效、更舒适的轨道交通系统。这是目标，也是方向。

20号线
国展南
Shenzhen World South
请勿扶靠车门
谨防夹伤
20A090B

际遇·地铁设计30年

第二十三章

初心不改向未来

提升城市品质，设计美好未来。品质至上、持续创新、奋斗进取、合作共赢，这就是广州地铁设计研究院得以快速发展的“DNA”，也是引领广州地铁设计研究院一路前行的明灯，照亮其成为城市建设和轨道交通技术服务的领跑者。

2023年，广州地铁设计研究院成立30周年。广州地铁设计研究院的30年，栉风沐雨，乘时代之风，以波澜壮阔之势，谱写了一曲从无到有、从小到大、从追随到引领的恢宏乐章。

筚路开荒，暴霜斩棘，何其难哉，设计院为什么能在短短30年时间取得如此优异的成就，迅速进入设计行业的第一梯队？又是什么原因促使一家又小又弱的设计院成为行业的领跑者？

广州地铁集团总工程师张志良

作为主管设计院的领导，广州地铁集团总工程师张志良有自己的看法。他虽然没有在设计院工作过，但一直和设计院有密切的联系。站在广州地铁集团的高度，张志良对广州地铁设计研究院30年取得的成绩进行了分析。

他认为，历史的际遇、集团的扶持与集体的努力，是缺一不可的。设计院能够得到快速发展的原因之一，是赶上了改革开放的大好时代。广州地铁集团高瞻远瞩，敏锐地抓住了一次次难逢的好机会，有前瞻性地把设计业务作为集团发展的核心业务之一。设计院在发展过程中，母公司广州地铁集团的大力支持以及集团一体化运营、一体化经营的优势极大助力其迅速发展。设计院艰苦奋斗、服务至上、持续创新、人尽其才的核心价值观则贯穿了设计院快速高质量发展的全过程。

弄潮儿向涛头立。广州地铁总公司在成立的第二年就成立了自己的设计院，这种眼光和思路是超前的。新成立的设计院无资质、无设备、无人才，在这种“三无”的情况下，设计院开始了自己的艰难启航。与被誉为“共和国铁道设计长子”的老牌设计院相比，广州地铁设计研究院的差距是明显的，但其充分用好资源，刻苦磨炼，通过广州地铁 1 号线“三站两区间”工点设计的尝试，特别是在烈士陵园站这个地下站的设计施工过程中，设计院靠着不服输的艰苦奋斗精神，把该站点做成了广州市的优秀工程。设计院最大限度地吸收了“三站两区间”的“养分”，获得了地下工程的实战经验，培养了丁建隆、刘智成等一批设计人才，为广州地铁 2 号线的成功做好了铺垫。

广州地铁 1 号线的建设主要利用外国贷款引进国外机械设备，建成后达到了 20 世纪 90 年代初世界先进水平。广州地铁 2 号线在建设时设定了 70% 的国产化目标，广州地铁总公司成立了以广州地铁设计研究院为牵头单位的联合总体组，如果没有参与 1 号线的施工图设计，将无法想象设计院如何承担 2 号线的总体设计，这也是设计院第一次承担一条地铁线路的总体设计任务。虽然是联合总体总包，虽然已有 1 号线“三站两区间”的设计经验，设计院还是明显感觉到这是千钧重担。丁建隆、刘忠诚、史海欧前后三任总体带领设计团队不断攻关，一边到各地取经、派员培训，一边苦心钻研各项地铁建设技术，在地铁的屏蔽门、刚性接触网、集中供冷系统以及代币式 IC 卡方面创新效果显著，最难车站越秀公园站的成功设计、车站装修风格的形成、盾构技术的创新应用，广州地铁 2 号线的这些创新，堪称行业瑰宝。这条地铁线路，获得行业内的“奥斯卡”奖——国家科学技术进步奖二等奖，成为国内轨道交通的典范和重要里程碑。

通过广州地铁 2 号线的锻炼，设计院已经将探索创新的思维融入了企业的文化基因里。20 世纪 90 年代末，时任总经理卢光霖认为，设计院是广州地铁总公司的一颗明珠，要借助设计院的力量为总公司做好技术服务，擦亮品牌。在当时的设计总体如今已是董事长农兴中的带领下，在国内外没有成熟的系统和规范的情况下，设计院创造性地在总结时速 80km 的地铁标准的基础上，将第一次独立总体总包的广州地铁 3 号线设计建成了国内第一条时速 120km 的地铁线路。设计院针对时速 120km 所带来的新问题去做重点突破，包括洞径的选择、风压的控制、疏散、火灾的模式控制等。这些解决方案，在后续轨道交通新的建设标准中，把当时的经验都纳入其中，上升到国家层面的标准。能把时速 120km 的高速地铁体系建立起来，这在当时具有超高的难度，广州地铁设计研究院逐渐受到各方关注。

自广州地铁 3 号线后，广州地铁线路的报批从单线报批改为按批次立项，广州地铁第一期建设规划批复了 236km 7 条地铁线路，主要是把中心区核心的骨架线路申报完成，1 ~ 6 号线形成了中心区的线网架构。2008 年，广州市申报了第一期的建设规划调整，申请了 6 号线 2 期、7 号线和 9 号线总共 54km 的地铁线路。

广州地铁设计研究院抓住了这难得的历史发展机遇。这几条地铁线路，基本都由设计院做总体或是联合总体。广州地铁 4 号线又是一个创新，采用线性电机系统，这是一个完全新型的系统。根据线性电机系统的特点，从车辆开始，一直倒逼着设计院去探索创新，通过创新解决新的目标需要与技术问题。通过攻坚克难，在总公司的统筹安排下，设计院联合外部力量集中攻关，培育并内化了创新为魂、永不言败、勇往直前的企业文化。设计院员工发自内心地去创新，去做能带来效益的创新、能有效应用的创新和能降本增效的创新，这些正是推动设计院持续发展壮大的根本基石。

广州地铁设计研究院通过广州地铁 2 号线的联合总体，培养出丁建隆这样一位综合管理人才，以及刘智成这样一位设计领军人才。通过 3 号线总体总包任务，培养出日后成为设计院董事长的农兴中，他带领团队一路披荆斩棘。而 4 号线的总体总包任务，则彻底让当初 2 号线的设计领军人才刘智成变成一个全面的管理人才，之后成为广州地铁总公司的总经理、董事长。其他线路也是如此，王迪军、廖景、涂旭炜、贺利工、罗燕萍、姫霖、周灿朗等一大批设计院设计精英迅速成长起来。

这样，设计院在广州的地位逐步提升。孙钟权接任院长后，加大了资质的申报力度，各项甲级资质逐步配备齐全。地铁设计建设经验有了，资质从一个甲级到多个甲级，人才也逐步培养起来，设计院此时开始了对企业未来可持续发展的思考。2005 年，在设计院正为广州地铁 3 号线、4 号线、5 号线鏖战正酣时，在地铁设计任务最为紧张的阶段，广州地铁总公司总经理卢光霖、总工程师陈韶章、副总经理丁建隆经过商量后决定，委派徐明杰和张小嫣作为院长和党委书记领导设计院。

下这一步棋，广州地铁总公司是有深意的。广州地铁的建设规模日益壮大，设计任务越来越重，设计院已经开始进入全面发展阶段。院长徐明杰和党委书记张小嫣这届领导班子，必须要对企业的发展有更多的思考。在巩固广州本地市场的同时，设计院开始了一项重要部署，“走出去”战略开始启动。

作为一个地方的设计单位，要走出广州，走出舒适区，走到外面广阔的设计舞台参与激烈的市场竞争，谈何容易。然而，广州地铁设计研究院的“DNA”里流淌着艰苦奋斗的血液，广州地铁 1 号线时期无设备、无资质、无人才的“三无”窘境他们都能挺过来，勇敢走出去遇到的所有险阻应该也能跨过去。设计院小而不弱，虽然走得艰难，但他们知道，这是因为企业在发展，在不断上坡，上坡自然比下坡难。

“走出去”战略实施前期，不被认可是常事。负责开拓外地市场的副院长刘智成带领涂洪武、马明、罗文静、唐文鹏等一众干将，常年奔波各地，和当地业主展开多方沟通，从咨询设计、工点设计等小项目开始起步，而各地业主对广州地铁设计研究院这样一个地方设计院的看法，也随着具体工作的开展逐渐改变、印象逐渐加深。从成都地铁 186 万元的 AFC 项目，到武汉地铁咨询项目，到西安地铁 2 号线的工点项目，设计院在外地市场的开拓终获得重大突破，南宁地铁 1 号线、2 号线成为设计院在外地的第一个总体总包项目。

南宁地铁 1 号线、2 号线对设计院而言，是其发展的关键节点，这是设计院在外地承担的第一个总体总包项目。这充分说明，广州地铁设计研究院虽然是一个地方设计院，但有自身的优势。最大的优势就是一再提及的广州地铁集团一体化运营的机制。正是由于一体化的运营，广州地铁设计研究院才有机会对自己设计的线路进行设计回访，及时了解运营过程中出现的问题、痛点，并在此基础上改进创新。同时，正是因为广州地铁设计研究院有广州地铁集团这样的母公司，他们才能认真分析地铁业主单位的所思所想，对业主的建设意图了然于胸，并把这些想法变成图纸，把这些图纸变成现实，替业主排忧解难不是一句空话，而是实实在在的行动。

通过对设计院外地市场开拓过程的梳理，我们看到了一个规律：在一个新的市场，初来乍到的设计院，通常从一些不太起眼的小项目起步。设计院从不轻视任何工作，哪怕是小标、工点标也追求尽善尽美。始终以服务至上、品质至上为原则，站在业主的角度考虑问题，尽最大力量，让一条条地铁线路既满足投资成本限制，又符合业主建设需求。正是基于这种工作态度，广州地铁设计研究院才能从中标小项目起步，逐步撬开每一个市场，从一条地铁线路的总体到多条地铁线路的总体，从一个城市的总体到多个城市的总体。以南宁地铁为例，设计院最终仅参与线网规划的编制工作，凭借扎实的功底和艰苦奋斗的一贯作风，逐渐赢得南宁地铁业主的信任。于是，南宁地铁 1 号线、2 号线、3 号线、6 号线、2 号线东延线等总体总包任务相继交给了广州地铁设计研究院。广州地铁设计研究院深耕南宁近 20 年，深度参与了南宁地铁的建设过程，见证了南宁地铁从无到有，到成为精品工程的全过程。在这个过程中，广州地铁设计研究院与南宁地铁业主一起成长、一起壮大。

窥一斑可见全豹。设计院开拓南宁地铁市场如此，开拓长沙地铁市场也是如此。长沙 10 条地铁线路中有 6 条交给广州地铁设计研究院总体总包，我们完全可以想象广州地铁设计研究院是如何依靠在广州地铁建设中积累的经验，如何依靠广州地铁集团一体化运营的优势，在激烈的市场竞争中找到缝隙打开缺口，进入当地广阔的地铁建设市场；拿到项目后，又是如何以品质至上、服务至上取得业主的信任。这一次次信任，是设计院众多设计师们不断突破创新、不断奋斗进取、人尽其才的结果。因此，南宁分院、长沙分院、南昌分院、武汉分院纷纷成立，开出了中南市场遍地的硕果。西部、华东、华南、东南、华北几大分院，亦是如此。

布局外地市场已见成效，目前，广州地铁设计研究院业务遍及全国近 50 个城市以及海外城市，承接了全国 100 多条城市轨道交通线路总体总包设计项目。“走出去”战略如火如荼之时，广州地铁设计研究院对广州大本营也没有松懈，广州地铁启动了第二期和第三期建设规划。2012 年，广州地铁第二期建设规划批复了 14 号线、21 号线、知识城线（以 14 号线支线名义）、13 号线首期、8 号线北延段（从华林寺站到文化公园站）、11 号线环线、4 号线南延段共计 7 条线路，重点解决中心城区对外围片区的覆盖。在广州地铁第二期建设规划中，线网把棋盘网的方格网结构转变成了环架放射。2017 年 3 月，广州地铁第三期建设规划批复了 10 条地铁线路，包含 10 号线、12 号线、3 号线东延段、5 号线东延段、7 号线二期、14 号线二期等，重点解决中心区线网结构不足的问题。

在如此大体量的地铁任务建设过程中，广州地铁设计研究院充当着广州地铁的专家库和人才库，致力于成为城市轨道交通综合技术服务的领跑者，以创新探索为己任。广州地铁 14 号线快慢车组合运营模式是一种全新的地铁乘坐模式，不仅极大方便了乘客的出行，还制定了快慢车的规范和标准；广州地铁 18 号线、22 号线是时速 160km 的全地下地铁线路，这是继广州地铁 3 号线时速 120km 后再一次为广州插上了腾飞的翅膀，以速度赋能，极大推动了城市空间一体化的发展，对行业的发展更是作出了卓越贡献。

广州地铁设计研究院的发展在加速，这个后来的追赶者逐渐跻身城市轨道交通设计行业的第一梯队。2019 年，设计院成功获得最高工程设计资质——工程设计综合甲级资质和工程勘察综合甲级资质，实现了资质方面的全面丰收。2020 年 10 月 22 日，广州地铁设计研究院成功上市，A 股市场迎来国内第一家上市的地铁设计院，成功实现了从追赶者到领跑者的跨越。

设计院 30 年取得的成绩，离不开历任院领导以及全体员工的共同努力和共同奋斗。火车跑得快，全靠车头带，历任院领导高瞻远瞩，勇于开拓，对设计院的发展起到了关键的推动作用。从任佩珠、冉申德到孙钟权、徐明杰、刘智成，再到农兴中、王迪军，这七任院长以及党委书记张小嬿、许少辉为设计院的发展殚精竭虑，特别是在发展的方向上，在发展的路径上，历任院领导均展现出非凡的眼界。

这 30 年，从设计院班子的更替来讲，可以讲一群人有一群人的付出。第一群人抓住城市基础设计的需要，成立了一家专门做轨道交通设计的专业设计院；第二群人设计出自己的作品来扩大影响；第三群人竭尽全力，创造条件把设计院做成了具备资质的设计院，这是设计院关键的转折点；第四群人在扩充队伍、提高能力、配齐专业方面不遗余力，这样才有条件跻身城市轨道交通设计行业的前列；第五群人勇敢决策，勇敢走出去，迈出了第一步，走向了全国；第六群人，推动设计院成功上市，这是一个质的飞跃，实现了从追赶者到领跑者的跨越。

从“无人才、无技术、无资金”的困窘开局，到如今同时拥有工程设计综合甲级、工程勘察综合甲级、城乡规划编制甲级资质，位列全国六家城市轨道交通设计单位之一；从无人可用、四处招募，到如今自主培养一支属于自己的成熟团队，并打造出一套可持续的人才培养机制；从蹒跚学步的后发者，到走向全国的轨道交通领跑人、标准与制度的制定者，广州地铁设计研究院在 30 年中逐级飞跃，一次次夺得头筹，从地方性设计院真正走向了全国。如今的广州地铁设计研究院，勇登一个接一个的高峰，屹立于全国乃至世界轨道交通发展之巅，并领衔未来探索技术发展的可能性。经过 30 年的积累，设计院已经在科研平台建设、标准体系制定、科研技术突破、打造智慧设计等方面取得了令人瞩目的成绩，聚焦和深耕城市轨道交通设计、咨询领域，推进 5G、互联网、物联网、大数据、人工智能等前沿技术创新应用，提高企业核心竞争力。

设计院永远不会沉湎于过去的成绩，每一天都是一个新起点。当下，设计院发展也面临着诸多严肃挑战。轨道交通建设由高速发展渐渐趋于平缓，市场增量减少，越来越多的竞争者入局，推高市场竞争烈度。许多轨道交通集团、地方业主纷纷成立独资或合资的设计院，许多设计单位依托背后的集团，体量大，业务多，强者恒强，大者恒大，是不可小觑的力量。

除外部因素之外，设计院也遭遇了快速发展后的一些瓶颈。在体量增长到一定量级后，增幅必然放缓。过去 1000 万元的产值，如果增长 500 万元，便是 50% 增长率，看上去十分可观。而如今，设计院已经是营收接近 25 亿元的“庞然大物”，又叠加外在市场环境因素，哪怕仅仅 5% 的增长率，也是相当不容易。

成功的路上，既要脚踏实地，还要放眼未来。任务繁重的设计院从未忘记这些或近或远的危机、或隐伏或显影的挑战，并提出了几项化解办法。

第一是广州地铁设计研究院立足国家政策与公司实际发展需求，提出了“12433”发展战略。即，做优“1”核心，即以广州轨道交通业务为中心，立足粤港澳大湾区，辐射全国，做优做强轨道交通设计核心业务；拓展“2”业务，即拓展轨道交通上盖开发（TOD）、市政基础设施及地下空间设计业务；培育“4”技术，即培育以 BIM 为基础的工程数字科技、基于 5G 应用 / 大数据 / 人工智能的智慧地铁科技、轨道交通节能环保科技、轨道交通智慧建造技术（预制装配式等）；打造“3”实力，即打造前期规划研究、总体总包管理和投资控制竞争实力；提升“3”能力，即提升创新研发、技术融合和投资并购能力。

第二是多元化经营和跨界融合。如果仅仅在轨道交通行业一枝独秀，意味着抗风险能力差，容易受到市场波动影响。在拿下多项甲级资质后，设计院已经拿到了进军其他设计行业的入场券。如果能浸润房建、TOD、枢纽和市政等板块，布局突破，那么就能形成抗压能力更强的业务结构，足以支撑设计院建成百年老店。

第三是“四网融合”。在多元化经营和跨界融合的基础上，实现高铁、城际铁路、市域（郊）铁路、城市轨道交通的“四网融合”，做好一张蓝图的整体规划，统筹考虑运输路径、资源的配备，真正做到一张票、一串城，最后形成轨道沿线。这条沿线不仅有地铁，而且还包括城际，共同带动周边经济协同发展。

第四是数字化。设计院规划了三个层次的数字化发展应用。其一是利用数字化发展，在常规生产作业、设计流程中解放人力，提质增效。其二是通过设计院的实践，把一些小工具整合形成某个专业的产品，提供数字化的软件平台，供设计者使用，并推向市场。这是设计院正在尝试的工作。其三是做数字化的服务，数字化的服务是一个项目的全生命周期。面对市场增量减缓、存量缩小的必然困局，延长服务周期、拓展服务内容，也许是应对之道。建成一个项目可能只用几年，但在未来接近 100 年的使用寿命内，设计院可以提供什么样的服务、怎么样提供这些服务，这就是数字化平台想要解决的问题。

第五是人才培养和科研创新的持续发力。这两点既是设计院过去披荆斩棘的利器，也是未来可期的发力点。

实现技术飞跃、奋起超车的底气，就是创新。30 年间，从后来人，到先驱者，他们创造了一个个“第一”，也让他们成了诸多行业规范标准的制定者。以习近平同志为核心的党中央提出要把握新发展阶段，贯彻创新、协调、绿色、开放、共享的新发展理念，构建新发展格局。而对于轨道交通事业而言，科研创新，就是驱动高质量发展的核心动力，抓创新就是抓高质量发展。永葆创新能力，才能让广州地铁设计研究院立于不败之地。也正因创新是设计院未来发展的不竭动力，更要着力解决现存问题隐患。对广州地铁设计研究院而言，创新要以问题为导向，以需求为导向，创新不是为了标新立异而创新，不是为了实现某个第一而创新。他们坦荡地直言：“不是为获奖而创新，也不是为赶时髦去创新，我们只是想建造世界一流的地铁，为乘客提供安全、环保、优质的服务。”创新要与顶层设计相结合，要基于实际设计建设的需要，这是设计院未来科技创新的重要路径，通过持续的创新，保持行业的领先地位，也为服务的客户和业主提供更多的增值服务，创造设计价值。

一切的关键是人，人才是第一资源，也是设计院最重要的财富。无论是技术积累、创新成果，还是设计院代代传承的精神，既是为人才所创造，也以人才为载体，实现了接力传承。设计院的历史，也是人才接续不断创造的历史，每个人都着力跑好自己的一棒，迎接属于自己的挑战。设计院因此实现了城市规划与轨道交通设计的深度融合，为中国轨道交通事业作出了重要贡献。设计院既要持续完善引进人才、培养人才的机制体制，同时也要打通人才发展的通道，并形成可复制的标准化过程。在项目中历练本领，发挥“传帮带”作用，针对不同专业实行差异化培养，为人才提供腾飞的平台。

广州地铁设计研究院博士后科研工作站揭牌仪式
（左起：农兴中、彭力、刘峰、王迪军）

2020 年 11 月，经人力资源和社会保障部、全国博士后管理委员会批准，广州地铁设计研究院博士后科研工作站建站。科研工作站与同济大学、清华大学、湖南大学等高校博士后科研流动站建立合作关系，联合培养博士后研究人员，目前在站博士后共计 8 人，分别毕业于国内外知名高校。

博士后团队作为核心项目骨干，深度参与申报或实施国家重点研发计划、省重点领域研发计划、省自然科学基金、住建部及住建厅等科技计划项目。2022 年，由广州地铁集团牵头、广州地铁设计研究院组织实施申报并获批的“重大自然灾害防控与公共安全”重点专项项目，是集团牵头获批的首个公开竞争类国家重点研发计划项目。

第六是继续发扬设计院刻入骨髓、笃信不辍的奋斗精神。创新是驱动，奋斗是赖以奔驰的路径，长路不绝，前行不息。设计院的每一个人，奋斗在轨道间、土层中，奋斗在图纸案牍前，白炽灯与艳阳交替点亮前行的路，也点亮了一个个创新的微光。如果没有这种不甘人后的心气，没有筚路蓝缕的开荒勇气，没有独立自强的追求，就没有立足广州、辐射全国的广州地铁设计研究院。

虽然面临诸多挑战，但是广州地铁设计研究院对未来依然抱有乐观信心。这份信心来源于高瞻远瞩的战略布局和踏实奋斗的企业精神，也来自国家对未来轨道交通建设战略性意义的高度重视。奋进三十载，匠心筑未来。2023 年 11 月 8 日，广州地铁设计研究院建院 30 周年志庆活动暨表彰大会在广州友谊剧院隆重举行。广州地铁集团领导、广州地铁设计研究院领导、员工代表共 1200 余人在此相聚，既共享发展成果，也共聚合力再出发。

“奋进三十坚守初心不改，勇毅前行勠力把梦照亮，攻坚克难谱写发展新篇，美好明天我们携手共创！”承载着广州地铁设计研究院 30 年发展历程的《梦想》之歌在此刻唱响。

广州地铁设计研究院建院 30 周年志庆

一代又一代地铁设计人不负青春、不负韶华、不负社会、不负时代，用使命和担当托举起广州地铁设计研究院30年的辉煌岁月。目前，广州地铁设计研究院正在同步推进全国近50个城市的几十条设计总体总包、设计总承包线路及多条咨询线路的设计任务。这些设计线路，严格贯彻落实集团公司对于高质量发展提出的高品质建设、高水准运营、高水平创新、高标准安全、高质量经营与高效率管控的“六高”要求，已开通的设计总体线路达到50条（见附录1），平凡坚守，成就伟大。

广州地铁设计研究院建院以来的历任院领导任佩珠院长、冉申德院长、孙钟权院长、徐明杰院长、张小嫣书记、许少辉书记、谢湘凤副院长、陈岳陵副院长、赵德刚副院长、刘忠诚副院长、李宝田副院长、张建根副院长、史海欧总工程师、靳守杰副院长、叶建兴副院长、钟铨副书记、何坚总建筑师、贺斯进副院长、邓剑荣副书记、王建副院长留下珍贵合影（见附录2），这是30年峥嵘岁月的见证。

一个行业发展的高度，取得的成就，既要依赖于人的主观能动性，也要寄身于历史的进程之下。随改革开放而起，随经济腾飞而兴。可以说，正是国家高度重视轨道交通建设的战略性意义，才让轨道交通行业成为多个发展计划的重点发展的高新产业。正如，轨道交通产业是广州市“十三五”时期构建“高端高质高新”产业体系、重点推动发展的产业之一。每一次国家政策的推动，都为轨道交通的跨越注入鲜活动力。

2022年，国务院印发《“十四五”现代综合交通运输体系发展规划》，指出交通运输是国民经济中具有基础性、先导性、战略性的产业，是重要的服务性行业和现代化经济体系的重要组成部分，是构建新发展格局的重要支撑和服务人民美好生活、促进共同富裕的坚实保障。要加快建设交通强国，构建现代综合交通运输体系，提出“超大特大城市轨道交通加快成网”，以轨道交通、高速公路为骨干，建设城市群一体化交通网。

轨道交通发展的前景依然广阔，战略意义依然重大。

新的五年篇章已悄然开启，未来的五年蓝图亦清晰可见。这是广州地铁设计研究院的新机，是广州地铁的新机。而逆水行舟，不进则退。过去的军功章是耳提面命的激励，是让人不敢松懈的监督，绝不是可以躺平的功劳簿。而广州地铁设计研究院，已经做好准备。

真实的力量总是最为动人的，广州地铁设计研究院波澜壮阔、栉风沐雨的 30 年历史，正是最为珍贵切实的、属于几代地铁人的中国故事。

成功离不开历史的客观进程和个人的努力。本书是不懈不辍的广州地铁设计研究院 30 年的记忆，记录下广州地铁设计研究院紧紧把握时代的风云际遇。

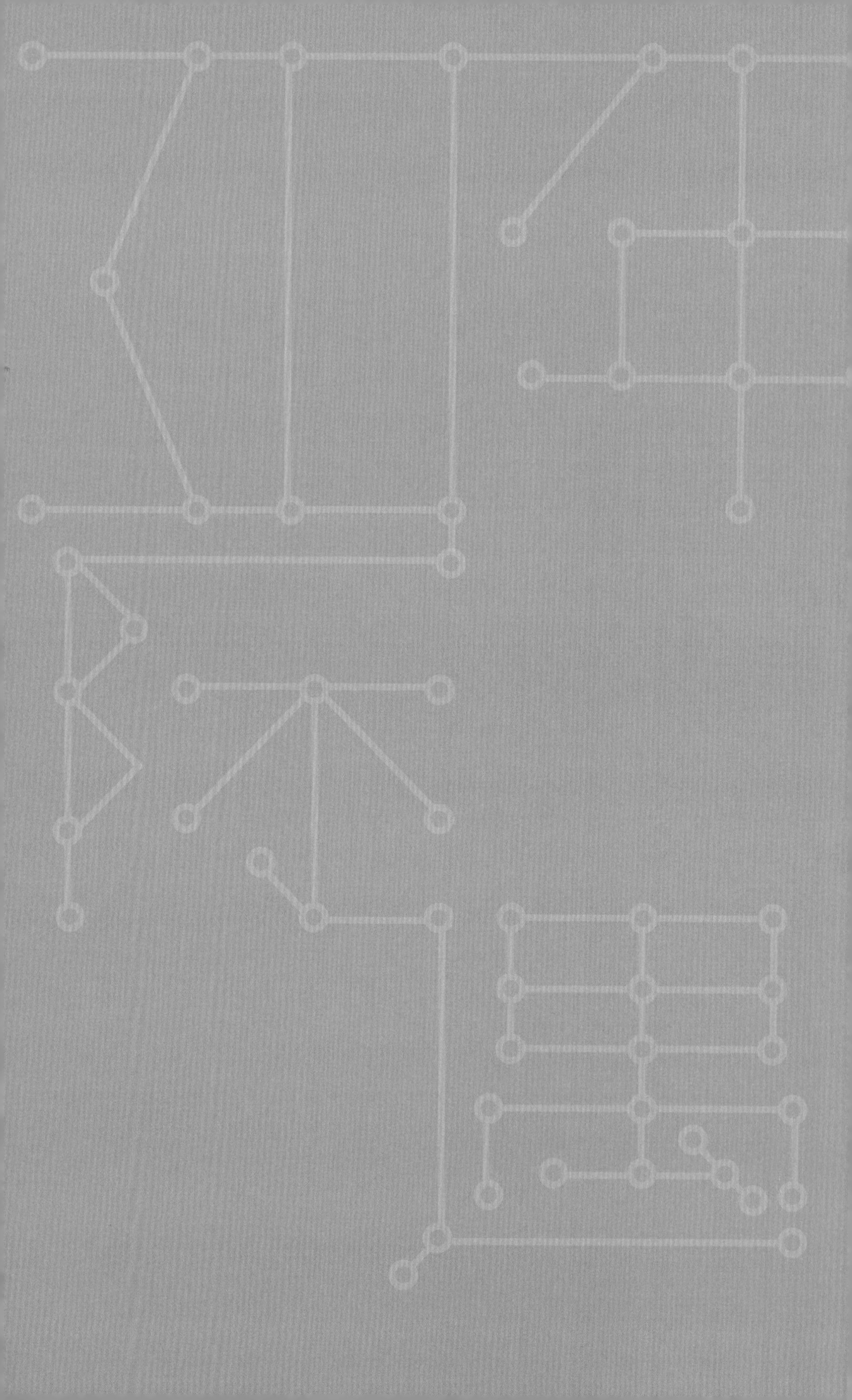

附录

附录 1

广州地铁设计研究院已开通总体线路
（依时间为序）

序号	地点	线路	设计总体	开通时间
01	广州	广州地铁 2 号线	丁建隆 / 刘忠诚 / 史海欧	2003 年 6 月
02	广州	广州地铁 3 号线	农兴中	2005 年 12 月
03	广州	广州地铁 4 号线	刘智成 / 张建根	2005 年 12 月
04	广州	广州地铁 5 号线	鲍　风 / 廖　景	2009 年 12 月
05	广州	广州地铁 4 号线北延段	熊安书	2010 年 9 月
06	广州	广州地铁 2/8 线	史海欧 / 王迪军	2010 年 9 月
07	广州	广州地铁 3 号线北延段（机场线）	农兴中 / 雷振宇	2010 年 10 月
08	广州	广州 APM 线	罗燕萍	2010 年 11 月
09	佛山	广佛线（西塱站—魁奇路站）	欧阳长城 / 贺斯进 / 周灿朗	2010 年 11 月
10	广州	广州地铁 6 号线一期	涂旭炜 / 贺利工	2013 年 12 月

续上表

序号	地点	线路	设计总体	开通时间
11	南京	南京地铁机场线	王丹平	2014 年 7 月
12	广州	海珠新型有轨电车	姬　霖	2014 年 12 月
13	广州	广佛线后通段（西塱站—燕岗站）	周灿朗	2015 年 12 月
14	南宁	南宁地铁 1 号线	李志南	2016 年 6 月
15	深圳	深圳地铁 9 号线	邓剑荣 / 丁先立	2016 年 10 月
16	佛山	广佛线二期（魁奇路站—新城东站）	周灿朗	2016 年 12 月
17	广州	广州地铁 6 号线二期	贺利工	2016 年 12 月
18	广州	广州地铁 7 号线一期	熊安书 / 麦家儿	2016 年 12 月
19	南昌	南昌地铁 2 号线一期	肖　锋 / 王　凌	2017 年 8 月
20	广州	广州地铁 4 号线南延段	唐亚琳	2017 年 12 月
21	广州	广州地铁 9 号线	吴　嘉 / 翟利华	2017 年 12 月
22	广州	广州地铁 13 号线首期	王　建 / 林　珊	2017 年 12 月
23	广州	广州地铁 14 号线一期及知识城线	方　刚 / 郭　敏	2017 年 12 月（知识城） 2018 年 12 月（一期）

续上表

序号	地点	线路	设计总体	开通时间
24	南宁	南宁地铁 2 号线	李志南 / 袁　江	2017 年 12 月
25	广州	广州地铁 21 线	王仲林 / 赖鹏邦	2018 年 12 月
26	广州	广佛线后通段（燕岗站—沥滘站）	周灿朗	2018 年 12 月
27	西安	西安地铁 4 号线	唐文鹏 / 于文龙	2018 年 12 月
28	福州	福州地铁 2 号线	蒋盛钢	2019 年 4 月
29	长沙	长沙地铁 4 号线一期	雷振宇 / 唐文鹏	2019 年 5 月
30	南宁	南宁地铁 3 号线	罗文静	2019 年 6 月
31	宁波	宁波地铁 3 号线一期	吴　梦 / 廖　景 / 王丹平	2019 年 6 月
32	南昌	南昌地铁 2 号线南延段	张跃明	2019 年 6 月
33	深圳	深圳地铁 9 号线西延段	吴　刚	2019 年 12 月
34	长沙	长沙地铁 5 号线一期	熊安书	2020 年 6 月
35	无锡	无锡地铁 3 号线	吴　梦 / 罗文静 / 艾治家	2020 年 10 月
36	南宁	南宁地铁 2 号线东延段	袁　江	2020 年 11 月
37	广州	广州地铁 8 号线北延段（凤凰新村站—白云湖站）	李颖慧	2020 年 11 月

续上表

序号	地点	线路	设计总体	开通时间
38	南昌	南昌地铁 3 号线	王　凌 / 黄永波 / 齐秀艳	2020 年 12 月
39	苏州	苏州地铁 5 号线	吴　嘉 / 杜江涛	2021 年 6 月
40	广州	广州地铁 18 号线首通段	郑　翔	2021 年 9 月
41	深圳	深圳地铁 20 号线	王仲林 / 丁先立	2021 年 12 月
42	广州	广州地铁 22 号线首通段	刘健美	2022 年 3 月
43	佛山	广州地铁 7 号线一期西延段	刘淑燕	2022 年 5 月
44	长沙	长沙地铁 6 号线	王　睿	2022 年 6 月
45	郑州	郑州地铁 6 号线首通段	雷振宇 / 张　瑾	2022 年 9 月
46	西安	西户铁路（阿房宫南站—户县站）	丘崇誉	2022 年 11 月
47	佛山	佛山地铁 3 号线首通段	廖　景 / 齐秀艳 / 林　湘	2022 年 12 月
48	福州	福州地铁 4 号线一期	罗燕萍 / 张　羽 / 赵　峰	2023 年 8 月
49	广州	广州地铁 5 号线东延段	柳宪东	2023 年 12 月
50	广州	广州地铁 7 号线二期	麦家儿	2023 年 12 月

附录2

历任院领导合影

合影名单：

第二排，左起：

马明、刘健美、孟雪艳、邓剑荣、何坚、刘忠诚、靳守杰、史海欧、许少辉、张建根、叶建兴、钟铨、王建、赵德刚、廖景、雷振宇、贺利工

第一排，左起：

王迪军、贺斯进、陈岳陵、张小嬿、徐明杰、任佩珠、丁建隆、刘智成、冉申德、孙钟权、谢湘凤、李宝田、农兴中